国家出版基金项目
NATIONAL PUBLICATION FOUNDATION

国家出版基金资助项目

中国刑事法制建设丛书·刑法系列　总主编　陈国庆　孙茂利

累犯制度适用

舒洪水　刘娜　李岚林　著

中国人民公安大学出版社
·北京·

图书在版编目（CIP）数据

累犯制度适用／舒洪水，刘娜，李岚林著. —北京：中国人民公安大学出版社，2012.5

（中国刑事法制建设丛书／陈国庆，孙茂利主编．刑法系列）

国家出版基金资助项目

ISBN 978－7－5653－0851－2

Ⅰ.①累…　Ⅱ.①舒…　②刘…　③李…　Ⅲ.①惯犯—刑法—法律适用—研究—中国　Ⅳ.①D924.05

中国版本图书馆 CIP 数据核字（2012）第 097915 号

中国刑事法制建设丛书·刑法系列　总主编　陈国庆　孙茂利

累　犯　制　度　适　用

舒洪水　刘娜　李岚林　著

出版发行：中国人民公安大学出版社
地　　址：北京市西城区木樨地南里
邮政编码：100038
经　　销：新华书店
印　　刷：北京兴华昌盛印刷有限公司

版　　次：2012 年 5 月第 1 版
印　　次：2012 年 5 月第 1 次
印　　张：15
开　　本：787 毫米×1092 毫米　1/16
字　　数：294 千字

书　　号：ISBN 978－7－5653－0851－2
定　　价：36.00 元

网　　址：www.cppsup.com.cn　　www.porclub.com.cn
电子邮箱：zbs@cppsup.com　　zbs@cppsu.edu.cn

营销中心电话：010－83903254
读者服务部电话（门市）：010－83903257
警官读者俱乐部电话（网购、邮购）：010－83903253
公安业务分社电话：010－83905641

本书咨询电话：（010）63485228　63453145

中国刑事法制建设丛书·刑法系列
编　委　会

前　　言

我国第一部刑法典诞生至今已三十余年，1997 年进行了全面修正，尤其最近对刑法又进行了较为全面的修改，刑事法网日渐严密。刑法为惩罚犯罪，保护人民，维护社会和谐稳定发挥了重要作用。与之相应，刑法学可谓是我国法学领域里起步最早的学科之一，也是研究相对成熟的学科，涌现了大量的研究成果。随着我国市场经济的发展，各种社会关系愈加错综复杂，刑法学的研究日渐深入，但包括刑法学的基础理论问题仍需要进行深入研究，大量实践中出现的复杂疑难案件亟待从理论上加以解决。这就要求刑法学研究在积极吸取国外优秀成果的同时努力实现与本国刑事立法和司法实践的对接，在致力于对现行刑法规范进行注释解读的同时综合运用哲学、社会学、政治学、经济学等手段，从刑事政策、犯罪学、国际刑法学等多角度拓展刑法学研究视野，并最终服务于刑法目的的实现。

受国家出版基金的资助，中国人民公安大学出版社启动了《中国刑事法制建设丛书》出版项目，将“刑法系列”作为丛书的重要组成部分。为了给广大从事刑法学研究的专家学者提供一个高层次的交流平台，也使广大读者系统和全面地了解刑法理论和实践研究的成果，本丛书力求兼顾以下几方面特点：

第一，本丛书入选书目的内容全面覆盖我国现行刑法中各项重要制度和刑法学中若干重大理论问题。本丛书对刑法理论研究和司法实践中的热点问题予以充分关注，着力推荐针对刑法学中某一具体制度或理论进行系统深入研究的作品。近年来，我国刑法学者对德日刑法理论进行了更为细致的研究，引起了对犯罪论体系进行改造等诸多关于刑法基础理论问题的争鸣，这些争论有助于进一步深化刑法学研究的根基和深层次解决当前司法实践中遇到的重大疑难问题。因此，本丛书吸纳了一批介绍国外刑法理论，并能对我国司法实践作出积极回应的具有开创性的作品。

第二，本丛书的出发点是在现行刑法典的基础上，深入研究刑法学的基本原理、刑法的基本制度和刑法解释方法，以期对刑法立法的完善起到积极作用，帮助广大司法工作者正确理解法律精神，在办案中准确解释法律。为此，本丛书选择了一批对我国现行刑法及其相关司法解释的制定背景、具体内容进行解读或者阐释的作品。希望这些成果能直接服务于刑事立法和司法工作，尤其是对公检法机关的司法工作人员规范执法、提高办案质量发挥指导作用。

第三，本丛书由最高人民检察院、公安部等长期从事刑事业务指导工作的专家担任总主编，选择了具有前瞻性、创新性、实用性和建设性的刑法领域的优秀研究成果收入本丛书。

希望在国家出版基金的资助下，《中国刑事法制建设丛书》为我国的刑事法制建设发挥积极的推动作用。

欢迎广大读者批评指正。

中国刑事法制建设丛书·刑法系列编委会

2011 年 5 月

目　录

引　言

回溯刑罚制度的历史长河，累犯制度可谓源远流长。自犯罪产生伊始，这一制度就相伴而生了。随着刑罚制度的发展演变以及再犯罪现象的频繁化，累犯制度引起了人们的共同注目。控制和预防累犯这一类特殊的犯罪现象，维护社会秩序的稳定，作为一项重要课题摆在了各国统治者的面前。翻阅各国历次刑法典，几乎都能寻觅到累犯制度的身影，大多数国家都将累犯制度作为专章予以明确规定，有的国家甚至针对累犯制定了专门的法律，对累犯制度之重视可见一斑。"19世纪后半叶以来，累犯问题是犯罪学或刑事政策中最重要的课题。"① 的确，随着刑事实证学派的兴盛，累犯制度因其与人身危险性的密切关联性而备受犯罪学和刑事政策学的宠爱。这其中以美国的专门针对累犯的"三振出局"刑事政策最为代表。而刑法学对累犯的相关研究贡献偏少，主要研究则集中在累犯的分类和累犯的处遇问题上。出现这样的研究现状的原因，一方面是由于累犯制度已经较为成熟，相关的法律规定已经较为完善；另一方面还在于累犯制度本身的局限性。其最突出的局限性莫过于如何在刑法学上构建累犯制度的正义性和合理性，即如何平衡报应主义和功利主义在累犯制度中的对峙，从而在有效防控累犯的基础上又避免侵犯人权。

我国关于累犯制度的最早记载可以追溯到《尚书·舜典》中的"怙终贼刑"一词。其后，在历代刑法典中也有关于累犯的相关规定。新中国成立后，累犯制度作为我国刑罚制度的重要组成部分，也一直为我国刑法理论界所关注，并在累犯制度的研究上取得了丰硕的成果。

我国刑法学界对累犯制度的研究大致可以分为以下四个阶段：

第一阶段是从新中国成立到1979年《中华人民共和国刑法》（以下简称《刑法》）的颁布。在这一阶段，刑法学研究经历了从1949年到1956年间的创建和初步发展时期与从1957年后期到1976年间的遭受挫折和基本停滞的时期。

① ［日］藤木哲也著：《刑事政策讲义》，青林书院1987年版，第388页。转引自马克昌主编：《中国刑事政策学》，武汉大学出版社1992年版，第350页。

因此，关于累犯制度的研究也非常薄弱，甚至可以说对累犯制度的研究并未真正展开。并且，在这一阶段，我国对西方资产阶级刑法学派的观点多持鄙弃和否定的态度，多是学习借鉴苏联的相关法律，因此，对于累犯制度的研究比较单薄和单一化，主要是介绍累犯的相关法律规定，对累犯的理论研究相对较少。

第二阶段是1979年《刑法》颁布到1997年《刑法》颁布以前。在经历了长期的研究停滞期后，我国刑法学研究进入了新的发展时期。这个时期比较有代表性的文章有：王晨的《累犯比较研究》，黄文俊的《我国累犯制度初探》，陈明华的《我国刑法中的累犯制度》，周振想的《论累犯刑罚的适用》，徐安住、韩耀元的《对累犯制度及其适用的思考》，郝守才的《关于累犯的比较研究》，莫洪宪的《论累犯》，等等。①

这一时期对累犯制度的研究多为基础理论性的研究，主要集中在对累犯的概念、成立要件和完善累犯制度的立法建议上，此外，一些累犯司法适用中出现的疑难问题也多有著文。相比上一时期，刑事古典学派和实证学派的学说、观点，在这一时期逐渐被我国学者研究和重视，并引入到累犯制度的立法建设中来。②一些论者以比较法为视角，通过对外国刑法中累犯制度的考察来探讨我国累犯制度的完善，如罗堂庆的《从累犯比较研究看完善我国刑法的累犯制度》。可以说，这些关于累犯的相关理论研究虽然仍较为薄弱，但是已经形成了一定的规模，对于我国累犯制度的完善和发展，以及更好地适用于司法实践有着极大的推动作用。1997年《刑法》关于累犯的相关条款的修改就是在这一理论研究的高潮推动下出台的，一些理论研究成果直接或者间接地成为了新刑法典中的一部分。

第三阶段是1997年《刑法》颁行以后到《中华人民共和国刑法修正案（八）》（以下简称《刑法修正案（八）》）施行以前。随着1997年《刑法》的施行，我国对累犯制度的理论研究进入了新的发展时期。1997年《刑法》对累犯条款的修改，一方面遏制了犯罪率（尤其是累犯率）的上升势头，另一方面也为累犯的理论研究打开了新局面，推动了研究的进一步深入。这一时期的代表性文章有：苏彩霞的《现行累犯制度的不足及其完善》、《单位累犯法典化之分析及立法建议》，贾宇、舒洪水的《累犯制度研究》，郭泽强的《从学派论争角度观累犯制度》，于志刚的《论累犯构成的主体要件》，于改之、吴玉萍的《单位累犯否定新论》，赵秉志、于志刚的《论澳门刑法中的累犯制度》，陈伟的《我

① 参见孙平：《累犯制度》，载赵秉志主编：《刑法学总论研究述评（1978—2008）》，北京师范大学出版社2009年版，第604~606页。

② 苏彩霞著：《累犯制度比较研究》，中国人民公安大学出版社2002年版，第31~32页。

国内地与台湾地区一般累犯法律后果之比较》，王文华的《中美累犯制度比较研究》，沈玉忠的《累犯“三振出局”制度之探讨》，等等。还有的文章从犯罪人格、刑事政策学的角度探讨累犯制度，丰富了理论研究的视野，如吴宗宪的《累犯行为的心理分析》，陈京春的《累犯与犯罪人格》，于志刚的《累犯中人格评价因素探析》，颜九红的《论中国累犯刑事政策的重构》，等等。①

归纳起来，这一时期的研究更加多元化和深入化。相比上一时期，这一时期的研究跳出了注释刑法的束缚，不再局限于对累犯的学理解释，而是进一步思考累犯制度的科学性和合理性，更加注重对这一制度的理性评判，以期更好地适应预防和控制累犯的需要。除了继续立足于现有的立法规定基础上，更加注重挖掘累犯的产生原因和司法实务中的疑难问题，累犯的实证研究得到了强化。同时，还加强了刑法学与其他学科之间的关联，在刑事一体化理念的影响下，更加注重犯罪学和刑事政策学在累犯制度上的研究。这一时期也出版了两本关于累犯制度的专著——苏彩霞的《累犯制度比较研究》和季理华的《累犯制度研究：刑事政策视野中的累犯制度一体化构建》，对我国累犯制度的发展作了很好的概括总结，更从不同的角度为累犯制度的发展和完善提出了富有价值的建议。

第四阶段是《刑法修正案（八）》施行至今。这一时期，以《刑法修正案（八）》为契机，进一步推进了累犯制度的深入研究。《刑法修正案（八）》对累犯制度作了较大规模的修订，打开了累犯研究的新局面。因此，这一时期的研究多表现在对《刑法修正案（八）》关于累犯条款修改的理解和评判上。代表性文章有：王强军的《特殊累犯裂变式增加的理性应对》，许健的《特殊累犯规定的体系性思考》，董文辉、姚光银的《累犯制度的新动向》，张勇虹的《对〈刑法修正案（八）〉累犯规定的解析与完善》，王飞跃的《累犯成立条件中的若干问题研究》，陈金林的《累犯的前提：犯罪还是刑罚？——〈对刑法修正案（八）〉第6条的解读》，董文辉的《累犯制度修正内容之解读》、《突破与困窘：累犯制度修正辨析》，胡印富的《人格刑法视野下的累犯制度——兼论〈刑法修正案（八）〉》，等等。

通过以上对累犯制度研究概述的整合，我们可以看到，累犯制度的立法规定更为科学了，理论研究也更为深入了。但是，理论源于实践，更要指导实践。法学，尤其是刑法学，作为一种实践性很强的社会学科，其对司法实践的意义和价值不言而喻。理论研究在推动累犯制度的理论和立法规定进一步完善的同时，更要发挥其对司法实践的指导价值，从而确保累犯制度在司法实践中得到正确的适用，解决司法实践中出现的疑难问题。具体而言，目前在累犯的认定和适用上主要存在以下问题：

---

① 转引自孙平：《累犯制度理论研究述评》，载《山东警察学院学报》2010年第2期。

首先是在累犯的司法认定上，即在一般累犯的成立要件上，主要是在时间要件、主观要件、主体要件、罪质条件、法域条件的认定上存在疑难问题。此外，《刑法修正案（八）》施行后，对于特殊累犯的适用范围的认定也存在诸多疑难之处，引起了理论界和实务界的共同关注，相关的论文也对这一问题进行了细致的论述。同时，在累犯的认定上还涉及两个争议极大的问题：一是关于盗窃罪累犯的司法解释到底是加重处罚还是从重处罚；二是毒品累犯与一般累犯之竞合时应如何适用累犯条款。

其次是在累犯的司法适用中也存在诸多疑难复杂的问题，主要包括以下几个方面：判决宣告后发现累犯应如何处理；认定为累犯后又发现漏罪时应如何适用累犯条款；累犯与牵连犯、连续犯的竞合问题；数罪累犯问题；累犯和从宽情节的竞合；累犯可否适用缓刑；累犯可否适用假释；累犯可否适用死缓；累犯是否必须逮捕；无释放证明导致认定累犯不一的问题；冒用他人姓名逃避累犯处罚的是否应当从重处罚，等等。

“纸上得来终觉浅，绝知此事要躬行。”正如有学者指出的，立法活动和司法适用是法律领域内最为主要的实践活动形式，法学研究也应围绕这两个方面展开。[①] 法律不能停留在字面上，否则只是“纸上谈兵”，理论也不能不着边际、泛泛而谈，应当结合司法实践中出现的问题进一步丰富和完善，将法律变成“活的法”，以期为实务中出现的疑难问题提供理论支持，进而完善累犯制度的立法规定和理论研究，实现理论和实践的良性互动，推动我国累犯制度的理论研究迈向新的高度。

---

① 林卫星编著：《累犯专题整理》，中国人民公安大学出版社2010年版，第3页。

第一章　累犯适用之概述

第一节　累犯制度的历史沿革

一、国外累犯制度的历史演进

（一）大陆法系国家的累犯制度

1. 古代累犯制度之变迁

在外国刑法史上，累犯制度的历史久远，最早可以追溯到公元前5世纪中期的古罗马法。古罗马法规定，只要重新犯罪或者同时犯数罪，不论曾否判决或有无刑罚执行，都加重刑罚。[①] 由此可见，在古罗马法中，对于累犯和再犯、同时犯数罪的并罚，都加重其刑罚，并无本质的区别。在古希腊时代，人们也有朴素的累犯观念。继希罗多德（Herodotus）时代后，在决定犯罪人刑罚时，要考虑犯罪人过去的情况。柏拉图（Plato）认为，法律的统治是上帝和理性的统治，“服从法律就是服从诸神”[②]，行为人如果在受到刑罚后又继续犯罪的，其刑罚应该增加一倍；亚里士多德（Aristoteles）认为，重复犯罪只会导致更严厉的刑罚。公元前2世纪左右的《摩奴法典》，是古印度婆罗门教的法律法规汇编，其中也规定了对累犯加重处罚的制度。《摩奴法典》第8卷第126条规定：“国王在查明为累犯等加重情况，以及时间、地点后，在考察罪犯的财力和罪恶后，使刑罚施加于罪有应得的人。”古波斯法中规定，如果某人企图攻击他人，第一次企图攻击，鞭5下；第二次企图攻击，鞭10下；第三次企图攻击，鞭15下；第四次企图攻击，则鞭30下。如果某人事实上攻击了他人，则第一次鞭10下，第二次就鞭15下至20下。可见，古波斯法不仅把多次完成犯罪作为加重处罚的基础，还把多次企图犯罪也作为加重处罚的根据。南美洲玛鲁时期的法（Die Gesetze

① 许鹏飞著：《比较刑法纲要》，商务印书馆1936年版，第200页。

② 参见西方法律思想史编写组编：《西方法律思想史资料选编》，北京大学出版社1983年版，第26页。

des Manu）把又犯新罪作为加重处罚的基础。[①]《旧约全书》（Das alte Testament）也包含了对累犯从重处罚的思想，其第20章规定："如果你们不服从我的命令，抵御我的法律，我将惩罚你们。而且，如果你们在此后仍不听从于我，我将把你们的体罚增加到7倍。"[②]

中世纪意大利刑法学的累犯，与近代的累犯意义不同。它将重复多次犯罪作为构成累犯的主要条件，并不把累犯作为一般的加重原因，只规定对特殊的累犯加重处罚，如犯盗窃、强盗、伪造、渎神、谋杀以及违反自然之奸淫罪者。法兰克时代的日耳曼法则以累犯为加重原因，其罪名有窃盗、伪造与妨害名誉等。[③]德国中世纪《卡洛林那法典》第162条规定，三犯盗窃罪以上者应处死刑。[④] 在日本的《大宝律令》中也能找到类似规定，如"凡偷盗经判决后，三次以上者处死刑；其亲属相盗者，也适用此刑"。由此可见，当时对一些特殊累犯的处罚是非常严厉的。

综上，古代大陆法系国家对累犯制度的规定是很粗疏和模糊的。其主要表现在：（1）人们不能准确区分累犯制度和数罪并罚的界限。（2）将累犯与再犯含义等同。（3）没有把累犯作为加重处罚的一般事由，仅对一些个别犯罪规定为累犯，并科以严酷的刑罚。当然，这是由当时自然的历史阶段的局限性所决定的，其累犯思想有着不可避免的缺陷，但仍然深刻地影响了当时社会的发展，并为后期累犯思想的进一步形成提供了思想基础。

2. 近代累犯制度之形成

18世纪中叶至19世纪后期，欧洲的资产阶级在经济上已拥有相当力量，资产阶级革命风起云涌，一批法学思想家适应时代的要求，对封建专制制度进行了激烈的抨击，他们的先进理论唤起了人们思想的觉醒。反对封建制度，要求自由权利，取得政权的资产阶级针对落后的封建法律，纷纷制定了符合自己利益的法律。针对封建社会的罪行擅断主义，资产阶级明确主张罪行法定主义，主张"无法律则无刑罚"、"无犯罪则无刑罚"、"无法律规定的刑罚则无犯罪"。[⑤] 近代累犯制度，就是在这一时期出现的。

---

① 以上均参见Jur． Josef． Effertz，Die Strafrechtliche Behandlung des Rueckfalls，Breslau (1927)，S． S． 3－4。

② 参见洪婞瑜著：《我国累犯刑事立法之比较研究》，台湾"国立"中正大学2005年硕士论文。

③ 蔡墩铭著：《唐律与近世刑事立法之比较研究》，台湾商务印书馆1968年版，第279页。

④ 许鹏飞著：《比较刑法纲要》，商务印书馆1936年版，第200页。

⑤ 马克昌主编：《近代西方刑法学说史》，中国人民公安大学出版社2008年版，第48页。

大陆法系累犯制度的刑事立法，最具代表性的应属产生于资产阶级大革命时期的法国。1791 年《法国刑法典》中规定：“凡曾因第一次犯罪而只被判处剥夺公民权或缚柱示众的人，第二次又犯罪如又应处同样的刑罚，则这次刑罚应代之以两年的剥夺自由。”[①] 1810 年由拿破仑颁布的《法国刑法典》对 1791 年的《法国刑法典》作了继承和发展，其对累犯的规定更加规范和完备。该法典第 56 条规定，“凡因重罪经判处刑罚，又第二次犯重罪应判处剥夺公权者，处以枷项之刑”，“如第二次重罪应判处枷项或驱逐出境之刑者，处以轻惩役”；“如第二次重罪应判处轻惩役之刑者，处以有期重惩役及刺字”；“如第二次重罪应判处无期重惩役之刑者，处以死刑”。第 57 条规定：“凡因犯重罪经判处又犯轻罪又受惩治之处罚者，处以法定最高刑，此项刑法得加重至原判刑罚之二倍。”第 58 条规定：“受惩治刑至判决应拘役一年以上之犯人，又犯轻罪者，处以法定最高刑，此项加重至原判刑罚之二倍；累犯之犯人，并应判处五年以上十年以下之期间受政府之特别监视。”[②] 可以看出，《法国刑法典》对累犯规定已经比较完备，规定累犯成立的前提条件是因重罪被判处刑罚，罪数条件是两次犯罪，在罪质上，前后罪是重罪轻罪均可，并根据不同的情况规定了不同的加重处罚，且刑罚的严厉程度因再次犯罪的严重程度而逐级递增，具有一定的科学性，体现了近代刑法理论所推崇的罪刑相适应原则，可以说奠定了行为主义累犯量刑制度的基础。当然，由于历史局限性，该法典关于累犯的规定还是比较笼统，如没有规定累犯的主观条件、刑度条件、前后罪的时间条件等。之后，法国对累犯规定也多次修改，如在 1854 年公布的《强制劳动法》中规定，将累犯流放于殖民地，至 1885 年公布《累犯法》，被宣告流刑者更为大增。[③]

1868 年《意大利刑法草案》第 71 条第 1 项和第 74 条第 1 项规定，受刑之执行后再犯者，故为累犯；受罪行之宣告后再犯的，也是累犯。[④] 可见，认为在刑罚执行期间以及刑罚执行完毕后再犯罪的，均构成累犯。1871 年《德国刑法典》只规定了特殊累犯，其第 242 条第 1 项规定，“在德国国内曾犯窃盗、强盗、类似强盗或隐匿犯人被处刑后，再犯同一之罪受处罚，或犯第 242 条单纯窃盗者，处十年以下重惩役；如犯第 243 条加重窃盗者，处两年以上重惩役”。第 245 条又规定，“第 244 条之规定，在前刑仅受一部之执行或免除其全部者，亦适用之。执行完毕或免除最后刑罚后，经过十年而再犯窃盗者，不适用之”。德

① 参见北京政法学院刑法教研室编：《外国刑法研究资料（第三辑）》，北京政法学院 1982 年版，第 211 页。

② 王济中著：《论累犯》，载台湾《刑事法杂志》1965 年第 6 期。

③ 王济中著：《论累犯》，载台湾《刑事法杂志》1965 年第 6 期。

④ 许鹏飞著：《比较刑法纲要》，商务印书馆 1936 年版，第 201 页。

国对盗窃累犯的规定较为详尽，增加了对累犯的时间条件的规定，即刑罚执行完毕或免除最后刑罚后，经过10年，如果再犯盗窃的，就不再适用累犯的规定了。

1886年《荷兰刑法典》第421条、第423条规定，累犯盗窃、侵占、诈欺及侵害生命、身体罪，加重其刑。现行的1907年《日本刑法典》以1871年《德国刑法典》为模板，在其第56条规定，被判处惩役的人，自执行完毕或免除执行之日起，5年内又犯应当判处有期惩役之罪的，与前项同；第57条规定，再犯的刑罚，是对其犯罪所规定的惩役的最高刑期两倍以下；第59条规定，三犯以上犯罪的，仍按再犯的规定处理。[①]

近代的累犯制度相比古代的累犯制度，在立法技术和立法观念上都有很大的进步。这主要表现在：（1）能够区分累犯和并罚的数罪。（2）能够将累犯作为一般加重处罚原因，克服了仅规定个别犯罪构成累犯的弊端。（3）对累犯从简单、单一的严酷惩罚观到科学合理的罪刑均衡观、刑罚有限观和矫正教育观，反映了人们对累犯立法观念上的进步。

3. 现代累犯制度之确立

19世纪后半期，资本主义经济飞速发展，自由竞争的资本主义逐渐向垄断资本主义转化，在这个过程中，贫富差距扩大，犯罪率急剧上升，累犯常习犯显著增多，而古典学派以行为主义为中心的理论对累犯现象的解释显得无能为力。进而，更多的立法者和思想家们开始对累犯刑事立法和理论进行反思，导致刑事人类学派、刑事社会学派等实证派理论的诞生，提出了“应予惩罚的，不是行为，而是行为人”。基于此，人们开始重新思考累犯的相关规定。

《德国刑法典》在1871年之后，屡经修改。对1871年《德国刑法典》的修改，早在该法典颁布后的第5年即已开始。到1975年新版刑法典颁布为止，共进行了94次修改。到1987年，又进行了29次修改。其修改次数之多，修改范围之大，修改所及内容之重要，使得刑法典名称中的1871年云云，仅具观念上的意义而已。今日条文，早已不复百年前旧观。[②] 其中，对累犯制度也不乏大手笔的修正。可以说，在德国刑法改革的初始阶段[③]（1902年至1919年），受到近代学派代表人物李斯特“教育—社会—特殊预防”的目的刑思想影响，开始对刑法进行修改。但在期间的各个草案中，还只是在累犯加重处罚外设置常习犯加

---

① 张明楷译：《日本刑法典》（第2版），法律出版社2006年版，第26页。

② 参见郑伟：《德国刑法的最新发展》，载《法学》1997年第4期。

③ 德国刑法改革阶段划分为四个阶段：第一个阶段是刑法改革的开始时期（1902年至1919年），第二个阶段是魏玛共和国时代的刑法改革（1922年至1930年），第三个阶段是联邦德国新刑法的准备时期（1949年至1966年），第四个阶段是1975年联邦刑法典的诞生和刑法分则的继续改革（1966年以后）。参见王世洲：《联邦德国刑法改革研究》，载《外国法译评》1997年第2期。

重处罚的规定。在德国刑法改革的第二个阶段（1922 年至 1930 年），也就是魏玛共和国时代的刑法改革，在其 1927 年草案中，改“累犯”标题为“常习犯”，纯粹以犯罪人的心理特性为加重其刑的标准。该草案第 78 条规定，因二次以上犯重罪或有故意的轻罪，而受死刑或 6 个月以上自由刑的宣告，又因新犯重罪或有故意的轻罪，被处自由刑，且与以前的犯罪比较，足以认定为常习犯，倘若犯罪未有加重其刑的规定，应处 5 年以下惩役。该草案第 59 条、第 62 条还规定，常习犯除处刑外，并得宣告保安监置，监置的期间为 3 年。[①] 德国 1933 年通过了《习惯法法案》，就累犯问题采取两项重要的规定，一方面，在《德国刑法典》第 20 a 条规定：“（一）犯人曾受两次有罪的确定判决，而又故意犯新罪须处自由刑时，经全面权衡其罪行的结果，如显示其为危险的惯习犯时，应处五年以下重惩役……（二）犯人如至少犯了三个故意的罪，经全面衡量其罪行的结果，显示其为危险的惯习犯时，虽然第一项所规定的其他前提并不存在，法庭亦得对所判的每个罪加重处罚。”另一方面，引入了瑞士刑法学家卡尔·斯托思（Carl Stooss）提出的刑罚与保安处分在刑法典中并存的“双轨制”，特设“保安及改善处分”专章，对危险的习惯犯可宣告保安监置。根据该法案，所谓危险的习惯犯，在客观形式方面，表现为行为人多次发生故意犯罪；在实质方面，表现为行为人必须基于内在性格素质而产生犯罪倾向。[②] 可以看出，关于累犯的规定，关注的是行为人的人身危险性，即行为人中心理论的累犯制度。

德国刑法在第二次世界大战中的改革所贯彻的刑事政策思想，主张强调行为人的个性特征，尤其是行为人的犯罪意志和动机，导致危险习惯犯的刑事处罚政策被纳粹政权滥用，产生了践踏人权的法律恶果。所以，第二次世界大战后的德国刑法界，在当时的紧迫任务是继承魏玛共和国以前的德国学术传统，重建被纳粹破坏的法制，坚决杜绝纳粹惨祸的再度发生的可能性。他们又继而采用新古典主义学派的刑法理论，删除原来刑法典第 20 条以长期自由刑处罚危险习惯犯的规定，强调行为的重要性。1969 年《德国刑法典》增设普通累犯加重处罚的规定，其第 48 条规定：“行为人以前至少两次因故意犯罪而受刑罚处罚，且因一次或数次犯罪被判处三个月以上自由刑，现在又故意犯罪，并根据其犯罪种类及情况，如认为以前判处的刑罚对其未起警戒作用，最低自由刑为六个月。法律对该罪的最低刑较重的，依该法规定。法定最高刑不变。”[③] 可以看出，在这次刑法修改中，对于累犯刑罚的适用，一方面考虑到了罪刑相适应的要求，另一方面

---

① 林纪东著：《刑事政策学》，台湾“国立”编译馆 1963 年版，第 135 页。

② 苏俊雄著：《刑法总论Ⅲ》，台湾大地印刷股份有限公司 2000 年版，第 455 页。

③ 参见韩忠谟：《论累犯之刑事立法》，载蔡墩铭主编：《刑法总则论文选辑（下）》，台湾五南图书出版公司 1984 年版，第 754 页。

考虑到了刑罚对行为人个人人格影响的目的。对于累次处以刑罚不知悔改故意犯罪的，具有较高的非难性，设有加重其刑的规定，同时又规定“最低自由刑为六个月。法律对该罪的最低刑较重的，依该法规定。法定最高刑不变”，说明刑罚对累犯又不能过分严厉，充分体现了《德国刑法典》第46条第1款“行为人的罪责是量刑的基础。通过刑罚对行为人未来在社会中的生活所希望产生的效果，必须予以考虑”的规定

由于累犯加重处罚的规定在现实生活中成效并不明显，而且在理论上对累犯加重处罚的正当性尚有很大的争议，1986年德国通过刑法修正案删除了第48条关于累犯的规定。之所以删除累犯的规定，是基于以下理由：首先，不能简单地从重新犯罪的事实中推论行为人的顽固的反规范性，重新犯罪可能是因为单纯的意志薄弱，也可能是受第三者的影响。其次，对累犯加重处罚的规定，与《德国刑法典》第46条规定的量刑原则有冲突。① 所以，在现行《德国刑法典》中已经没有对累犯加重处罚的规定，而只是在量刑上把再犯作为酌定的量刑情节，并在“改善与保安处分”一节中规定，将符合一定条件的再犯，并处刑罚和保安处分。

从以上德国累犯制度立法的数次修改可以看出，德国刑法的修改充分贯彻非刑事化的原则与新刑事化的趋势。非刑事化贯彻的思想是：刑法不是社会控制的唯一方法，而是应当作为最后手段使用的方法。② 德国刑法改革中的非刑事化，从刑事政策角度来看，一方面是要将那些不符合新的主客观特征的违法行为排除出刑法典，不再对其适用刑罚处罚；另一方面主要是为了最大限度地避免短期自由刑使用的可能性，争取从根本上解决累犯与惯犯这个近代刑法学与犯罪学面临的难题。

日本的现行刑法典自1907年4月24日公布至今先后修改了13次，但是对累犯的相关规定未作改动。虽然日本在1961年、1971年和1974年的刑法修正草案中对累犯均作了修改，但却未能通过。例如，1974年《日本改正刑法草案》认为，累犯的构成情形有两种：（1）被判处禁锢以上刑罚的人，在刑罚执行完毕或者免除刑罚执行前或者免除后5年内，又犯应判处有期惩役或者禁锢之罪的。（2）被判处禁锢以上的刑罚而宣告缓刑的人，在缓刑考验期间又犯判处有

① 参见张明楷著：《外国刑法纲要》（第二版），清华大学出版社2007年版，第408页注释②。

② See Albin Eser, A Century of Penal Legislation in Germany: Development and Trends, in Old Ways and New Needs in Criminal Legislation, Das Max－Planck－Institut Für Ausländisches und Internationales Strafrecht in Freiburg, 1989, pp. 14－15.

期惩役或禁锢之罪的。[①] 此项规定沿袭了日本现行法的普通累犯制，但累犯的范围有所扩大，即不限于前科之刑已经执行完毕后犯罪，在前科裁判确定后至执行终结或在刑罚缓刑考验期间犯罪的，都可构成累犯。这是刑法修正草案与现行法的不同之处。此外，刑法修正草案还规定了常习累犯的概念，并规定对常习累犯在初段刑范围内处以不定期刑。从日本刑法修正草案来看，日本当时深受刑事实证学派的影响，重视行为人的人身危险性，因此，日本规定了常习累犯的概念，并且引入了不定期刑。

在《俄罗斯联邦刑法典》中，累犯，是指“因故意犯罪有前科，其前科未被撤销或消灭又实施新的故意犯罪”。在这里，累犯不是作为人的累犯，而是累次犯罪。[②] 可见，在《俄罗斯联邦刑法典》中，累犯是具有特定情况的犯罪人又重新犯罪的一种客观情况。由于《俄罗斯联邦刑法典》认为累犯是行为人有两次以上犯罪的一种特殊类型，因此，被规定于总则的第三章“犯罪的概念和犯罪的种类”中，与数罪、多次犯罪共同作为一人有两次以上犯罪行为的法定分类之一，同时将其作为在刑法典规定的限度内对行为人从重处罚的条件之一，并于总则第十章及分则相关部分规定了对累犯的处罚方法。并且，在《俄罗斯联邦刑法典》中，兼采了一般累犯与特殊累犯的混合累犯制，其中又对一般累犯作了更为细致的划分，即按前罪的严重程度及犯罪人的主观恶性程度将一般累犯分为一般累犯、危险的累犯和特别危险的累犯三类。同时，通过列举的方式明确了危险的累犯和特别危险的累犯的内容。其将一般累犯规定在总则中，将特殊累犯规定在分则中。在《俄罗斯联邦刑法典》中，成立累犯需具备两个条件：（1）先后两次以上的犯罪均是故意犯罪。（2）犯罪分子在实施新罪时有前科。其中，前科，是指被法院认定犯有罪行并被判处某种具体刑罚的人的一种特殊法律状态。《俄罗斯联邦刑法典》第 86 条第 1 款规定：“因实施犯罪而被判刑的人，自法院的有罪判决生效之日起至前科消灭或撤销之时止，被认为有前科。在认定累犯和在判处刑罚时必须考察犯罪分子的前科。”

意大利刑法将累犯分为一般累犯、加重累犯和多次累犯。一般累犯，是指在有罪判决之后，实施另一个犯罪即可构成的累犯。对一般累犯，可加重其刑罚的六分之一。加重累犯，是指具有下列情节的累犯：前后罪具有同一性质；实施新罪的时间距前罪判决的时间不满 5 年；新罪是在刑罚执行期间、刑罚执行后或逃避刑罚执行期间实施的。具备上述情节之一的，可对累犯加重刑罚的六分之一；具备上述多个情节的，可加重刑罚的二分之一。多次累犯，是指已经构成累犯的

① 张明楷译：《日本刑法典》，法律出版社 1998 年版，第 112 页。

② 参见俄罗斯联邦总检察院编，黄道秀译：《俄罗斯联邦刑法典释义（上册）》，中国政法大学出版社 2000 年版，第 32 页。

人再实施新的犯罪。根据法律规定，对多次累犯可以分别加重二分之一、三分之二、三分之一至三分之二的刑罚。①

20 世纪末，多数国家修订刑法时采用意大利刑法对累犯再区别的立法思想，对累犯进一步区别对待。最新的《法国刑法典》第 132 - 8 条规定："自然人因重罪或因法律规定当处 10 年监禁刑之轻罪已经最终确定判决，再犯重罪者，如法律对该重罪所定最高刑为 20 年或 30 年，处最高刑为无期徒刑或终身拘押。"第 132 - 9 条规定："自然人因重罪或因法律规定当处 10 年监禁刑之轻罪已经最终确定判决，自前刑期满或完成时效起计算，10 年期限内，又犯当处相同刑罚之轻罪者，可处之最高监禁刑及罚金刑加倍。"

可见，现代累犯制度在立法观念、立法技术上都日趋成熟。其主要表现在：（1）融合了刑事古典学派和刑事实证学派，出现了折中、调和两大学派的趋向，如在累犯成立条件的设定上，坚持刑事古典学派行为中心论的观点，而对于累犯的处罚和防范，则坚持刑事实证学派教育刑与目的刑的指导思想。（2）在立法技术上日趋完善，如意大利、法国、俄罗斯的累犯制度，针对不同性质的累犯采取不同的处罚原则，是罪刑相适应原则和刑罚个别化原则的集中体现。

（二）英美法系国家的累犯制度

1. 古代累犯制度之变迁

英美法系的累犯制度，最早可追溯至 16 世纪的英格兰和美洲的殖民地。当时，累犯被狭义的局限为反复触犯同一个罪名。② 例如，16 世纪的英国法律规定，顽固乞丐应被赤身绑在马车后部鞭打至全身出血；再犯流浪罪者，除了鞭打之外还应割去半只耳朵；第三次再犯则以重罪论，可处死刑。③

在古代的英美法系中，对累犯的规定也是相当具有局限性的，对于反复触犯同一罪名的，对其惩罚依次严厉。而且，不区分累犯与再犯，只把个别犯罪规定为累犯，同样没有把累犯作为加重处罚的一般事由。这当然也是由当时的社会经济条件而决定的，但毕竟为后期累犯制度的发展奠定了一定的基础。

普通法、衡平法和制定法是英美法系的三大基本渊源，其中，普通法因其重要性与独特性而常常成为英美法系的代名词。在刑事法律方面，普通法同样是最基本的渊源。普通法提供了许多刑法的一般原则以及一些罪的指导性概念，可以

---

① 王琪：《累犯的实证研究》，载陈兴良主编：《刑事法判解（第 8 卷）》，法律出版社 2005 年版，第 118 页。

② Michael G. Turner, "Three Strikes and You're Out" Legislation: A National Assessment, Step. Fed, Probation, 1995, pp. 16 - 17.

③ 参见向泽选、高克强主编：《刑法理念与刑事司法》，中国检察出版社 2000 年版，第 135 ~ 136 页。

说普通法为英美法系构筑了基本的框架。

2. 近代累犯制度之形成

在近代的英美法系中，英国 1869 年公布的《常习犯条例》（Habitual Criminal Act），还有 1864 年的《强制劳役法》和 1871 年的《犯罪预防法》都涉及对累犯加重处罚的内容。其属地纽西兰于 1906 年公布的《常习犯与犯人条例》（Habitual Criminals and Offenders Act）规定对常习犯和特殊累犯宣告保安处分。① 1908 年英国通过的《犯罪预防法》（Prevention of Crime Act）规定了对累犯实行双罚制，规定对累犯徒刑执行完毕后，还处以 5 年至 10 年的预防性监禁，② 即在对累犯处以刑罚的同时给以保安处分。在此意义上，认为累犯是由于受过刑罚宣告或者刑罚执行后，又重新犯罪的人，为了防止其再犯或三犯，要给予其必要的防御性措施。

美国自 1796 年以来就颁布实施对累犯加重处罚的法令。③ 例如，纽约州在 1797 年的法律规定，第二次犯重罪者，必须被判终身监禁。1817 年，麻省制定了《习惯人法》，规定对累犯、惯犯处以重于一般人的刑罚。1872 年，加利福尼亚州通过了《惯犯法》，规定因为第一次犯罪被判处 5 年以上监禁刑的人再犯罪的，应判处不少于 10 年的监禁刑；如果因为第一次犯罪被判处 5 年监禁刑，再次犯罪应判处的刑罚为 5 年以下。纽约州 1873 年也通过了相似的习惯法。1909 年，宾夕法尼亚州对累犯采取了不定期刑，规定行为人曾两次犯罪而被判处 1 年以上的监禁刑，又再次犯罪的，处以最高限为 30 年的不定期监禁。④

近代英美法系的累犯制度，较之封建时期的累犯制度，总体上有较大的进步，具体表现在：（1）能够将累犯作为一般的加重处罚原则，克服了仅将个别特殊犯罪作为累犯处罚的弊端，在立法技术上逐渐走向成熟。（2）由封建时期单纯的加重处罚，到近代能够有科学、合理的刑罚，在立法观念上也逐渐走向科学化。

3. 现代累犯制度之确立

及至现代，英国于 1948 年通过了《刑事审判法》（Criminal Justice Act），废除了对累犯采取刑罚和保安处分并罚的 1908 年《犯罪预防法》，规定对累犯采

---

① 参见蔡墩铭著：《唐律与近世刑事立法之比较研究》，台湾商务印书馆 1968 年版，第 279 页。

② See Anne – Mcalinden, “Indeterminate Sentences for the Severely Personality Disondered” Criminal Law Review, Feb. 2001, p. 109.

③ See Markus Dick Dubber, “The Unprincipled Punishment of Repeat Offenders: A Critique of California’s Habitual Criminal Statute”, Stanford Law Review, vol. 43, 1990, p. 195.

④ See Mabel A. Elliott, Conflicting Penal Theories in Statutory Law, Chicago, 1931, pp. 190 – 193.

取单罚制，可以按照年龄不同处以不同期限的矫治训练或者预防拘禁，作为对普通监禁刑的替代。而后，该法又被1967年《刑事审判法》所取代，后者对累犯采取了延长性监禁和终身监禁的刑罚。1967年《刑事审判法》规定，行为人被三次判决有罪后，又再次犯罪的，其再次犯罪的刑罚将延长5年至10年，并在释放后使其接受更长时间的监督。1991年《刑事审判法》又废除了1967年规定的延长性监禁，重新采用了双罚制。1997年《犯罪法》又对第二次犯性犯罪或暴力犯罪者规定了强制性终身监禁。[①]

美国关于累犯的规定，在各州有所不同，主要表现在对累犯范围界定及程度上的区别。有的规定为行为人第三次犯重罪的，就必须处以无期监禁，如1993年至1995年美国联邦和22个州各自通过新的累犯法，规定行为人受两次重罪判决后，第三次犯重罪的，必须判处无期监禁。[②] 这是美国仿照棒球比赛制度中"三振出局"的做法，创立了累犯"三振出局"制度以应对日益严重的累犯问题，显示了对累犯重刑主义的刑事政策。

英美法系国家的现代累犯制度，较之古代及近代的累犯制度，不论是在立法技术还是立法观念上或是刑事政策上，都有进步的发展变化，主要表现在：（1）累犯制度经历了从行为中心论到行为人中心论再到二者的折中和调和，更加的科学化、合理化。（2）处罚形式由单纯的刑罚一元化过渡到刑罚与保安处分并存的二元化形式。总之，现代的累犯制度已经基本完备。英国、美国虽同属英美法系，但两国在累犯制度的规定上有所不同，英国的刑事政策相对缓和，而美国的刑事政策则更趋严厉，如著名的"三振法案"，这都与其本国的政治、经济、历史、文化等不无关系。

二、我国累犯制度的历史沿革

（一）古代累犯制度之变迁

在我国，对累犯制度的起源说法不一。一般认为，最早的累犯立法出自《尚书·舜典》"怙终贼刑"一词。[③] 关于该词的解释，学者们有所争议。宋代大学者朱熹注云："怙谓有所恃，终谓再犯。若人如此而入于刑，则虽可当宥当

---

① Anne - Marie Mcalinden, Indeterminate Sentences for the Severly Personality Disondered, Criminal Law Review, Feb. 2001, pp. 109 - 110.

② David Schultz, No Joy in Mudvile Tonight: The Impact of Three Strike Law on State and Federal Correctios Policy, Resources and Crime Control (1999 - 2000), Cornel Journal of Law and Publicy, p. 558.

③ 参见北京大学法律系编：《刑法参考资料选编（四）》，第276页。

赎者，亦不听其宥，不听其赎，必处以刑。”[①] 这里的“终”，即多次犯罪之意，含有累犯的意思。在虞舜中期以前，刑罚体系由五种死刑和剜目、截足组成。由于因犯罪而处死刑的人，当然不会再犯罪；被剜目、截足的人，也基本上丧失了犯罪能力。因此，在上古时期，重复犯罪现象比较少。但是在虞舜后期，皋陶改革刑制，废除了五种死刑和剜目、截足的刑罚体系，代之以墨、劓、刵、宫、大辟组成的刑罚体系，其中，墨，是指在罪犯面部、耳后、颈项、手臂上刺刻后涂以墨的刑罚，是最轻的刑罚。劓，是指割掉鼻子的刑罚，重于墨刑，轻于刵刑。刵，是指断足的刑罚，也称刖刑，重于劓刑。宫，是指男子割势、妇人幽闭的刑罚。大辟，即死刑。所以，只有受到墨、劓、刵、宫的人才有再次犯罪的能力。因“怙终贼刑”不足以制止累次犯罪的发生，因而又制定了两条处罚累犯的律条。《尚书·皋陶谟》规定：“天命有德，五服五章哉；天讨有罪，五刑五用哉。”这里的“天命有德，五服五章”，是指先受到刑事处罚的，后又犯应受刑事处罚的罪，应该将其头、手、足分别束缚在木制的十字架上，处以不伤其肌肤的死刑，这是上古时期死刑中最轻的一种。“天讨有罪，五刑五用”，是指先杀人吃人，后又杀人吃人的，处以最痛苦的死刑，即先割其头、手、足，后从腰部割断的死刑。[②] 虞舜时代的累犯规定，虽然极其简约粗糙，但却是我国刑法史上第一次有关累犯的规定及相关的处罚，因此，具有进步的历史意义。

到了周朝，《周礼·地官·司救》规定：“凡民之有邪恶者，三让而罚，三罚而士加明刑，耻诸嘉石，役诸司空。其有过失者，三让而罚，三罚而归于圜土。”这里的“让”是言语责难，即批评教育；“罚”是体罚，即鞭笞身体。批评教育已经三次而不改过，便施皮肉教育；皮肉教育若经三次仍不改，便坐嘉石示众，并强制劳动；过失犯则归圜土监禁改造。[③]“三让而罚，三罚而士加明刑，耻诸嘉石，役诸司空”或“三罚而归于圜土”，这是周朝时期对累犯的相关处罚，与虞舜时期的规定相比，在立法技术上有所提高，区分了故意犯和过失犯的不同处罚，适用范围也有所扩大。

西周奴隶制时代，周穆王制定的《吕刑》也有关于累犯的规定，即“有、并两刑，各重其罪”。对于“有刑”，“重其罪”，是指对又犯罪的，以其中最重的罪作为处罚累犯的原则。虽然在此规定中，没有区分累犯和数罪并罚，但毕竟将以前只对个别犯罪规定累犯发展到将其作为一般犯罪的加重处罚条件，反映了古人对累犯立法思想的逐步成熟。

到了封建社会，关于累犯的立法逐步走向规范化、制度化。秦《爰书》中，

---

① 徐公喜：《朱熹〈舜典象刑说〉的刑法思想》，载《上饶师专学报》1998 年第 1 期。

② 宁汉林、魏客家著：《中国刑法简史》，中国检察出版社 1997 年版，第 174 页。

③ 蔡枢衡著：《中国刑法史》，广西人民出版社 1983 年版，第 203 页。

一般都要注明犯罪人有无前科，有前科的罪犯，一般都要加重处罚。《法律问答》中记载："司寇盗百一十钱，先自告，何论？耐为隶臣，或曰赀二甲。"[①] 根据秦律规定，一般盗窃犯盗得百一十钱，当处以赎黥。但由于犯罪人是正在服刑（司寇）的罪犯，又犯了盗百一十钱的罪，构成了累犯，适用加重处罚的原则，因此，处以"耐为隶臣"的刑罚。[②] 汉代的《汉书·刑法志》记载："杀人先自告，吏坐受赇枉法，守县官财物而即盗之，已论命复有笞罪者，皆弃市。"这句话的意思是行为人杀人后自首、官吏贪赃枉法、监守自盗的，如果再犯有需要处笞刑的犯罪就处死（"弃市"）。这说明汉代累犯制度的特点是：构成简单，即前后罪没有时间间隔的限制，对于后罪只要求犯有笞刑这样的轻罪就可构成累犯；但处罚极严，如果再犯就要被判处以死刑。可以看出，前罪局限于几个特定的犯罪，而不是所有的犯罪，前罪以犯罪类型来确定，后罪以刑罚的轻重来确定，既不是一般累犯，也不是特殊累犯。虽然立法的科学性不强，随意性较大，但由于前罪只局限于几个特定的犯罪，累犯的范围并不大。[③] 统治阶级如此严厉地打击累犯，一方面说明了对累犯立法的重视，一方面也反映出当时社会矛盾激化、累犯现象上升的实际情况。

汉代以后，历代都有累犯的规定，只是处罚的原则各有不同。但值得一提的是，在南北朝时期，北周的《大律》第一次在中国刑法史上以法律的形式，确立了"再犯徒，三犯鞭者，一生永配下役"的"二犯"、"三犯"的不同处罚原则。[④]

唐代的累犯制度更为完备。《唐律》不但总结了累犯对社会的严重危害，也概括了对累犯必须从重处罚的理由。例如，《唐律疏议》规定："行盗之人，实为巨蠹。屡犯明宪，罔有悛心。前后三入刑科，便是怙终其事，峻之以法，用惩其罪。"此外，法律还明确地将累犯加重规定为刑罚的一条重要原则，如《名例律》规定："诸犯罪已发及已配而更为罪者，各重其事。"即当犯罪事实已被揭发或徒刑以上已被决配者，又犯有笞刑以上的新罪，就要加重处罚。同时，还在《贼盗律》中规定："诸盗经断后，仍更行盗，前后三犯徒者，流二千里；三犯流者，绞。"这说明，唐代对于盗窃罪累犯的构成条件是予以特殊规定的，即必须是三次以上犯盗窃罪的情况；同时，对盗窃罪累犯予以更为严厉的惩罚并且还

---

① 参见睡虎地秦墓竹简整理小组编：《睡虎地秦墓竹简》，文物出版社1978年版，第154页。

② 参见栗劲著：《秦律通论》，山东人民出版社1985年版，第220页。

③ 季理华著：《累犯制度研究——刑事政策视野中的累犯制度一体化构建》，中国人民公安大学出版社2010年版，第14页。

④ 黄文俊：《我国累犯制度初探》，载康大森主编：《刑法学论文专辑（总论部分）》，安徽大学法律系1988年版，第341页。

注重了区别对待，即针对不同的情况适用不同的刑罚，如“前后三犯徒者，流二千里；三犯流者，绞”。有学者认为，《唐律》将多次犯罪分为再犯与累犯，对再犯与累犯的处罚都采用限制加重的原则，并认为累犯与再犯的主要区别在于，首先，累犯和再犯所要求的罪名不同，累犯仅限于盗窃罪，而再犯并无此限制。其次，再犯是两次以上的犯罪，而累犯是三次以上的犯罪。再犯虽然也可以达到三次以上犯罪，但累犯则不可能是三次以下，因而二者的罪数下限不同。最后，计算罪数的时间也不相同。再犯只需要犯罪被揭发、控告或判决已配后（包括已至配所）再行犯罪的，即可构成，而累犯不仅要求判决以后，而且要求经赦免以后再犯罪。① 但也有学者认为，这种观点值得商榷。因为《唐律》中并没有出现如“再犯”、“累犯”的名称，出现的只是“重犯”、“三犯”的表述。现代刑法意义上的区分再犯与累犯的累犯制度是在19世纪中叶刑事实证学派产生以后建立起来的，“重犯”与“三犯”的区别与现代累犯制度中的“再犯”与“累犯”的区别并不具有一一对应的关系，将“重犯”与“三犯”区分为现代意义上的“再犯”与“累犯”实属牵强。既然是追溯累犯制度的历史，我们就应当尊重历史，从实质意义上来考察累犯制度的渊源，“重犯”与“三犯”的区分虽然与现代累犯制度中的一般累犯与特殊累犯的区分相比还不尽完善，但其与现代累犯制度中的一般累犯和特殊累犯制度中的区分具有实质的对应关系和众多的相似之处，所以，相对而言，笔者较同意第一种观点。

唐代的刑事立法是我国封建社会刑法史中的楷模，《唐律》集封建社会法律之大成，作为最完美的封建法典，其关于累犯的规定也相当完备。《唐律》中不仅有累犯总则性规定，分则也规定了特殊累犯。例如，《名例律》规定：“诸犯罪已发及已配而更为罪者，各重其事。”即累犯流者，依留住法决杖，于配所役三年。若已至配所而更犯者，亦准此，也即累流徒应役者不得过四年。若更犯流徒罪者准加杖例。其杖罪以下，亦各依数决之。累决笞杖者，不得二百。其应加杖者，亦如之。② 这是关于累犯的总则性规定。但也有少部分学者对此持异议，认为这是关于再犯的规定，《唐律》中只有对特殊累犯，即窃盗累犯的规定。笔者赞成总则说。根据上述规定，一般累犯的成立条件是：其一，先后犯有两次或两次以上的罪，至于主观心理则未作特别要求；其二，后罪必须是在前罪“已发”、“已配”后发生。这里的“已发”，有学者理解为“犯罪已经判决”③，还有学者理解为“犯罪经判决且已经开始执行”④。我们认为，这里的“发”，应

① 高绍先著：《中国刑法史精要》，法律出版社2001年版，第456～458页。

② 参见［唐］长孙无忌等撰：《唐律疏议》，中华书局1983年版，第79页。

③ 蔡枢衡著：《中国刑法史》，广西人民出版社1983年版，第203页。

④ 宁汉林、魏克家著：《中国刑法简史》，中国检察出版社1997年版，第177页。

理解为告发，“已发”即犯罪已经被告发。“已配”，是指判处流、徒刑罚的人，在判决确定以后遣送至配所服役，即已执行刑事判决。因此，后罪必须发生在前罪已经被告发或者刑罚已经开始执行之后。对于累犯的处罚，《唐律疏议》规定：“各重其后犯之事而累科之。”即按后来犯的罪累计前罚科刑。《唐律》认为，“更犯”是“怙终其事”的危险犯罪，因此，要“峻之以法，用惩其罪”。“重犯流者，依留住法决杖，于配所役三年。若已至配所而更犯者，亦准此。”这里包括了“犯流未断”及“已断配讫、未至配所”再加上之后补充的参照此法处理的“已至配所”这三种不同的情形作为重犯流罪的前提，而在这一前提条件之下，参照了工、乐等官贱民之职的处理方法来处理，即“流二千里，决杖一百；流二千五百里，决杖一百三十；流三千里，决杖一百六十；仍各于配所役三年……”这就是“留住法”的处理规定，在笔者看来，这有点类似将杖、徒、流这三种不同的刑罚一并在更犯之条中进行处理。

此外，《贼盗律》规定：“诸盗经断后，仍更行盗，前后三犯徒者，流二千里；三犯流者绞。其于亲属相盗者，不用此律。”即前后三次犯应处徒刑的罪，不是以其中一个重罪处刑，而是处以上一种刑罚的流刑二千里。其他犯罪均以此类推。这是关于特殊累犯“三犯盗”的规定。《贼盗律》规定的盗窃罪累犯的构成条件远比《名例律》严格：其一，前后犯罪次数累计三次以上；其二，第三次犯罪必须是在前两罪“已断”后；其三，前后所犯的罪必须是盗，包括强盗和窃盗；其四，不应用于亲属间相盗者。《唐律》中盗窃罪累犯制度确立的基本思想就是对不思悔改者加重处罚。“行盗之人，实为巨蠹。屡犯明宪，罔有悛心。前后三入刑科，便是怙终其事，峻之以法，用惩其罪。”于是，对于一般累犯，《唐律》只是规定“各重其事”，实行累科制。而对于盗窃罪累犯，则是提高刑种，三次犯被判处或应判处徒刑的贼盗罪，流三千里；三次犯有被判流刑的贼盗罪，处以绞刑。

《唐律》中还明确了累犯与并发罪的区别。《名例律》规定：“诸二罪以上俱发，以重者论；等者从一。若一罪先发，已经论决，余罪后发，其轻若等，勿论；重者更论之，通计前罪，以充后数。”这说明，两次以上犯罪同时被告发，即行为人被告发前就犯有两个以上的犯罪，为数罪，实行并罚。并发罪的构成条件为：其一，行为人实施了两次以上犯罪；其二，两次以上的犯罪发生在被告发以前。因此，并发罪与累犯的区别在于：前者的犯罪均发生在被告发以前，而累犯则是行为人在被告发后更犯他罪。《唐律》以其对一般累犯和盗窃罪累犯的规定、对累犯制度和数罪俱发制度的区分，在中国古代累犯制度史上独树一帜，并多被后世沿袭。但是，以现代累犯制度观之，又有不足，如对一般累犯规定的范围过宽、累犯与并发罪的区别不明晰等。

以后历代，如宋、元、明、清等。对累犯的规定基本沿袭和效仿了《唐律》

的规定。例如，《宋律》关于累犯的规定，完全承袭《唐律》。[①]《元律》规定：“窃物者，一犯杖释，再犯配役。”“盗御马者，初犯嫡戍，再犯者死。”[②]《元史·刑法志》规定：“诸掏摸人身上钱物者，初犯、再犯、三犯，次断徒流，并同窃盗法，仍以赦后为坐。”[③] 可以看出，《元律》规定的是特殊累犯，即盗窃罪累犯，特别是重惩盗窃御马的累犯，而没有规定一般累犯，并且首次出现了初犯、再犯、三犯的概念。明、清律对累犯的规定基本上同于《唐律》。[④] 但明、清律规定的特殊累犯也有自己的特点。《明律·刑律》规定：“初犯并于右小臂膊上刺窃盗二字，再犯刺左小臂膊，三犯者绞，以曾经刺字为坐。”薛允升在《唐明律合编》中评论说：“唐律治盗贼之法本轻，窃赃虽多，罪止加役流，三犯徒者方拟流罪，三犯流者方拟绞罪，非过宽也，盖知重法不足以止盗，故不严厉科条其不专尚刑杀之意，自在言外。《明律》三犯，不问赃数多寡，即拟绞罪，未免太严。”按照《明律》规定，只要臂膊上刺有盗窃二字，不问前后刑罚是否相当，三犯盗窃都属于“拟绞”。不计三犯盗窃罪行轻重，一概“拟绞”，反映出典型的重刑主义倾向。《清律》也是以盗窃作为特殊累犯的，和《明律》相同。[⑤]《清律》规定：“三犯五十两以上拟绞，十两以上充军，不及十两杖一百，流三千里。”划分的标准不是是否已经裁判，而是是否已经执行，显然优于《唐律》。[⑥] 可见，元、明、清律都有“三犯”概念。雍正时期，盗窃这一特殊累犯有所上升，遂立条例说：“凡属前科窃盗，赦后犯窃，被处军流徒刑，释回后，又连窃三次以上，同时并发，便是积匪猾贼，依照嘉庆修正条例，应发极边烟瘴充军。”[⑦] 这便出现了反映犯罪习惯的“积匪猾贼”的概念。

从我国古代累犯制度的沿革可以看出，我国古代对累犯制度的规定是非常粗疏的，其对累犯的规定不仅包括近代意义上的累犯，实际上还与并罚数罪混同。故此，我国古代刑法再犯、三犯的规定，实际上只是累犯制度的历史渊源。

（二）近现代累犯制度之形成

我国近代累犯制度，可以追溯到1840年鸦片战争以后。鸦片战争以后，中国一步步丧失了独立的主权。面对西方列强的压力，清政府被迫“甄采”各国

---

① 宁汉林、魏客家著：《中国刑法简史》，中国检察出版社1997年版，第178页。

② 高绍先著：《中国刑法史精要》，法律出版社2001年版，第455页。

③ 蔡枢衡著：《中国刑法史》，中国法制出版社2005年版，第192页。

④ 高绍先著：《中国刑法史精要》，法律出版社2001年版，第458页。

⑤ 宁汉林、魏客家著：《中国刑法简史》，中国检察出版社1997年版，第181～182页。

⑥ 高绍先著：《中国刑法史精要》，法律出版社2001年版，第458页。

⑦ 参见宁汉林、魏客家著：《中国刑法简史》，中国检察出版社1997年版，第182～183页。

立法，删除《大清律例》中封建落后的部分。由沈家本主持制定的1910年《大清新刑律》是我国第一部近代意义上的刑法典。这部法典用专门的章节对累犯作出了规定。其中，第19条规定："已受徒刑之执行，更犯徒刑以上之罪者，为再犯。加本刑一等；但有期徒刑完毕、无期徒刑或有期徒刑执行一部而免除者，逾5年后再犯者，不在加重之列。"第20条规定："三犯以上者，加本刑三等，仍适用前条之例。"可见，《大清新刑律》规定的累犯的构成要件和处罚原则都比《唐律》更为完备，设立了不同于历朝历代的累犯制度，其对后罪的上限采取了执行开始和执行完毕的择一主义，即以执行开始或者执行完毕为计算后罪的起点时间，把5年作为成立累犯前后两罪的时间间距，明确了区分累犯和三犯的处罚原则。因此，可以说，《大清新刑律》所确定的累犯制度，由于其特殊的政治、历史背景，是西风东渐的结果，已初具现代累犯制度的模式，与此前以《唐律》为代表的中华法系传统的累犯制度有了质的不同。《大清新刑律》对累犯的规定，标志着我国古代累犯制度向近现代意义上的累犯制度的过渡。

清朝灭亡以后，我国经历了十多年的军阀割据、法制混乱的局面，关于累犯的规定自然也没有进步。国民党政府在初步统一全中国后，在继承清末刑法关于累犯规定的基础上，进一步完善了累犯制度。1928年的《中华民国刑法》（"旧刑法"）[①] 认为，行为人再次犯罪，如是同一或同一性质之犯罪，显有特别恶性，便兼采一般累犯制与特殊累犯制，并将再犯改称为累犯。1928年的《中华民国刑法》第65条规定："受有期徒刑执行完毕，或受无期徒刑或有期徒刑一部之执行而免除后五年内再犯有期徒刑以上之罪者，为累犯。"该法把《大清新刑律》中累犯的时间条件由执行开始和执行完毕中的择一主义改为执行完毕主义，更具合理性。该法第66条规定："累犯同一之罪或下列同款之罪一次者，加重本刑二分之一，二次以上者，加重本刑一倍。"这是对特殊累犯的专门规定，以此与一般累犯相区分。该法第69条规定："裁判宣告前犯数罪者，并合论罪。"这是对数罪并罚的规定，与前述累犯制度有了明确的区分，即时间条件不同，有期徒刑以上刑罚执行完毕或赦免后5年内再犯有期徒刑以上之罪的为累犯，裁判宣告前犯数罪为并罚的数罪。

1935年的《中华民国刑法》（"新刑法"）第47条将累犯修改为"受有期徒刑执行完毕，或受无期徒刑或有期徒刑一部之执行而免除后五年内再犯有期徒刑以上之罪者，为累犯，加重本刑至二分之一"[②]。这里的"加重本刑至二分之一"，只为最高度的规定，并无最低度的限制，故法院于二分之一以下范围内，

---

① 法律史学家称之为"旧刑法"，参见高铭暄、赵秉志著：《中国刑法立法之演进》，法律出版社2007年版，第19页。

② 蔡枢衡著：《中国刑法史》，中国法制出版社2005年版，第193页。

有自由裁量的余地，若未加重至二分之一之最高度，亦非违法；可是法院假如未作任何加重的处断，仅处以法定最低度之刑，则属违反第 47 条。① 此规定扩大了加重限度，不仅适用于再犯，实际上也可适用于三犯、四犯、五犯，也不要求前后罪名同一或同一性质。我国台湾地区现行“刑法”的基石仍系 1935 年颁行的《中华民国刑法》。这部“刑法”已于 2006 年 7 月 1 日起施行，依该“刑法”第 47 条第 1 款的规定：“受徒刑之执行完毕，或一部之执行而赦免后，五年以内故意再犯有期徒刑以上之罪者，为累犯，加重本刑至二分之一。”② 这里可以看出，除了文字表述更精简外，关于累犯成立的实质条件并没有任何变化，但本次“刑法”总则修正案增设第 47 条第 2 项，其规定：“第九十八条第二项关于因强制工作而免受其刑之执行者，于受强制工作处分之执行完毕或一部之执行而免除后，五年以内故意再犯有期徒刑以上之罪者，以累犯论。”这是为了配合第 98 条第 2 项强制工作处分与刑罚的执行效果得以互代的规定，因而增设准累犯的规定。因此，行为人虽非曾受刑罚执行，而系受强制工作的保安处分的执行者，在执行完毕或一部执行而免除后，5 年以内故意再犯有期徒刑以上之罪者，亦依本项的拟制规定，以累犯论，加重本刑的二分之一。可见，基于保安处分与刑罚执行具有相似效果的认识，我国台湾地区“刑法”实际上扩大了累犯的处罚范围。

新中国刑法中的累犯制度，最早可以追溯到革命根据地时期关于累犯的规定。在革命根据地，由于没有统一的刑法典，关于累犯的规定散见在一些特殊法规之中，如 1931 年《赣东北特区苏维埃暂行刑律》第 11 条规定：（1）已受徒刑之执行，更犯徒刑以上之罪者，为累犯，加本刑一等。但有期徒刑执行完毕、无期徒刑或有期徒刑执行一部而免除后逾 5 年而再犯者，不在加重之列。（2）三犯以上者，加本刑二等，仍适用前条之例。（3）凡审判确定后，于执行其刑之时，发觉为累犯者，依前二条之例，更定其刑。该规定比较合理，基本沿袭了《大清新刑律》的规定。

抗日战争时期，基于战争时期的特殊需要，针对某几种特殊犯罪，放宽了累犯的成立条件，规定了特殊累犯，如《晋冀鲁豫边区妨害公务违抗法令治罪暂行条例》规定，“凡违反本条例之累犯，加重处罚”；《修正山东省惩治贪污暂行条例》规定，“因贪污罪判刑后，再犯贪污行为者，按累犯处理”。

第三次国内革命战争时期，《辽北省惩治土匪罪犯暂行办法（草案）》规定，不持械抢夺财物之累犯，科处 1 年以上 3 年以下有期徒刑，持械抢劫之累犯，科处 5 年以上 10 年以下有期徒刑；1946 年《辽吉区禁烟禁毒条例》规定，设灯供

---

① 参见虚映洁：《刑事制裁体系：第二讲——刑罚的适用》，载台湾《月旦法律教室》2006 年第 39 期。

② 高铭暄、赵秉志著：《中国刑法立法之演进》，法律出版社 2007 年版，第 19 页。

人吸食鸦片者，经释放后而又重犯，处 6 年以上有期徒刑或处 6 万元以上之罚金，经重犯释放后又重犯者为累犯，处 10 年以上有期徒刑或极刑。

新中国成立不久，我国就开始着手刑法典的起草工作。累犯制度在中华人民共和国刑法典的制定过程中一直受到重视。1950 年 7 月 25 日由中央人民政府法制委员会刑法大纲起草委员会起草的《刑法大纲草案》就规定了具有实质意义的累犯制度的内容，其第 24 条第 5 款把再犯、惯犯实施的犯罪作为重的犯罪情节来处理。[①] 1954 年 9 月 30 日的《刑法指导原则草案》初稿虽然没有明确规定累犯概念，但把屡犯不改作为量刑的从重情节。1956 年 11 月 12 日《刑法草案》第 13 稿则详细地规定了累犯制度。其第一编总则第四章为“刑罚的适用”，其中第二节是“累犯和自首”，其第 65 条规定，被判处有期徒刑的犯罪分子，刑期执行完毕或者赦免以后，被判处无期徒刑的犯罪分子，赦免以后，在下列期限以内再犯应当判处有期徒刑以上之罪的，是累犯，从重处罚：（1）不满 5 年有期徒刑的，3 年；（2）5 年以上不满 10 年有期徒刑的，5 年；（3）10 年以上有期徒刑的，7 年；（4）无期徒刑的，10 年。前款规定的期限，对于被判处缓刑或假释的犯罪分子，从缓刑期满或假释期满之日起计算。[②] 可以看出，这一稿与前两稿相比有较大的进步：一是明确规定了累犯（一般累犯）的成立条件，包括前后罪的刑度条件和时间条件。二是根据前罪的严重程度合理设计成立累犯的后罪时间间隔，即前罪越轻，后罪成立累犯的时间间隔越短；前罪越重，后罪成立累犯的时间间隔越长，体现出轻者较轻、重者更重的刑事政策思想和罪刑均衡的处罚原则。

1957 年 6 月 27 日《刑法草案》第 21 稿第一编总则第四章为“刑罚的具体运用”，其中第二节是“累犯”，将累犯规定单列一节而不再与自首并列，提升了累犯制度在刑罚制度中的地位；将前述一般累犯制度改为特殊累犯制度，在一定程度上缩小了累犯圈。其第 66 条规定，刑罚执行完毕或者赦免以后，在下列期限以内再犯同类性质罪的，是累犯：（1）原判管制、拘役、不满 5 年有期徒刑，在 3 年内又犯罪的；（2）原判 5 年以下不满 10 年有期徒刑，在 5 年内又犯罪的；（3）原判 10 年以上有期徒刑、无期徒刑，在 7 年内又犯罪的。前款规定的期限，对于被缓刑或者被假释的犯罪分子，从缓刑期满或假释期满之日起计

① 高铭暄、赵秉志编：《新中国刑法立法文献资料总览（上）》，中国人民公安大学出版社 1998 年版，第 143 页。

② 参见高铭暄、赵秉志编：《新中国刑法立法文献资料总览（上）》，中国人民公安大学出版社 1998 年版，第 175 页。

算。第67条规定，对于累犯，从重处罚。[①]《刑法草案》第22稿规定的累犯制度的内容与第21稿完全相同，只是条文顺序微调，其第65条、第66条的内容分别与第21稿第66条、第67条的内容相对应。

从《刑法草案》第27稿起，累犯制度中区分一般累犯和特殊累犯，将其规定为两个条文，第30稿、第33稿、第34稿、第35稿一直沿用这一规定，未作改动。一般累犯的规定为：被判处有期徒刑以上刑罚的犯罪分子，刑期执行完毕或者赦免以后，在5年以内再犯应当判处有期徒刑以上刑罚之罪的，是累犯，应当从重处罚；但是过失犯罪的除外。前款规定的期限，对于被假释的犯罪分子，从假释期满之日起计算。特殊累犯的规定为：刑罚执行完毕或者赦免以后的反革命分子，在任何时候再犯反革命罪的，都以累犯论处。对于一般累犯增设了主观故意的条件，对于特殊累犯取消了前后罪的时间条件；删除了缓刑期满以后再犯罪可以成立累犯的规定，比起第21稿、第22稿的内容，这些草案又有较大的进步。新中国第一部刑法典出台前夕的《刑法草案》第36稿、第37稿、第38稿与第35稿的内容相比，只是将累犯成立的时间条件由5年修改为3年，其他内容未作改动。[②] 从第21稿起，各稿在缓刑制度中均规定"对于累犯，不适用缓刑"，[③] 当时这样规定，是考虑到累犯的人身危险性与设立缓刑制度的实质冲突，有其一定的合理性。

新中国成立后的第一部刑法典，即1979年《刑法》，完全采纳了《刑法草案》第38稿中对累犯的规定。该法分别于第61条、第62条规定："被判处有期徒刑以上刑罚的犯罪分子，刑罚执行完毕或者赦免以后，在三年以内再犯应当判处有期徒刑以上刑罚之罪的，是累犯，应当从重处罚；但是过失犯罪除外。前款规定的期限，对于被假释的犯罪分子，从假释期满之日起计算。""刑罚执行完毕或者赦免以后的反革命分子，在任何时候再犯反革命罪的，都以累犯论处。"该法第69条规定："对于反革命犯和累犯，不适用缓刑。"

可见，在当时的历史条件下，1979年《刑法》关于累犯制度的相关规定是在多次《刑法草案》规定的累犯制度上逐步充实和完善的，比较合理而且可操作性较强。但是，为了有效打击犯罪，全国人大常委会于1981年6月10日颁布了《关于处理逃跑或者重新犯罪的劳改犯和劳教人员的决定》（本章以下简称

---

① 参见高铭暄、赵秉志编：《新中国刑法立法文献资料总览（上）》，中国人民公安大学出版社1998年版，第234页。

② 参见高铭暄、赵秉志编：《新中国刑法立法文献资料总览（上）》，中国人民公安大学出版社1998年版，第281～506页。

③ 参见高铭暄、赵秉志编：《新中国刑法立法文献资料总览（上）》，中国人民公安大学出版社1998年版，第224～508页。

《决定》)。《决定》第2条规定，“劳改犯逃跑后又犯罪的，从重或者加重处罚；刑满释放后又犯罪的，从重处罚”。

针对这一决定，理论界展开了一场大讨论。我国刑法学界曾存在两种理解。第一种观点认为，按照新法优于旧法的原则，旧的规定与新的规定有矛盾时，当然适用新的规定。既然《决定》规定刑满释放后再犯罪的从重处罚，没有附加1979年《刑法》第61条规定的那些条件，这就说明《决定》是对《刑法》规定的累犯制度的否定，或者说是对累犯构成条件的修改。因此，人民法院对刑满释放后又犯罪的犯罪分子量刑时，依照《决定》执行就行了，《刑法》关于累犯制度的规定实际上已不适用了。第二种观点认为，1981年的《决定》并没有否定《刑法》规定的累犯制度。《决定》是对《刑法》所规定的累犯制度的补充，进一步强调了《刑法》规定的对累犯从重处罚的精神。《决定》实际上规定了再犯制度，与《刑法》规定的累犯制度既有联系，又有区别。在司法实践中，如果符合《决定》规定的再犯构成条件，而不符合累犯构成条件，就应当适用《决定》。如果犯罪分子既符合累犯条件，又符合再犯条件，就应认定为累犯，适用《刑法》。其理由为：首先，《决定》没有明确宣布废止或修改《刑法》中关于累犯的规定。其次，《刑法》中的累犯制度是有效的，对这一有效的制度，在《刑法》实施一年多后是绝不可能予以废除的。①

第一种观点得到了当时一些刑法学者的赞同，认为尽管从立法机关本意来说未必就想要废除累犯制度，但由于考虑不慎，无意当中形成了对累犯制度客观上的否定效果。赞成第二种观点的学者认为，《决定》并没有明确宣布废止或修改《刑法》中关于累犯的规定，而且《刑法》实施刚一年多是绝不可能予以废除的。因此，《决定》实际上是对再犯制度的规定，即如果符合《决定》关于再犯的构成条件，而不符合累犯构成条件的，就适用《决定》；如果犯罪分子既符合再犯的构成条件又符合累犯的构成条件，就应认定为累犯，适用《刑法》。

在上述两种对立观点的辩论中，又产生了第三种观点，认为《决定》与两种累犯制度的关系不尽相同。《决定》同《刑法》关于一般累犯的规定是相矛盾的，这主要表现在二者对前罪的要求、对后罪的要求和时间的限制以及处罚上均不同。因此，《决定》虽然没有明文废止《刑法》关于一般累犯的规定，但根据新法与旧法矛盾时新法优于旧法的原则，在处理有关案件时应适用《决定》，而不适用《刑法》关于一般累犯的规定。《决定》的规定精神与关于危害国家安全罪累犯的规定精神基本是一致的。所以，一般来说，在处理此类案件时引用

① 黄文俊：《累犯制度改变了吗?》，载《政治与法律》1983年第6期。

《决定》或《刑法》均可。[①] 更有学者将这种情况归结为是一种特殊累犯制度。

大多数学者都赞同第二种观点，该观点已成为法学教科书中的通说。实际上，在当时的时代背景下这种通说的观点较为合理。基于刑事政策的考量，虽然在社会治安状况较为严峻、犯罪率较高的情况下采取较为严厉的刑事政策也是世界各国的通例，但不能突破刑事法治以法律为准绳的底线，《决定》所设立的实质累犯制度极大地突破了《刑法》关于累犯制度的规定，特别是对前后罪没有时间条件、刑度条件和主观罪过条件的限定，极大地扩大了对重新犯罪者的打击面，是重刑报应主义、刑罚万能论立法思想的集中体现；再者，虽然从法律颁行的时间来看，《决定》与1979年《刑法》对累犯的规定相比属于新法，但不能就此认为新法就一定优于旧法而适用。因为从法律效力的高低来说，新法优于旧法须满足的一个前提条件是新法与旧法属于同一层级效力的法律，否则新法的效力不能高于旧法，换言之，如果新法的层级效力低于旧法，旧法依然有效。从刑法的自身地位来看，在一个国家的法律体系当中，刑法是仅次于作为国家根本大法——宪法的国家基本法律，它的强制执行会导致公民最基本的权利——资格、财产、自由乃至生命权利的丧失，因此，《刑法》是由国民的代表机关——国家最高立法机关（即全国人民代表大会）审议通过的，而《决定》只是由全国人民代表大会下设的常设机构——常务委员会审议通过的一般法律，显然与《刑法》不在同一个效力层级上，基本法律的效力高于一般法律的效力。因此，《决定》作为下位法，当其规定的内容与上位法（即1979年《刑法》）相矛盾和抵触时，自然不能适用《决定》的规定，而应适用《刑法》关于累犯的规定。《中华人民共和国宪法》第67条第3项和《中华人民共和国立法法》第7条第3款均有规定，即全国人民代表大会常务委员会制定和修改除应当由全国人民代表大会制定的法律以外的其他法律；在全国人民代表大会闭会期间，对全国人民代表大会制定的法律进行部分补充和修改，但是不得同该法律的基本原则相抵触。显然，《决定》是对《刑法》规定的累犯成立条件的实质性修改，同《刑法》关于累犯制度的基本原则和成立条件相抵触，当属无效。可以说，1981年《决定》的规定存在重大缺陷。基于此，修订后的1997《刑法》废止了《决定》，对累犯要件进行了修正，保留了1979年《刑法》中对累犯的分类，在一定程度上扩大了累犯的范围，把一般累犯的时间条件由3年改为5年，将特殊累犯的罪名由反革命罪修改为危害国家安全罪。通过修订，我国刑法中的累犯制度得到了一定的完善。

---

① 任小江：《〈刑法〉中的累犯和人大常委会关于处理逃跑或者重新犯罪的劳改犯和劳教人员的〈决定〉的关系》，载《河北法学》1985年第6期。

（三）我国现行累犯制度

1979年《刑法》颁行后，基于累犯制度实施的实际效果，立法机关对于累犯制度的成立条件和处罚原则不断进行修改。

1988年9月，全国人大常委会法制工作委员会起草的《刑法修改稿》对累犯制度作了较大修改。其中，第61条规定，被判处有期徒刑以上刑罚的犯罪分子，刑罚执行完毕或者赦免以后，在5年以内再犯应当判处有期徒刑以上刑罚之罪的，是累犯，应当从重处罚，但是过失犯罪除外。第62条规定，犯危害国家安全罪的犯罪分子，刑罚执行完毕或者赦免以后，在任何时候再犯危害国家安全罪的犯罪的，或者被判处有期徒刑以上的犯罪分子，在劳动改造期间越狱逃跑，再犯应当判处有期徒刑以上之罪的（过失犯罪除外），都以累犯论处。[①] 可以看出，这一修改稿意在扩大1979年《刑法》确立的累犯范围，即把原属于判决宣告后又犯新罪的数罪并罚情形纳入到累犯的处罚范围之内，但对于累犯从重处罚的原则没有改变，如果同时适用数罪并罚的规定，就会对一个累犯情节进行两次评价，违背了禁止重复评价的原则。

1988年11月16日的《刑法修改稿》继续扩大累犯的成立范围。其中，第62条规定，被判处拘役、有期徒刑、无期徒刑的犯罪分子，有下列情形之一的，是累犯：（1）在刑罚执行期间又故意犯罪的；（2）在缓刑、假释期间又故意犯罪的；（3）刑罚执行完毕或者赦免以后，在5年以内又故意犯罪的。第63条规定，对于累犯，应当从重处罚，情节特别严重的，可以在法定最高刑以上处罚。第64条规定，犯危害国家安全罪的犯罪分子，刑罚执行完毕或者赦免以后，在任何时候再犯危害国家安全罪的，以累犯论处。[②] 该修改稿在刑度条件上将前罪的有期徒刑放宽到拘役，对后罪的刑度条件取消了应判处有期徒刑以上的限制，在时间条件上采取了三个标准，即刑罚执行期间，缓刑、假释期间以及刑罚执行完毕或者赦免后5年内故意犯罪都可以构成累犯，标准较为混乱，大大提高了成立累犯的时间跨度，而且该修改稿在上一稿从重处罚的规定上，增加了情节特别严重的累犯授权法官可以加重处罚的规定。

1988年12月25日的《刑法修改稿》第61条规定，被判处拘役、有期徒刑、无期徒刑的犯罪分子，在刑罚执行期间又故意犯罪的，或者刑罚执行完毕或者赦免以后在5年以内又故意犯罪的，是累犯。对于累犯应当从重处罚；具有下列情节之一的，可以在法定最高刑以上判处刑罚：（1）刑罚执行期间逃跑以后

① 高铭暄、赵秉志编：《新中国刑法立法文献资料总览（上）》，中国人民公安大学出版社1998年版，第840~841页、第844页。

② 高铭暄、赵秉志编：《新中国刑法立法文献资料总览（上）》，中国人民公安大学出版社1998年版，第877页、第879~880页。

又犯罪的；（2）所犯后罪情节特别严重的。第62条规定，犯危害国家安全罪的犯罪分子，刑罚执行完毕或者赦免以后，在任何时候再犯危害国家安全罪的，都以累犯论处。[①] 该修改稿与上一稿相比，在累犯的处罚范围上有所收缩，即取消了在缓刑、假释期间又故意犯罪的可以构成累犯的规定，同时对于加重处罚列举了两种具体的量刑情节，便于实际操作。

1995年8月8日的《刑法总则修改稿》第63条规定，被判处有期徒刑以上刑罚的犯罪分子，在刑罚执行完毕以前再犯罪的，或者在刑罚执行完毕或者赦免以后，在5年以内再犯的，是累犯；但是过失犯罪除外。犯危害国家安全罪的犯罪分子，在任何时候再犯危害国家安全罪的，都是累犯。第64条规定，对于累犯应当从重处罚；有下列情形之一的，可以加重处罚，但是不得超过法定的最高刑的二分之一：（1）刑罚执行期间逃跑以后又犯罪的；（2）对检举人、被害人和有关司法工作人员以及制止其违法犯罪的人行凶报复的；（3）犯罪情节特别严重的。[②] 与上一稿相比，该修改稿的累犯范围进一步收缩，即在前罪的刑度条件中排除了拘役，但在加重处罚的范围中增加了对有关人员的行凶报复情节，并且对前两稿没有做限制的加重处罚的幅度作出了明确的限制，即不得超过法定最高刑的二分之一；也不得超过第67条对管制、拘役、有期徒刑规定的最高期限。[③] 该修改稿进一步对累犯的加重处罚作出了限制。

1996年8月8日的《刑法总则修改稿》第65条规定了累犯制度，即被判处有期徒刑以上刑罚的犯罪分子，刑罚执行完毕以后，在5年内再犯罪的，是累犯；但是过失犯罪的除外。前款规定的期限，对于被假释的犯罪分子，从假释期满之日起计算。危害国家安全的犯罪分子和毒品犯罪分子在刑罚执行完毕以后，在任何时候再犯危害国家安全罪和毒品罪的，都是累犯。对于累犯，应当从重处罚。[④] 与上一稿相比，该修改稿的内容又有了重大调整：首先是增加了毒品罪的累犯，扩大了特殊累犯的范围，毒品罪累犯与危害国家安全罪累犯一起构成了特殊累犯；其次是取消了对累犯加重处罚的规定。

1996年10月10日的《刑法修订草案（征求意见稿）》第65条规定，被判处有期徒刑以上刑罚的犯罪分子，刑罚执行完毕或赦免以后，在5年以内再犯应

---

① 高铭暄、赵秉志编：《新中国刑法立法文献资料总览（上）》，中国人民公安大学出版社1998年版，第913～914页、第916页。

② 高铭暄、赵秉志编：《新中国刑法立法文献资料总览（上）》，中国人民公安大学出版社1998年版，第1065～1066页、第1068页。

③ 高铭暄、赵秉志编：《新中国刑法立法文献资料总览（上）》，中国人民公安大学出版社1998年版，第1137页、第1140页。

④ 高铭暄、赵秉志编：《新中国刑法立法文献资料总览（上）》，中国人民公安大学出版社1998年版，第1055～1056页。

当判处有期徒刑以上刑罚之罪的，是累犯，应当从重处罚；但是过失犯罪的除外。前款规定的期限，对于被假释的犯罪分子，从假释期满之日起计算。[①] 与上一稿相比，该意见稿又重新严格了累犯成立前后罪的刑度条件，即前后罪都是有期徒刑以上刑罚，而且完全删除了上一稿刚刚扩大了的毒品罪特殊累犯。其第79条还首次规定对累犯不得假释。在此之后的1996年12月中旬和12月20日的《刑法修订草案》都沿用了上述累犯制度的内容。

1997年1月10日的《刑法修订草案》在保留上述一般累犯规定的基础上，又恢复了由危害国家安全罪累犯和毒品罪累犯构成的特殊累犯制度的规定。其第67条规定，危害国家安全的犯罪分子和毒品犯罪分子，在刑罚执行完毕或赦免以后，任何时候再犯危害国家安全罪和再犯毒品罪的，都以累犯论处。[②]

1997年2月17日的《刑法修订草案（修改稿）》在上一草案的基础上又作了局部改动，即规定被判处有期徒刑的犯罪分子被宣告缓刑，缓刑考验期满之日起5年以内再犯应当判处有期徒刑以上刑罚之罪的，[③] 成立累犯，并且取消了毒品犯罪累犯的规定。

1997年3月1日的《刑法修订草案》第67条规定，被判处有期徒刑以上刑罚的犯罪分子，刑罚执行完毕或赦免以后，在5年以内再犯应当判处有期徒刑以上刑罚之罪的，是累犯，应当从重处罚；但是过失犯罪除外。前款规定的期限，对于被假释的犯罪分子，从假释期满之日起计算。第68条规定，危害国家安全的犯罪分子和毒品犯罪分子，在刑罚执行完毕或赦免以后，任何时候再犯危害国家安全罪和再犯毒品罪的，都以累犯论处。[④] 与上一草案相比，该草案又取消了缓刑考验期满之日起5年以内再犯应当判处有期徒刑以上刑罚之罪的，可以成立累犯的规定，其他内容没有变动。

1997年3月13日的《刑法修订草案》则完全维持了上一草案有关累犯制度的内容。[⑤]

可以看出，累犯制度在我国刑法修改的过程中，重点内容集中在累犯成立的

---

① 高铭暄、赵秉志编：《新中国刑法立法文献资料总览（上）》，中国人民公安大学出版社1998年版，第1300～1301页、第1303～1304页。

② 高铭暄、赵秉志编：《新中国刑法立法文献资料总览（上）》，中国人民公安大学出版社1998年版，第1557页、第1560～1561页。

③ 高铭暄、赵秉志编：《新中国刑法立法文献资料总览（上）》，中国人民公安大学出版社1998年版，第1650页、第1653～1654页。

④ 高铭暄、赵秉志编：《新中国刑法立法文献资料总览（上）》，中国人民公安大学出版社1998年版，第1746页、第1749～1750页。

⑤ 高铭暄、赵秉志编：《新中国刑法立法文献资料总览（上）》，中国人民公安大学出版社1998年版，第1850页、第1853～1854页。

条件，累犯处罚的原则，特殊累犯的范围，前罪被宣告缓刑、缓刑期满后再犯能否成立累犯，以及累犯能否假释等问题上。1979 年《刑法》中设立的累犯制度经过上述多次修改，逐步趋于稳定和完善。1997 年《刑法》完全采纳了上述 1997 年 3 月 1 日《刑法修订草案》对累犯的规定。1997 年《刑法》涉及累犯的规定主要包括：第 65 条规定，被判处有期徒刑以上刑罚的犯罪分子，刑罚执行完毕或者赦免以后，在 5 年以内再犯应当判处有期徒刑以上刑罚之罪的，是累犯，应当从重处罚；但是过失犯罪除外。前款规定的期限，对于被假释的犯罪分子，从假释期满之日起计算。第 66 条规定，危害国家安全的犯罪分子在刑罚执行完毕或者赦免以后，在任何时候再犯危害国家安全罪的，都以累犯论处。第 74 条规定，对于累犯，不适用缓刑。第 81 条第 2 款规定，对累犯以及因杀人、爆炸、抢劫、强奸、绑架等暴力性犯罪被判处 10 年以上有期徒刑、无期徒刑的犯罪分子，不得假释。

综上，我国现行累犯制度不仅规定了累犯成立的条件（如罪数、刑度、时间、主观等条件），区分了一般累犯与特殊累犯，而且设置了累犯从重的处罚原则和法律后果（不适用缓刑、不得假释），形成了较为成熟的累犯量刑制度。1997 年《刑法》设置的累犯制度与 1979 年《刑法》相比，有两个显著的不同之处：一是将前后罪成立累犯的时间间隔由 3 年延长到 5 年；二是规定累犯一律不得假释。两个变化体现出一个共同点，即以严厉打击犯罪的刑事政策为指导，累犯的成立范围扩大，法律后果加重。2011 年 5 月 1 日开始施行的《刑法修正案（八）》对累犯制度进行了较大幅度的修改，包括对死缓累犯限制减刑、扩大不适用累犯的对象和扩大特殊累犯的范围。这次修改有宽有严，充分体现了宽严相济的刑事政策，但同时也有一些缺憾，还需进一步完善。我们将在下文详细分析。

（四）《刑法修正案（八）》对累犯制度的进一步完善

2011 年 5 月 1 日起施行的《刑法修正案（八）》对 1997 年《刑法》进行了施行后的最大规模修正。这次修正立足于对我国近年来经济社会发展形势和社会治安状况的科学研判，以进一步落实宽严相济的刑事政策为主线，以更加有效地惩治和预防犯罪、维护社会稳定、促进社会和谐为主旨，体现了与时俱进。① 这一点在对累犯制度的修改上体现得尤为突出，主要表现在以下几个方面：

1. 缩小了一般累犯的范围

《刑法修正案（八）》第 6 条，将《刑法》第 65 条第 1 款修改为：“被判处

① 张军主编：《〈刑法修正案（八）〉条文及配套司法解释理解与适用》，人民法院出版社 2011 年版，第 1 页。

有期徒刑以上刑罚的犯罪分子，刑罚执行完毕或者赦免以后，在五年以内再犯应当判处有期徒刑以上刑罚之罪的，是累犯，应当从重处罚，但是过失犯罪和不满十八周岁的人犯罪的除外。”

《刑法修正案（八）》出台以前，我国的累犯制度只排除了过失犯罪的情形。刑法理论界对于累犯制度中应该增加未成年人不构成累犯的例外规定呼声甚高。这种见解是有道理的。① 诚然，犯罪学的研究成果表明，青少年人犯罪屡教不改，反复性强，重新犯罪率有不断上升的趋势。②

从累犯制度的设立根据看，犯罪人无视曾经受罚的体验而再次犯罪，由此表明了行为人的“刑罚迟钝型人格”③，因此应当从重处罚。但是，对此结论也不能一概而论，应该具体问题具体分析，不能简单地认为所有的再次犯罪都应当从重处罚。例如，未成年人再次犯罪，与成年人相比，其主观恶性明显较小。未成年人身心尚未发育成熟，思想幼稚单纯，辨别是非的能力较弱，法律意识淡薄，自我控制能力差，对客观环境具有易感性。他们往往被一时的感性冲动所左右，丧失理智，不计后果，为满足一时之私欲而不惜以身试法。同时，未成年人再犯与成年人再犯相比，在主观恶性程度上差距颇多。未成年人接受刑罚处罚后再次犯罪，其主观上的可谴责性和社会危害性与未成年初犯相比固然要大，但其毕竟还是未成年人，认识世界、辨别是非和控制自我的能力依然有限，性格和心理上的可塑空间很大。因此，即使符合累犯条件的未成年人再次犯罪，也不应依成年人累犯从重处罚，否则不仅理论依据不充足，也与我国刑法从宽处罚未成年人的整体精神相抵触。把未成年人像成年人一样适用累犯从重的原则，显然并未充分考虑未成年人的生理、心理特点，在实际效果上不利于未成年犯的矫正归善。④

从累犯制度的设立目的看，在立法上设置累犯，目的在于针对主观恶性深、人身危险性大的再犯人，通过规定较为严厉的法律后果予以打击，并预防其再次犯罪和初犯者变成累犯。最早规定累犯制度的是罗马法。根据罗马法的规定，只要是再犯或者同时犯数罪的，不论曾否判决或者有无刑罚执行，均成立累犯。我国关于累犯的最早记录见于《尚书·舜典》中的“怙终贼刑”，意为对于再次犯罪的人，都要给予从重处罚，既不能宽恕原谅，也不能赎刑免刑，必须实际追究刑事责任。然而，未成年人再犯罪，其主观恶性和人身危险性是否就一定达到了

---

① 董文辉、姚光银：《累犯制度的新动向》，载《铁道警官高等专科学校学报》2011 年第 3 期。

② 张远煌著：《犯罪学原理》，法律出版社 2001 年版，第 114 页。

③ 陈金林：《累犯的前提：犯罪还是刑罚？——对〈刑法修正案（八）〉第 6 条的解读》，载《中国刑事法杂志》2011 年第 5 期。

④ 崔志鑫、王兆星：《未成年人累犯问题研究》，载《河北青年管理干部学院学报》2009 年第 6 期。

应以累犯处理的程度呢？其实不然。因为主观恶性是行为人实施犯罪行为时的一种主观心理状态，反映犯罪行为发生时的性格，不是行为人固有的、一贯的品格的反映。一般情况下，累犯的主观恶性大于初犯，但并不能因此而排除累犯的主观恶性等于或小于初犯的主观恶性这种情况。笔者认为，未成年人在刑罚执行完毕或赦免后5年内，又故意犯罪的，其主观恶性和人身危险性固然比其他未成年犯要大，但与成年累犯相比，由于其心理、生理成熟度仍处于发展期，主观恶性和人身危险性显然要小得多，那么仍循规蹈矩地将主观恶性和人身危险性相对较轻的未成年再犯与主观恶性和人身危险性较强的成年再犯一同纳入累犯的范围，不但不适当地扩大了累犯的处罚范围，违背了未成年犯的人权保护，同时分散了司法机关工作方向，使其在司法实践中不能集中力量打击和预防主观恶性深、人身危险性强的累犯。

从累犯制度处罚和矫治效果看，实践表明，对未成年累犯从重处罚，会给未成年人加重刑罚，还受到不得缓刑、不得假释等刑罚执行制度的制约，特别是易受监禁刑弊端的“辐射”，不利于其悔过自新，不利于其重新回归社会。因此，对于未成年犯从重处罚并不能得到良好的效果。从正面看，也应看到未成年人具有可塑性强、易于接受教育改造的特点，因此，即使是对反复犯罪的未成年人，也应贯彻教育、挽救和改造的方针，坚持教育为主、惩罚为辅的政策，而不应寄希望于过重的刑罚。

从我国宽严相济的刑事政策看，对未成年人犯罪从宽处理也是贯彻该政策的具体体现。2010年2月8日最高人民法院《关于贯彻宽严相济刑事政策的若干意见》第20条提出：“对于未成年人犯罪，在具体考虑其实施犯罪的动机和目的、犯罪性质、情节和社会危害程度的同时，还要充分考虑其是否属于初犯，归案后是否悔罪，以及个人成长经历和一贯表现等因素，坚持‘教育为主、惩罚为辅’的原则和‘教育、感化、挽救’的方针进行处理。对于偶尔盗窃、抢夺、诈骗，数额刚达到较大的标准，案发后能如实交代并积极退赃的，可以认定为情节显著轻微，不作为犯罪处理。对于罪行较轻的，可以依法适当多适用缓刑或者判处管制、单处罚金等非监禁刑；依法可免予刑事处罚的，应当免予刑事处罚。对于犯罪情节严重的未成年人，也应当依照刑法第十七条第三款的规定予以从轻或者减轻处罚。对于已满十四周岁不满十六周岁的未成年犯罪人，一般不判处无期徒刑。”由此可以看出，未成年人这个特殊的群体，需要社会和法制的特殊保护，需要采取特殊对待措施，对未成年人从宽处理符合我国宽严相济的刑事政策。

我国刑法对于未成年人从宽处理的规定主要表现在以下三个方面：一是严厉打击针对未成年人的犯罪；二是严厉打击利用未成年人的犯罪；三是从宽处罚未成年人犯罪。在处罚未成年人犯罪问题上，应该相对于成年人宽大，遵循区别对待和刑罚个别化的原则。[①] 由此，若对未成年人适用累犯与刑法对未成年人特殊保护的精神是冲突的，“未成年人犯罪必须遵守的整体法定从宽情节，与法定的累犯之应当型从重处罚情节，形成了实际的逆向情节冲突，这就在立法逻辑上出现冲突，也与刑法典所体现出的保护未成年人的整体精神相违背”[②]。

从刑法谦抑性原则看，也无必要将未成年人实施的犯罪作为前罪。设立累犯制度的目的在于预防累犯再次犯罪，但未成年人犯罪重在预防而非打击，刑罚也并不是预防未成年人犯罪的唯一手段和最佳手段。预防未成年人犯罪是一个系统工程，科学治理未成年人犯罪问题，不仅要关注未成年人本身，还要考虑到未成年人的家庭背景、教育环境、成长环境等，需要建立完善的相关制度，需要全社会多个方面共同参与，综合治理。同时，排除未成年人构成累犯也有利于节省司法资源，获取较大的社会效益。

从世界各国立法情况看，未成年人不构成累犯作为一项原则，已为许多国家所采纳。具体而言，将未成年人排除在累犯适格主体的立法例有两种：其一，只要是未成年时所实施的犯罪，均不作为认定累犯时的前罪考虑，即前后罪实施在未成年时的情况，不构成累犯；前罪实施在未成年时后罪实施在成年时，也不构成累犯。例如，1968 年《罗马尼亚刑法典》第 38 条规定：“未成年时实施的犯罪，不作累犯论处。”其二，规定一定年龄的人不构成累犯，即如果后罪实施时，行为人尚不满一定年龄，即使符合累犯的其他条件，也不构成累犯；但后罪实施时，行为人已超出一定年龄，即使前罪是在未成年时实施的，符合累犯其他条件的，也构成累犯。例如，《埃及刑法典》规定，“不满 15 周岁的人不构成累犯”；《英国刑法典》规定，“不满 22 周岁的人不构成累犯”。[③] 相比而言，第一种立法例对于未成年人的保护更为彻底，与现代刑法公正、谦抑、人道的三大价值目标相吻合。[④] 我国《刑法修正案（八）》对累犯适用对象的修改，采取的是第一种立法例，即除过失犯罪不构成累犯外，不满 18 周岁的人犯罪的也被排除在累犯之外。这既包括前后罪在不满 18 周岁时实施不构成累犯的情况，也包括前罪在不满 18 周岁时实施，后罪在已满 18 周岁时实施不构成累犯的情况。此外，不满 18 周岁的人犯罪的除外，是指犯罪时不满 18 周岁，并非指审判时不满 18 周岁，之所以作这样的年龄限制旨在更好地保护未成年人。

---

① 董文辉、姚光银：《累犯制度的新动向》，载《铁道警官高等专科学校学报》2011 年第 3 期。

② 于志刚：《论累犯制度的立法完善》，载《国家检察官学院学报》2003 年第 2 期。

③ 张蓉：《加强未成年人保护　完善我国累犯制度》，载《江苏警官学院学报》2005 年第 5 期。

④ 张军主编：《〈刑法修正案（八）〉条文及配套司法解释理解与适用》，人民法院出版社 2011 年版，第 66 页。

综上所述，《刑法修正案（八）》规定对不满18周岁的人犯罪的不适用累犯，这标志着我国对未成年人的刑法保护取得重大进步，具有深刻的意义。一方面，体现了在刑罚裁量制度上对未成年人的特殊保护。这一规定在一定程度上认识到了未成年人犯罪特别是重新犯罪的特殊原因，与《刑法》第17条对未成年人犯罪“应当从轻或者减轻处罚”的规定相契合，体现了罪责刑相适应原则和区别对待的原则。另外，这一规定也与世界其他一些国家对未成年人不适用累犯的立法保持一致，体现了我国刑法立法在未成年人累犯问题上符合世界潮流，顺应对未成年人人权保护的世界趋势。在立法模式上，《刑法修正案（八）》采取了对未成年人更为有利的立法模式，即对未成年人实施的犯罪，不作为构成累犯的前罪的立法模式。这与我国未成年人的刑事责任年龄的划分高度契合，对未成年人的保护更为彻底。另一方面，《刑法修正案（八）》对累犯适用对象的修改也有值得进一步完善的地方。《刑法修正案（八）》在毒品再犯等制度中并未排除未成年人，还显得有些保守。毒品再犯作为特殊累犯类型，虽然和一般累犯并不完全相同，但是，二者对犯罪人因犯过前罪而对其所犯后罪从重处罚的实质是相同的，因此，在对未成年人排除适用特殊累犯和毒品再犯的问题上，二者应当与一般累犯保持一致。而且，由于未成年人自身的特殊性，其犯毒品犯罪的毕竟不多，即使是团伙犯罪，未成年人在共同犯罪中所起的作用也十分有限，且应当考虑其易被不法分子毒害以及易被不法分子教唆、引诱、胁迫、利用等因素，因此，未成年人不应作为这些犯罪的重点打击对象。

2. 扩大了特殊累犯的范围

《刑法修正案（八）》第7条将《刑法》第66条修改为：“危害国家安全犯罪、恐怖活动犯罪、黑社会性质的组织犯罪的犯罪分子，在刑罚执行完毕或者赦免以后，在任何时候再犯上述任一类罪的，都以累犯论处。”

1979年《刑法》第62条规定：“刑罚执行完毕或者赦免以后的反革命分子，在任何时候再犯反革命罪的，都以累犯论处。”这一立法主要是基于新中国成立初期至改革开放之前，我国的社会形势比较复杂，企图颠覆、分裂国家的犯罪势力十分猖獗，反革命分子是新中国和人民最凶恶的敌人，从累犯的规定上体现对反革命分子从严的精神，是完全必要的。1997年《刑法》修订时，基本沿袭了1979年《刑法》的规定，并未对特殊累犯的范围有所调整，只是随着刑法的修改将反革命罪改为危害国家安全罪，而后的一个单行刑法和七次刑法修正也未调整特殊累犯的范围。然而，随着国际和国内形势特别是犯罪形势的变化，1997年《刑法》所规定的特殊累犯的范围显得过于狭窄，已经无法满足打击犯罪的需要。首先，改革开放以来，我国的经济、政治、文化发生了极大的变化，国际关系日趋紧密，国家治理稳定和谐，阶级斗争已不再是社会主要矛盾，在社会形势变化之下，危害国家安全犯罪在整个犯罪中所占比重大幅下降并处于很低的水平，因此，特殊累犯专为危害国家安全犯罪设置，其实际意义已大打折扣。其次，改革开放以后，我国黑恶势力犯罪仍处于活跃期，仍然是严重破坏社会治安稳定、影响人民群众安全感、危害经济发展秩序、侵蚀国家基层政权的重要因素，特别是恐怖活动犯罪、黑社会性质的组织犯罪，涉及人数众多、影响恶劣、范围广泛，因其属团伙犯罪，因此，犯罪分子易受其他成员影响，重新勾结实施犯罪，犯罪复发率较高，严重危害公共安全和妨害社会管理秩序，对于这样的犯罪分子需要从重处罚以实现特殊预防的目的。因此，《刑法修正案（八）》扩大了特殊累犯的范围，增加了“恐怖活动犯罪、黑社会性质的组织犯罪的犯罪分子”作为特殊累犯的适用对象。①

《刑法修正案（八）》对特殊累犯制度进行完善，表明我国加强对恐怖活动犯罪和黑社会性质的组织犯罪防范和惩治的立场，符合司法机关“反恐打黑”的实际需要。② 修改后的特殊累犯，前罪和后罪只要是危害国家安全犯罪、恐怖活动犯罪、黑社会性质的组织犯罪中任一类罪，均构成特殊累犯，而不必像《刑法修正案（八）》施行前所规定的前罪和后罪必须是同类罪。也有学者对此提出质疑，认为将前罪和后罪限制在同一类罪比较合适，否则会造成刑罚扩大化，与刑法谦抑性原则相违背。反对者认为，规定特殊累犯的目的本来就在于严厉打击一些严重危害国家利益的犯罪，若要求前罪和后罪须为同一类罪则无法达到严厉打击的目的，与设置特殊累犯的初衷相违背。尽管前罪和后罪是不同类罪，但从某种意义上讲，其主观恶性和社会危害性甚至比前后罪均为同一类罪更为严重，故特殊累犯应限定在只要任何时候再犯上述任一类罪的，都以累犯论处。此种意见也被《刑法修正案（八）》所采纳。与一般累犯不同的是，危害国家安全犯罪、恐怖活动犯罪、黑社会性质的组织犯罪的犯罪分子，在前罪的刑罚执行完毕或者赦免以后，在任何时候再犯上述任一类罪的，都构成累犯，不受5年内再犯罪期限的限制，并且不论后罪可能判处刑罚的轻重，只要构成上述任一类犯罪就构成特殊累犯，不以判处有期徒刑以上刑罚为条件。

3. 对死缓累犯限制减刑

《刑法修正案（八）》第 4 条将《刑法》第 50 条修改为两款，修改后的《刑法》第 50 条第 2 款规定：“对被判处死刑缓期执行的累犯以及因故意杀人、强奸、抢劫、绑架、放火、爆炸、投放危险物质或者有组织的暴力性犯罪被判处死刑缓期执行的犯罪分子，人民法院根据犯罪情节等情况可以同时决定对其限制

① 董文辉、姚光银：《累犯制度的新动向》，载《铁道警官高等专科学校校报》2011 年第 3 期。

② 赵秉志、杜邈：《关于刑法修正案（八）特殊累犯规定的解读》，载《法制日报》2011 年 5 月 4 日。

减刑。”《刑法修正案（八）》第15条将《刑法》第78条第2款修改为：“减刑以后实际执行的刑期不能少于下列期限：“……（三）人民法院依照本法第五十条第二款规定限制减刑的死刑缓期执行的犯罪分子，缓期执行期满后依法减为无期徒刑的，不能少于二十五年，缓期执行期满后依法减为二十五年有期徒刑的，不能少于二十年。”

累犯前罪与后罪之间有多种关系模式，所体现的人身危险性也不尽相同，因此，从重处罚的程度也应当有所区别。比如，前罪与后罪均为暴力性重罪，或者前罪与后罪均是应当判处较重刑罚的罪，累犯所体现的人身危险性就会大于其他情形，量刑时从重的幅度应当更大。司法实践的实际情况是，被判处刑罚的多数犯罪分子能够认罪悔罪，刑满释放或者被赦免后能够回归社会成为守法公民，然而也有少数被判处刑罚的犯罪分子，不思悔改，刑罚执行完毕或者被赦免后重新实施故意犯罪，严重危害社会。为了在累犯处罚上体现宽严相济的刑事政策，最高人民法院2010年印发的《关于贯彻宽严相济刑事政策的若干意见》第11条提出：“要依法从严惩处累犯和毒品再犯。凡是依法构成累犯和毒品再犯的，即使犯罪情节较轻，也要体现从严惩处的精神。尤其对于前罪为暴力犯罪或者被判处重刑的累犯，更要依法从严惩处。”① 对于被判处死刑缓期执行的累犯而言，他们的主观恶性更深、人身危险性更大，其实施犯罪的严重性、犯罪造成的社会危害性是不言而喻的。根据刑法罪刑相适应的原则，应当严格限制对某些判处死缓的罪行严重的罪犯适用减刑，延长其实际服刑期。

对死缓累犯限制减刑体现了对这种罪犯从严惩处的立场。但也有观点认为，从整个刑法体系上看，这项修改也具有其两面性。一方面，对死缓累犯限制减刑，在一定程度上缓和了过多适用减刑而损害国家法律的严肃性和人民法院判决的权威性的矛盾冲突问题。另一方面，人民法院在死刑缓期执行判决的同时决定对累犯限制减刑，对犯罪人的改造效果会有一定的负面影响，在一定程度上不利于对犯罪人的改造和实现特殊预防的目的。该种观点认为，《刑法修正案（八）》对死缓累犯既限制减刑又不得假释，对其一味从严，从整个刑罚执行制度上“堵死”死缓累犯的出路，对不同表现的犯罪人未体现区别对待原则，故此认为应规定限制减刑情形下可以进行严格条件的假释，以鼓励犯罪人积极改造、回归社会。

实际上，对被判处死刑缓期执行的累犯，并非要一律限制减刑，是否对其限制减刑，由人民法院根据犯罪情节等情况作出决定，《刑法》第50条第2款的规定也体现了区别对待的精神。根据该条款的立法本意和最高人民法院《关于

① 刘志伟、周国良编：《刑法规范总整理》（第四版），法律出版社2011年版，第196页。

贯彻宽严相济刑事政策的若干意见》第11条的精神，对于判处死缓的累犯是否限制减刑，司法实践中可以根据不同情形作不同把握。例如，对实施暴力性犯罪被判处死刑缓期执行的累犯，可以更多地考虑适用限制减刑，而对实施非暴力性犯罪被判处死缓的累犯，原则上不适用限制减刑。

对于毒品累犯是否适用限制减刑，也是实践中值得关注的问题。毒品累犯，是指在毒品再犯中符合累犯条件的情形。毒品犯罪是一种典型的非暴力性犯罪，但因其对社会的整体危害非常严重，我国立法以及司法实践中都采取了从严惩处的原则。对其中的毒品再犯，更是作为严惩的重中之重。从近几年毒品案件审判情况看，对于毒品犯罪数量刚达到实际掌握的判处死刑数量标准的毒品再犯，一般都判处了死刑，故实践中判处死刑缓期执行的毒品再犯很少。但《刑法修正案（八）》施行后，若出现了判处死刑缓期执行的毒品累犯，犯罪情节十分恶劣，确有必要限制减刑的，可以考虑限制减刑。①

《刑法修正案（八）》对累犯制度进行的修改既有宽的一面，如排除对未成年犯罪人适用累犯，也有严的一面，如对死缓累犯限制减刑、扩大特殊累犯的范围。总之，其对累犯制度的修改，充分地贯彻、体现了宽严相济的刑事政策，与现实需要密切结合，具有积极的意义，是我国刑法立法完善的巨大进步。当然，我们也应看到，作为一项重要的刑罚制度，即便是《刑法修正案（八）》修改后，累犯制度也还存在诸多不足之处，如对限制减刑的累犯也不得假释，特殊累犯尚未排除未成年人，特殊累犯范围还需扩大等，这需要在以后的刑法修改中进一步完善。只有对其不断完善，才能更加充分地体现罪责刑相适应原则和刑罚个别化原则，有效保证刑罚的特殊预防和一般预防目的的实现，提高惩罚犯罪、改造罪犯的实际效果，从而实现刑法设立累犯制度的根本目的和真实意义。

第二节　累犯的概念

一、国外刑法的累犯概念

关于累犯的概念，由于各国刑法理论界所推崇的理论学说不同，其争议较大，理解的多义性导致了世界范围内存在形式多样的累犯定义。

《俄罗斯联邦刑法典》第18条明确规定，累犯，是指“因故意犯罪有前科，其前科未被撤销或消灭又实施新的故意犯罪”。这里，“累犯不是作为人的累犯，

---

① 张军主编：《〈刑法修正案（八）〉条文及配套司法解释理解与适用》，人民法院出版社2011年版，第40页。

而是累次犯罪”[①]。所以，在俄罗斯联邦刑法中，累犯是指具有特定情况的犯罪人又重新犯罪的一种客观情况，或者是一个行为人有两次以上犯罪的一种特殊类型。

日本理论界将累犯分为广义的累犯和狭义的累犯。广义的累犯，是指以前犯了罪并曾受到过有罪宣告，其后又实施犯罪的情况。狭义的累犯，则是指广义的累犯中由于具备一定的要件而加重其刑的犯罪。[②] 其中，广义的累犯又称实质意义上的累犯，狭义的累犯又称形式意义上的累犯。在此意义上，又可分为刑事政策上的累犯与刑法上的累犯。例如，日本学者大谷实认为：“所谓刑事政策上的累犯，指一次犯罪受逮捕、其他刑事上的处分或裁判的执行后，再犯罪者。刑法上的累犯，有如下限制：（1）被判处惩役的人；（2）自执行完毕或免除执行之日起；（3）5 年内；（4）在犯罪；（5）被判处有期惩役时，这种人叫再犯。再犯以上统称累犯。对其应加重刑罚（最高刑期的二倍以下）。”[③]

前南斯拉夫学者维多耶·米拉丁诺维奇则主张应当从不同的学科角度界定累犯的概念。刑法学意义上的累犯，是指受过刑事处分的人再次犯罪。犯罪学意义上的累犯，是指重新犯罪的人，即多次实施某种、某类或各种犯罪的人，至于行为人是否曾受过刑事处分在所不问。根据 1955 年在伦敦召开的第三届国际犯罪学研讨会对累犯问题的研究，累犯分为两类，一类为因实施刑法所禁止的行为而曾受过一定刑罚处罚而又重新犯罪者（严格意义的累犯）；另一类为因实施刑法所禁止的行为而曾受过一定刑罚处罚而处于“危险状态”，有重新违法犯罪的倾向者（泛化意义的累犯）。刑罚学意义上的累犯，是指因犯应判处剥夺自由刑之罪，刑罚执行完毕后再次犯罪而被押送监狱或矫正机构的人。[④]

二、我国刑法的累犯概念

我国的累犯制度规定于《刑法》第 65 条和第 66 条之中：“被判处有期徒刑以上刑罚的犯罪分子，刑罚执行完毕或者赦免以后，在五年以内再犯应当判处有期徒刑以上刑罚之罪的，是累犯，应当从重处罚，但是过失犯罪和不满十八周岁的人犯罪的除外”；“危害国家安全犯罪、恐怖活动犯罪、黑社会性质的组织犯罪的犯罪分子，在刑罚执行完毕或者赦免以后，在任何时候再犯上述任一类罪

① 高铭暄著：《刑法学》，法律出版社 1985 年版，第 261 页。

② ［日］大塚仁著，冯军译：《刑法概说（总论）》，中国人民大学出版社 2003 年版，第 461 页。

③ ［日］大谷实著：《刑事政策讲义》，弘文堂 1987 年版，第 403 页。

④ ［南］维多耶·米拉丁诺维奇著：《刑法中的累犯制度》，贝尔格莱德 1983 年版，第 13～16 页。

的，都以累犯论处。”根据上述规定，我国的累犯包括一般累犯和特殊累犯两种类型。而关于到底何为累犯，即累犯的概念应如何界定，由于研究的出发点和角度的不同产生了多种学说。

在我国通用的刑法学教科书上，对累犯的界定通常为，“累犯，是指被判处一定刑罚的犯罪人，在刑罚执行完毕或者赦免以后，在法定期限内又犯一定之罪的情况。作为量刑情节，累犯是一种特定的再次犯罪的事实（recidivism），作为量刑对象，累犯是指特定的累犯人（recidivist）”①。这一概念的界定是从我国的立法规定出发的，认为累犯是符合特定条件的再犯罪之人。但是有学者指出，对累犯作这样的表述，有助于把累犯概念形式化、格式化，但这种表述只停留在注释法学的范围内，难以揭示出累犯制度的本质。刑法学的科学性的一个重要标志，就在于其是基于实然性而对其应然性的一种描述。② 可以说，这一概念的界定仅仅表述了累犯的犯罪时间、犯罪行为等客观要件，并没有反映出累犯的人身危险性特征，是不全面的，也不利于对累犯的矫正和改造。

在通说观点外，有的论者提出，累犯可以从犯罪学、刑事政策学和刑法学三个学科方面进行相互联系又各有侧重的理解。犯罪学意义上的累犯，是指重新犯罪的人，即触犯刑事法律，受到刑罚惩处后再次或多次犯罪的人，如几进几出监狱的所谓“二进宫”、“三进宫”。③ 在此意义上，累犯与重新犯罪是等同的。刑事政策学上的累犯，是指“因犯罪而被执行拘留或其他刑事上的处分及裁判，执行完毕之后，再次犯罪的人”④。累犯之所以在刑事政策学上具有特别意义，是因为犯罪人在因犯罪而受刑事处分之后，又再三犯罪，从特别预防的角度看，这意味着前罪的刑事处分完全没有效果。⑤ 刑法学上的累犯概念是一个多层次的概念：累犯，首先是指累犯行为，即这样一种事实——以前曾因犯罪被判处一定刑罚，在一定期间内又犯一定之罪的事实。因为这种事实的存在，犯罪人才称之为累犯。其次，累犯是指一种犯罪人类型，即因犯罪被判处一定刑罚后，在一定期间内又再犯一定之罪的犯罪人。再次，累犯是一种法定的量刑情节，是法官在量刑时必须考虑的情节，它影响行为人刑事责任的轻重。具备累犯情节的，就有相对较严厉的法律后果。最后，累犯还是一项具体刑罚制度，即在刑罚裁量阶

---

① 张明楷著：《刑法学》（第三版），法律出版社 2007 年版，第 444 页。

② 陈兴良著：《刑法的价值构造》，中国人民大学出版社 1998 年版，第 12 页。

③ 陈显容、李正典著：《犯罪与社会对策——当代犯罪社会学》，群众出版社 1992 年版，第 198 页。

④ ［日］大谷实著，黎宏译：《刑事政策学》，法律出版社 2000 年版，第 393 页。

⑤ ［日］大谷实著，黎宏译：《刑事政策学》，法律出版社 2000 年版，第 393 页。

段，法官考虑犯罪人是否构成累犯、倘是累犯又如何适用刑事制裁的制度。①

还有学者根据各国刑法对累犯制度的规定表现出的不同特点，将累犯归纳了两种，一种是行为中心论的累犯，另一种是行为人中心论的累犯。

行为中心论的累犯概念也称为客观的累犯概念，即累犯的成立仅由直观的、与犯罪行为相关的客观因素决定，以犯罪的次数、犯罪发生的时间间隔、犯罪性质等客观事实为成立累犯的决定性要素，不考虑行为背后的性格特征、主观恶性、人身危险性等行为人特征的作用力，即"曾受有罪判决确定，只须已开始执行后，再犯罪者，即成立累犯，至于其前犯罪之刑罚执行完毕与否，则非所问"②。行为累犯着重以行为为中心，通过与行为密切相关的客观要素而展开。其理论基础是18世纪以前在世界各国刑法理论界占主流的刑罚报应主义思想。行为中心论的累犯概念被很多国家的刑事立法所采纳。例如，《日本刑法典》第56条规定："被判处惩役的人自执行完毕或免除执行之日起，五年内又犯应当判处有期惩役之罪的，是再犯。"③ 然而，行为中心论的累犯概念只强调行为的这种片面性，注定了其理论上的弊端：（1）极易导致客观归罪，把本来不成立累犯的纳入累犯加以惩罚，打击面太大，也收不到理想的打击效果。（2）极易导致重刑主义，累犯的判处是从重处罚，个别国家和地区也有加重处罚，而行为中心论的累犯过于强调报应，为重刑的贯彻实施提供了理论支持，无法体现刑罚的保障机能。（3）这种只重视行为不重视行为人的理论模式，忽视了行为人的主观恶性、人身危险性，只能是为了惩罚而惩罚，不利于刑罚目的的实现。④

行为人中心论的累犯概念也称为主观的累犯概念，即累犯的成立，除了犯罪行为等客观要素外，更突出强调行为人的人身危险性（即行为人再次实施犯罪的可能性）这一主观因素。其最早见诸1871年《德国刑法典》中，并一直沿用了相当长的时间，影响到其他许多国家有关累犯制度的立法。例如，联邦德国新刑法典累犯制度的规定，不以罪行轻重，不排除客观构成要件的同时，更加强调行为人的人身危险性，即行为人再次实施危害社会行为的可能性这一主观要件。该法典第48条第1、2项规定，累犯，是指"行为人过去（1）至少两次于本法施行地区内因故意犯罪受刑之科处。且（2）因其中一次或数次犯罪受三月以上自由刑之执行而其现在所为者系法定自由刑之故意犯罪，依其犯罪之种类及情

① 参见苏彩霞著：《累犯制度比较研究》，中国人民公安大学出版社2002年版，第6页。

② 高仰止著：《刑法总则之理论与实用》，台湾五南图书出版公司1986年版，第369页。

③ 张明楷译：《日本刑法典》，法律出版社1998年版，第24页。

④ 郝守才著：《关于累犯的比较研究》，载《法商研究》1996年第5期。

况，堪认为以前科刑之未收普戒之效者……”“现所犯罪法定自由刑之最高度不满一年者，不适用第一项规定。”① 赞成该种观点的学者认为，累犯者的人身危险性或反社会性较大，持有顽固性，缺乏改正的坚持性，改恶从善比较困难，需要较长时期的改造时间，② 所以应予以从重或加重处罚。行为人中心论的累犯制度也存在理论上的弊端：（1）过于强调罪犯人格及人身危险性等主观因素，而在罪犯人身危险性的判断上，并未科学的统一标准，全凭法官的主观臆断，会助长法官擅断刑罚的倾向。（2）其立足于人身危险性，将累犯加重处罚的依据在于消除累犯的人身危险性，达到防卫社会的目的，将具有危险性格倾向作为认定累犯的条件，隐含侵犯人权的危险。

还有学者在上述两种观点的归纳界定基础上，提出了折中论。折中论又称为主客观相统一的累犯概念，即以主客观相一致的原则为基础，其成立既要具备与犯罪行为相关的客观条件，又要把犯罪人的人身危险性作为必要的主观条件，二者不可偏颇。折中论认为，我国目前的刑法虽然未在累犯的定义中明确认同犯罪人的人身危险性属于累犯的成立条件之一，但是从理论和实践上看是基本认同的。累犯的人身危险性毕竟是客观、现实存在的，因而完全否认累犯所具有的人身危险性的观点是站不住脚的。累犯行为的客观社会危害性和人身危险性均应当是刑事立法上设置累犯制度所应当考虑的必要条件之一。同时，折中论还特别指出，不能将累犯之犯罪人的人身危险性加以绝对化，不能“一刀切”，应当谨慎对待。尤其在我国目前整体基层司法工作人员水平不高的状况下，能否在司法实践中加以彻底贯彻而深入人心，尚需时间检验。③

上述不同的论者从犯罪学刑事政策学、刑法学的角度理解所形成的累犯概念，是从不同学科出发而形成的多义性理解。对于此种多义性理解的现状，我们不能轻易地妄加批驳。而且，其出现也有其理由和合理性，并有一定的说服力和可取性。“关于累犯的多义性理解现状，如果是基于出发点的不同而形成的不同学科的描述，则从其他学科的角度出发加以批驳或者作合理性取舍是毫无意义的。”④ 累犯作为现行刑法典所确立的一种法定情节，从刑法学的角度来予以针对性的研究有较强的现实意义与理论价值，这也是本书研究的出发点。当然，纯刑法意义的累犯定义也并不是完全相同而不存在争议的，实际情况是由于各国现实的刑事政策不同和国内刑法理论界所推崇的理论学说不同，因而体现在刑事立

① 转引自马克昌主编：《刑罚通论》，武汉大学出版社 1999 年版，第 405 页。

② 甘雨沛、何鹏编：《外国刑法学（上册）》，北京大学出版社 1984 年版，第 469 页。

③ 赵秉志主编：《刑罚总论问题探索》，法律出版社 2003 年版，第 326～327 页。

④ 参见赵秉志主编：《刑罚总论问题探索》，法律出版社 2003 年版，第 32 页、第 321 页、第 334 页、第 337 页、第 339～340 页。

法上的累犯制度彼此存在较大的差异，也因此导致了累犯定义的本质差异。

困难始于界定，犯罪是一种社会法律现象，可以从多角度、多方面对它进行解释。也许正因为有这种多义性的解释，可能给理论研究增添一定的魅力，累犯也一样，也有各种各样的理解，并形成了多种不同的解释，但概念是反映事物本质属性的思维方式，[①] 作为一个研究对象必须对累犯的概念有清醒的认识，这也是对其进行研究的逻辑起点；而且，正确认识累犯的概念，对于惩罚犯罪，增强预防效益，制定相关预防措施具有重要的意义。

上述几种观点总体上来说，折中论既体现了主客观相一致的刑法基本原则，又体现了我国刑法以与故意犯罪作斗争为主要任务的精神，同时还体现了我国对累犯范围从严控制的精神。[②] 我们较为赞同。各国刑法之所以对累犯从严处罚，其实质是因为累犯具有严重的社会危害性和人身危险性，这是累犯制度设立的理论依据和实践依据。由此，法定累犯的每个构成要件，都应当是行为人有建立在社会危害性之上的人身危险性的有力佐证，只有这样，对累犯的从严处罚才能罚之有据，这样的累犯概念之建构才是符合刑法理论的。因此，累犯概念应明确以下几点：（1）构成累犯应要求行为人实施两次以上犯罪行为；（2）构成累犯应要求行为人先后实施两次故意犯罪，并且执行刑是徒刑以上刑罚的故意犯罪；（3）构成累犯应要求行为人所实施的第二次犯罪须发生在前罪所判刑罚执行完毕或者赦免后的法定期限内；（4）行为人具有严重的人身危险性，前科刑对之未收警戒之效而具有再次实施危害社会行为的可能性。综上所述，我们应以行为的社会危害性为基础，结合行为人的人身危险性去建构累犯的概念。据此，我们认为，累犯的概念应当表述为，因实施故意犯罪被判处徒刑以上刑罚，在刑罚执行完毕或者赦免后法定期限内又犯应处徒刑以上刑罚，具有一定人身危险性的故意犯罪的犯罪分子。[③]

我国澳门地区刑法典中的累犯制度，由于受到不同理论学派的影响而导致刑法典的前后打击意向存在较大差异，两部刑法典采取的立法模式迥然不同，先是关注犯罪行为的次数转而又关注犯罪人的人身危险性。在 1995 年现行《现行刑法典》制定以前，原来的《澳门刑法典》不承认累犯构成中人格评价因素，属于纯粹的客观主义累犯立法模式：“……如果前罪和后罪都属于未遂或其中一罪属未遂或者行为人在一罪中是正犯而在另一罪中是从犯，仍然以累犯论处。”[④] 而在 1995 年 7 月 25 日通过的现行《澳门刑法典》关于累犯的立法设置充分肯定

① 吴家麟主编：《法律逻辑学》，群众出版社 1998 年版，第 23 页。

② 郝守才著：《关于累犯的比较研究》，载《法商研究》1996 年第 5 期。

③ 贾宇、舒洪水：《累犯制度研究》，载《山东警察学院学报》2005 年第 5 期。

④ 参见米健等著：《澳门法律》，澳门基金会 1994 年版，第 161 页。

人格评价因素的重要地位，在其第四章第二节第69条规定："因故意犯罪而被确定判决超逾六个月之实际徒刑后，如单独或以共同犯罪之任一方式，实施另一应处以超逾六个月实际徒刑之故意犯罪，且按照案件之情节，基于以往一次或数次之判刑并不足以警戒行为人，使其不再犯罪，故应对其加以谴责者，以累犯处罚之。"① 由此可见，现行《澳门刑法典》中对于累犯确定其刑事责任的根据，在犯罪次数、严重程度等客观情况的前提下，主要是基于犯罪行为中的人格因素，即行为人的人身危险性。

我国台湾地区"刑法"第47条规定，"受徒刑之执行完毕，或一部之执行而赦免后，五年以内故意再犯有期徒刑以上之罪者，为累犯，加重本刑至二分之一"。"第九十八条第二项关于因强制工作而免其刑之执行者，于受强制工作处分之执行完毕或一部之执行而免除后，五年以内故意再犯有期徒刑以上之罪者，以累犯论。"其中，第98条的规定包括："施用毒品成瘾者，于刑之执行前令入相当处所，施以禁戒"；"因酗酒而犯罪，足认其已酗酒成瘾并有再犯之虞者，于刑之执行前，令入相当处所，施以禁戒"；"有犯罪之习惯或因游荡或懒惰成习而犯罪者，于刑之执行前，令入劳动场所，强制工作"；"犯传染花柳病、麻疯病罪者，得令入相当处所，强制治疗。前项处分于刑之执行前为之，其期间至治愈时为止"。因上述情况宣告的保安处分，于处分执行完毕或一部执行而免除后，认为没有执行的必要者，法院应当免除其刑罚的全部或者一部的执行，实际上相当于刑罚已经执行完毕或者一部执行后因赦免而免除了刑罚的情况。因此，我国台湾地区"刑法"规定的累犯制度是一般累犯制度。所谓一般累犯制度，是指法律不区别犯罪的种类，凡是曾受过刑事处分的人，在一定条件下又再次犯罪的，均构成累犯，应当加重其刑罚。这种累犯，又叫非同类累犯，② 即不以相同种类的犯罪为必要条件。

第三节　累犯与相关概念之辨析

一、累犯与再犯的区别

从实质意义上说，经过了确定的裁判后，又实施犯罪行为的，都是累犯，即以前犯了罪并受到法院的有罪宣告，其后又犯罪的，都是累犯。实质意义的累犯与再犯基本上是一个含义，累犯也是一种再犯是一种特殊的再犯。从形式意义上

① 赵秉志总编：《澳门刑法典澳门刑事诉讼法典》，中国人民大学出版社1999年版，第37页。

② 高格著：《比较刑法学》，长春出版社1991年版，第290页。

说，只是上述再犯中具备一定要件并加重处罚的，才是累犯。[①] 我国刑法理论通说也认为，再犯是指犯罪经判决后又犯罪的人。[②] 再犯有广义与狭义之分，广义上的再犯包括累犯。一般来说，累犯是再犯中的最严重者。可以看出，在累犯与再犯的上述关系中，实质意义上的累犯与再犯没有实质的差异。规范意义上、形式意义上的累犯才是刑法制度、刑法学中的累犯概念。如前所述，在刑事一体化的思维中，犯罪学上的累犯概念应当与刑法学上的相对完善的累犯概念接轨，以刑法学中的累犯概念为基准，与再犯概念即实质意义上的累犯概念相区分。

在1979年《刑法》中，只有累犯的规定而无再犯的规定。从刑法理论上来说，再犯是一种酌定从重处罚的情节，因而与累犯作为一种法定从重处罚情节是有所不同的。但是1981年6月10日全国人大常委会颁布的《决定》第2条第2款规定，"劳改犯逃跑后又犯罪的，从重或者加重处罚。刑满释放后又犯罪的，从重处罚"。从而在刑事立法中确定了再犯制度。因此，所谓再犯，是指刑满释放后又犯罪的人。

我国刑法中作为从重处罚情节的再犯，是指受过有期徒刑以上刑罚处罚的犯罪分子刑满释放后又犯罪的犯罪人。根据《决定》的规定，再犯具有以下特征：（1）刑度条件，即前罪必须是被判处有期徒刑以上刑罚之罪，这是成立再犯的前提条件。（2）主观条件，即再犯的前罪和后罪的罪过形式无限制，既可能都是故意犯罪，或者都是过失犯罪，也可能其中一罪是故意犯罪，另一罪是过失犯罪。总之，只要是受过有期徒刑以上刑罚处罚的犯罪分子刑满释放后再次犯罪，都可以成立再犯。（3）主体条件，即再犯的主体必须是年满18周岁、具有刑事责任能力的自然人。但《决定》关于再犯的规定，在相当大的程度上否定了累犯存在的必要性。尽管在司法实践中，凡是符合累犯条件的按照累犯从重处罚，凡是符合再犯条件的按照再犯从重处罚。由于二者的法律后果都是从重处罚，因而累犯较之再犯的更为严格的构成条件变得毫无意义。要改善这种状态，有两种立法方式可以考虑：一是规定累犯应当从重处罚，再犯可以从重处罚，来作为二者的区别；二是扩大累犯的范围，主要是延长累犯前罪与后罪的法定时间距离，以此来取代再犯。

1997年《刑法》的修订和上述《决定》的废止，采用的正是第二种做法。在这种情况下，刑法并没有采纳作为法定从重处罚情节的再犯制度，但仍然存在作为酌定从重处罚情节的再犯制度。这种酌定从重处罚的再犯，是指曾因犯罪受过刑事处罚，又重新犯罪的犯罪分子。在这个意义上的累犯，既不同于一般累犯，也不同于特殊累犯。

---

① 张明楷著：《外国刑法纲要》（第二版），清华大学出版社2007年版，第407页。

② 王作富主编：《中国刑法适用》，中国人民公安大学出版社1987年版，第256页。

再犯与一般累犯的区别在于：（1）再犯对于前罪没有罪过形式和刑度的要求，对于再犯来说，只要构成犯罪，无论是故意犯罪还是过失犯罪，无论是被判处有期徒刑以上刑罚之罪，还是被判处拘役、管制或者单处附加刑，都可以构成；而一般累犯要求前罪的罪过形式是故意，并且是被判处有期徒刑以上的刑罚。(2）再犯对于后罪也没有罪过形式和刑度的要求；而一般累犯则要求后罪的罪过形式是故意，并且是应当判处有期徒刑以上的刑罚。（3）再犯没有前罪和后罪的时间限制，犯前罪了以后，在任何时候再犯罪的，都应是再犯；而一般累犯则要求前罪与后罪的法定时间距离是5年，5年之后再犯的，不构成累犯。

但现行《刑法》第356条规定，因走私、贩卖、运输、制造、非法持有毒品罪被判过刑，又犯《刑法》分则第六章第七节所规定之罪的，从重处罚。该毒品再犯制度可以成为特别再犯制度。这是特别再犯制度在现行《刑法》中的正式确立。但其渊源实际上是1990年12月28日全国人大常委会颁布的《关于禁毒的决定》第11条第2款的规定，即“因走私、贩卖、运输、制造、非法持有毒品罪被判过刑，又犯本决定规定之罪的，从重处罚”。该决定虽然已经被废止，但其上述内容已经被《刑法》第356条吸收。

可以看出，《刑法》中的特别再犯制度采取的是从重处罚原则，这与《刑法》总则中规定的累犯处罚原则是一致的。《刑法》第65条和第66条分别规定了一般累犯和特殊累犯。由于成立特殊累犯要求前罪和后罪均为危害国家安全犯罪、恐怖活动犯罪、黑社会性质的组织犯罪，所以不会产生特别再犯与特殊累犯的竞合问题。至于一般累犯，虽然其在构成要件上与特别再犯存在诸多差异，但犯罪现象纷繁复杂，司法实践中完全可能出现同时符合特别再犯与一般累犯构成要件的情形，此时对行为人当然不能适用两个从重处罚的原则，否则就违背了刑法中禁止重复评价原则，不但违背刑罚的公正价值，而且构成对行为人人权的侵犯。

为此，最高人民法院在2000年4月4日《全国法院审理毒品犯罪案件工作座谈会纪要》中指出：“关于同时构成再犯和累犯的被告人适用法律和量刑的问题。对依法同时构成再犯和累犯的被告人，今后一律适用刑法第三百五十六条规定的再犯条款从重处罚，不再援引刑法关于累犯的条款。”但是，这一纪要内容是最存在疑问的。

首先，根据《刑法》第74条、第81条的规定，对累犯不得适用缓刑和假释，如果对同时符合一般累犯和特别再犯条件的毒品犯罪分子仅以特别再犯论处的话，则意味着对其完全可以适用缓刑、假释的规定，而其他犯罪的累犯则不得适用缓刑和假释，这不仅有失公允，而且有违特别再犯的立法目的。应当认为，对于符合累犯条件的，必须适用《刑法》总则关于累犯的条款，而不再适用

《刑法》第356条。[①] 因为立法的目的是要对毒品特别再犯从严处罚，而该纪要准司法解释的性质使得实践中的毒品特别再犯反而得到宽大处理，这是司法突破立法的表现，因而是不可取的。

其次，上述纪要的规定可能蕴含着普通条款与特别条款的法条竞合关系的认识，但是法条竞合的法律表现是行为人所实施的一个犯罪行为触犯《刑法》分则规定的数个罪名，数个罪名必须是《刑法》分则条文规定的。[②]《刑法》第65条所规定的一般累犯和《刑法》第356条所规定的特别再犯不是普通条款与特别条款之间的关系。因为《刑法》第356条规定的特别再犯条款属于分则条款，是为了增强打击毒品犯罪的力度，所以成立的条件相对宽松，而《刑法》第65条规定的一般累犯属于总则条款，构成的条件反而要严格得多，二者之间只是一种交叉平行关系，而非普通条款与特殊条款之间的法条竞合关系。

最后，从立法精神看，对于同时符合特别再犯与一般累犯的构成要件的毒品犯罪，只需通过累犯制度就可以体现从重处罚的精神。但是，对于行为人因走私、贩卖、运输、制造、非法持有毒品罪被判过刑，又犯《刑法》分则第六章第七节所规定之罪，但又不符合累犯构成要件的情形，累犯制度就无法适用。由于毒品犯罪社会危害深重，这种情形客观上又需要予以从重处罚，所以，为了弥补累犯制度在该情形下无法适用的缺陷，立法者在总则设立了累犯制度之后又在分则专设特别再犯制度，从而发挥对毒品犯罪分子的从重打击功能。[③] 这也就是说，在特别再犯同时符合一般累犯条件时，一般累犯制度优先适用；在特别再犯成立但不符合一般累犯条件时，就适用特别再犯制度。因此，在我国刑法中，特别再犯制度是一般累犯制度使用不足时的补充。

二、累犯与惯犯的区别

在刑法理论中，累犯与惯犯历来是两个不同的概念，但二者之间又有一些特征相似。分清二者的异同和各自的特征，对司法实践无疑是有意义的。

累犯，是指因故意犯罪被判处有期徒刑以上刑罚的，刑罚执行完毕或者赦免以后，在一定期间内（危害国家安全犯罪、恐怖活动犯罪、黑社会性质的组织犯罪不受一定期间限制），又故意实施应当判处有期徒刑以上刑罚之罪的人。惯犯又称常习犯，是指以某同种犯罪为常业，反复实施，并养成习性，或者在相当时期内屡次实施某同种犯罪行为，并以其犯罪所得为主要生活和挥霍来源的人。

---

① 张明楷著：《刑法分则的解释原理》，中国人民大学出版社2004年版，第59页。

② 陈兴良著：《刑法适用总论》，法律出版社1999年版，第720页。

③ 张平、谢雄伟：《我国特别再犯制度的若干问题研究》，载《法学杂志》2005年第3期。

从上述对累犯和惯犯所下的定义中不难看出，二者在本质上有一致的特征。首先，它们在犯罪的次数上都具有多发性、反复性，这一点与初犯有数量乃至质量的区别。其次，从犯罪主观上看，它们所实施的犯罪都是故意的，过失犯罪不构成累犯或惯犯。最后，累犯如果具有犯罪习性，并以某同种犯罪为常业的，称常习累犯，就是累犯和惯犯的双重身份。可见，二者本质属性是可以互相渗透的。

惯犯是规定在《刑法》分则的某种犯罪构成类型。而累犯是在犯一定之罪经法院审判并执行一定刑罚之后，在一定时间内又犯一定之罪的犯罪人，它是规定在《刑法》总则中的一项量刑制度。累犯和惯犯，历来是刑事政策打击的重点。尤其对常习累犯，应该在《刑法》分则中对惯犯所规定的法定刑幅度内，予以从重处罚。但是，累犯和惯犯毕竟是两个不同的概念，二者的成立条件是有区别的：(1) 累犯必须是被判处过有期徒刑以上的人；而惯犯则不要求具有这种身份。(2)《刑法》分则中规定的任何一种故意犯罪，都可以成立累犯；而惯犯则仅限于几种特定的故意犯罪。(3) 累犯既可以是同罪累犯，也可以是不同罪累犯，如前罪是盗窃罪被判刑，刑满释放后 5 年内，可以因再一次犯盗窃罪构成同罪的累犯，也可以因犯其他罪构成不同罪的累犯。累犯的后罪，既可以是一罪，也可以是数罪。数罪中的累犯既可以是同罪的累犯和不同罪的累犯的交叉，也可以完全是数个不同罪的累犯。而惯犯必须是同罪，即只能反复实施同一种犯罪。(4) 我国对累犯只能从重处罚，不能加重处罚；而对惯犯一般是采用提高法定刑的幅度，分别规定在《刑法》分则中。

对于惯犯的特征，从犯罪主体上看，一般来说，只要具备法定责任年龄、有责任能力并实施犯罪行为的自然人，均可成为惯犯的主体。已满 14 周岁不满 16 周岁的人，犯惯窃罪也可成为惯犯的主体。惯犯又称常业犯，即把某种犯罪行为作为一种非法职业，从这个角度看，惯犯的主体又具有特殊性。其主要特征就在于行为人在一定时期内是以某种犯罪为职业而取得的非法财物，作为生活和挥霍的来源。从主观方面看，惯犯的一切犯罪活动都是直接故意，间接故意或过失均不可能成立惯犯。犯罪目的一般是为了最大限度的谋取非法利益，行为人贪得无厌，不知满足，总是千方百计寻找作案机会，其主观恶性程度是很大的。从客观方面看，惯犯的特点表现在犯罪的多发性、频繁性，反复不断地侵犯某种刑法所保护的社会关系。有的在一定时期、一定区域内连续作案，有的则到处流窜作案。犯罪多表现为计划周密，盲目性少，成功率高，作案手段熟练、隐蔽，有一套对付侦查破案的经验，往往具有某种犯罪的技巧和方法，且手法甚为类似。总之，惯犯在客观上具有极大的社会危害性，因此，对惯犯不要求其是否有前科，即使是首次追究刑事责任，也应予以认定。

对于惯犯的概念，国内外学者持有不同的观点。日本有学者认为，累犯是刑法上的概念，习惯犯是犯罪学上的概念。也有学者认为，累犯在刑法上与犯罪学上是相同的概念，而习惯犯是只存在于犯罪学上的概念。可是，后者的见解是不正确的，因为就立法例来看，日本刑法上关于习惯犯的概念是放在特别规定内。[①] 德国对于习惯犯无明确定义。[②] 我国有学者认为，惯犯，是指罪犯个体依其心理和生理特征对某种犯罪环境的适应而反复实施同一种犯罪，进而使该种犯罪呈固定的继续状态或者有继续该种犯罪的倾向性。[③] 我国刑法学界的通说认为，惯犯，是指在较长时间内，反复实施同种犯罪，以此为常业，或者以犯罪所得作为生活或挥霍的主要来源，并养成恶习的犯罪形态。[④] 前者强调惯犯的犯罪心理与犯罪人格特征，但主要是从犯罪学或者说与犯罪学有关的学科的角度加以讨论的，没有站在刑事一体化的高度从刑法学的角度加以综合考虑，而后者虽然对前者的不足之处有所克服，指出了惯犯在刑法上的罪数形态特征，但仍然缺乏关键要素而显得不够全面。惯犯作为犯罪学上的一个重要概念同时也作为一项刑法制度，其刑法规制刑特征是不可或缺的，因此，笔者认为，惯犯，是指以实施某种犯罪为业或者实施某种犯罪已成为习性，在较长时间内反复实施同种犯罪，刑法明确规定将其作为一罪处理的情形。

一般认为，累犯与惯犯的相似性在于同为主观方面的犯罪故意与同为数次犯罪。二者的区别应当从以下几个方面加以判断：（1）累犯有严格的法定构成要件；而惯犯的成立条件则较为宽松。例如，从主体条件上看，构成累犯的主体只能是刑罚执行完毕或者赦免以后再犯罪的犯罪人；而惯犯的构成主体则几乎没有限制。从刑度条件上看，累犯的前罪必须是被判处有期徒刑以上刑罚之罪；惯犯的前后罪不是对于刑度的要求，而是对于罪种的要求，构成惯犯的前后罪的罪种均由刑法明确规定，即使同一种犯罪存在反复多次实施的情况，如果没有刑法明确规定，也不成立惯犯。从时间条件上看，一般累犯前后罪的时间间隔是法定的，必须发生在5年以内，当然，危害国家安全犯罪、恐怖活动犯罪、黑社会性质的组织犯罪的特殊累犯前后罪的发生不存在时间限制；而就惯犯而言，其反复多次实施的同种犯罪没有明确的时间间隔限制。（2）处罚的对象不同。累犯的前罪已经刑罚处罚，仅后罪未处理，因而从重处罚原则仅针对后罪；而惯犯在一段时间内反复多次实施的犯罪均未经处罚，或者曾因犯同种罪多次受过刑罚或者行政处罚，以后又继续多次实施该种犯罪，因而处罚的是多次同种犯罪。[⑤]

---

① 参见彭诚钧：《习惯犯之研究》，台湾“国防”大学2005年6月硕士论文。

② 参见彭诚钧：《习惯犯之研究》，台湾“国防”大学2005年6月硕士论文。

③ 于世忠：《惯犯问题研究》，载《现代法学》1994年第4期。

④ 赵秉志、吴振兴主编：《刑法学通论》，高等教育出版社1993年版，第210页。

⑤ 参见赵秉志主编：《刑罚总论问题探索》，法律出版社2003年版，第373～374页。

(3) 一般而言，累犯不具有犯罪的习惯性与行为的反复性。惯犯的着重点，仍和累犯不同，它不以是否曾受过徒刑的执行为准，而以有无犯罪习惯性为准。[①]惯犯的犯罪行为的反复性，不单是指行为的多次性，而是将这种多次的犯罪行为局限在同一种类犯罪之中，这也是累犯与惯犯最重要的区别。当然，如果行为人常习地实施一定之犯罪，而构成累犯之要件者，那就成为常习累犯。(4) 处罚原则不同。累犯的处罚原则，依照我国现行刑法的规定，是从重处罚；而惯犯的处罚，就是对仅存的赌博罪的常业惯犯的处罚，相对于其他类型的赌博罪，不是从重处罚也没有其他特别的处罚原则，而是把常业惯犯作为赌博罪的构成要件。1979年《刑法》中规定的其他五种惯犯，都是法定刑升格适用，均具有加重处罚的性质。

三、累犯与前科的区别

累犯与前科消灭制度的关系密切。前科，是一种法律地位，具体是指由于行为人实施犯罪被判处刑罚并且刑罚已经执行完毕或者被赦免后在一定期间内的一种法律地位。前科消灭制度，是指具有前科的人，经过一定的法定程序宣告其犯罪记录被注销，恢复其正常法律地位的一种法律制度。前科消灭制度意味着刑罚事后效果的消灭。[②] 累犯制度的本质应当是属于前科制度和前科消灭制度范畴内的一种制度，一般情况下，在一定的范围内前科是构成累犯的必要条件，系前科的刑事法律后果。从本质上讲，建立累犯制度就是针对刑法对行为人前科的认可和非难。从另外一个角度而言，累犯制度中规定对累犯之人从重处罚，就是从立法上体现对前科的刑事法律后果的确认。因此，累犯构成要件中的时间跨度，其实就是前科在刑事法律中存在的时间期限；累犯构成的时间止点，同时也是前科消灭的时间始点。

需要注意的是，累犯制度、前科制度及前科消灭制度并不能够互相替代，它们之间也有一些区别，主要表现在：(1) 累犯制度仅仅为所有被处刑罚的犯罪行为拟定了前科消灭的时间期限，对在一定期限的前科给予较重刑事处罚的法律后果，对于其他法律后果并不会涉及。而在法律上前科存在的负面影响，不仅限于刑事法律，如其在民事、行政法律上的后果，却可能是一生存在，这对于已经真诚悔过自新的犯罪人来说就显得不公正。(2) 累犯构成要件中的时间期限对于前科消灭制度而言并不是完整的，因为其构成要件适用的范围较小，仅仅限于可能判处有期徒刑以上的刑罚。前科消灭制度中的后果系所有法律评价的改变，

① 参见彭诚钧：《习惯犯之研究》，台湾“国防”大学2005年6月硕士论文。

② ［日］西原春夫著：《刑罚总论（下卷）》（改订准备版），成文堂1995年版，第540页。

即刑事犯罪记录被注销后，当事人在法律上不得再视为罪犯，社会不应对其歧视，同时所有合法权益自然恢复。消灭前科以后，应当立即恢复当事人因犯罪和存在前科而丧失的政治权利、民事权利和其他合法权益，以及社会生活的保障。消灭前科以后，当事人在就业、就学、担任公职等方面，应当与其他公民享受同等待遇。[①] 我国已经在法律上明确规定了前科制度，与其他一些国家的刑事立法相比，不同的是我国没有建立完整的前科消灭制度。宽严相济刑事政策的贯彻实施，使得在我国明确规定前科消灭制度就显得尤为必要和紧迫。宽严相济是我国当前和今后在刑事司法活动中的一项基本政策，这一政策的目的是矫正、克服曾经存在的重刑主义弊端，保障合理适用国家刑罚权。根据刑事一体化思想的要求，宽严相济刑事政策当然包括刑罚事后效果的宽严相济。前科消灭制度的目的就是为有前科的人提供了一种可以恢复“自然身份”的激励机制，激励有前科者不断争取良好表现和复归社会的能力，从而预防和减少其再次犯罪。我国在建立完善前科消灭的相关制度时应当以宽严相济刑事政策作为指导原则。前科一旦消灭，相关人的罪刑记录由司法机关给予注销，前科的档案卷宗材料只能保存在司法机关，其人事档案中就不应该再有前科记录。

① 马克昌主编：《刑法学全书》，上海科学技术文献出版社 1993 年版，第 684 页。

第二章 累犯适用之基础理论

第一节 累犯制度的设立根据

任何法律制度的设立，都离不开一定的现实依据和理论根据。累犯作为一项重要的法律制度，其存在和发展也有其独特的社会背景和理论基础支撑。

一、累犯制度设立的现实根据

（一）刑罚体系的变动和再次犯罪现象的存在

法律制度如同其他任何社会制度一样，不是凭空创造的，而是人类基于一定需要对客观现象的主观认识在法律上的反映，是客观见之于主观活动的结果。累犯制度，也是人类基于一定需要对重新犯罪现象的主观认识在法律上的反映。这种认识，是以存在客观现象为前提的。[①] 由于在早期封建制刑法的影响下，严刑峻法充斥着整个刑罚体系。当时的刑罚体系以死刑和肉刑为主，并且受到“以牙还牙，以眼还眼”报应刑观念的影响，犯罪人一旦被判刑其再次犯罪的能力就消失了，也就无累犯制度可言。后来，随着刑罚由生命刑向监禁刑、财产刑的演变，肉刑被废除了，犯罪人在经过一段时间的监禁刑或者缴纳罚金之后又重新回归社会，但由于种种原因再次走上犯罪的道路。立法者必须对这部分再次犯罪的人给予特殊的刑事处遇，从而遏制再次犯罪上升的势头。可以说，正是因为再次犯罪现象的存在，才催生了累犯制度。累犯作为一种特殊类型的再犯，在法律上对其加以规定也是在再次犯罪的社会现象出现之后才开始的。而再次犯罪现象的出现又是与刑罚体系的变动相伴而生的，没有刑罚体系的变动也就没有再次犯罪的可能，也就不可能产生累犯制度。因此，刑罚体系的变动和再次犯罪现象的存在是累犯制度设立的重要现实基础。

（二）预防和控制累犯的需要

“累犯的出现会削弱国家法律的权威，不仅使刑法所固有的权威与尊严为社

---

① 苏彩霞：《累犯制度设立根据之探究》，载《中国法学》2002 年第 5 期。

会公众所怀疑，而且是对潜在犯罪人的鼓励，使其进一步产生藐视国家刑法的心理而将犯罪的倾向逐步变为犯罪的行动。”① 近代累犯制度根植于近代刑法学派防卫社会、防控犯罪的理念之中。19 世纪末 20 世纪初，随着工业革命影响的扩展，城市经济快速发展，失业人口激增，累犯率大大提高。在这样的社会背景下，古典刑事法学派立足于报应刑基础上的累犯制度已经不再适应防卫社会的需要，累犯制度不再是单纯的对已然之罪给予报应，而是要以预防和控制累犯为目的进行构建。此外，在具体累犯处罚原则上有加重和从重处罚两种，在累犯的处罚方式上，先后出现了单一的刑罚处罚、刑罚替代措施处遇、刑罚与保安处分并科这三种方法。这些不同的累犯处罚原则和处罚方式之所以会出现，正是为了满足预防和控制累犯的需要。可见，预防和控制累犯的需要是累犯制度设立的重要现实原因。

二、累犯制度设立的理论根据

“一定的制度总是以一定的思想为理论支柱。”② 累犯作为一项源远流长的重要刑罚制度，其理论根据必然依托于刑法历史长河中的各种刑罚制度理论。因此，只有对各个时期的刑罚理论进行剖析才能探求得累犯制度设立的理论基础，从而为累犯制度构建起其存在的合理性和正当性基石。

（一）报应主义下的累犯制度

报应主义经历了最初的原始朴素报应、神意报应阶段，后来发展为道义报应、法律报应的阶段。

1. 朴素报应观下的累犯制度

朴素报应观，实际上是人们朴素的正义情感的体现。所谓欠债还钱、杀人偿命，正是这种报应观的形象反映。这种朴素报应观并不等同于复仇，因为复仇是一种私力救济的报应方式，而朴素报应观具有了公力救济的属性。在这种“以牙还牙，以眼还眼”的等量报应刑罚观念下，只有对那些多次犯罪的人给予更为严厉的惩罚才能满足人们对正义的要求，如果对于再次犯罪的人和初次犯罪的人判处同样轻重的刑罚，显然是违背等量报应观的。正是在这种朴素报应观的作用下，《尚书·舜典》中出现了我国关于累犯“怙终贼刑”的规定。可见，在当时人们就已经有了要严厉处罚累犯的观念。

基于朴素报应观而出现的累犯制度，以报应主义为基础，具有一定的合理性，反映了那个时期的民众对正义的要求。但是，这种累犯的规定显然与近代累

---

① 高铭暄主编：《刑法学原理（第三卷）》，中国人民大学出版社 1994 年版，第 261 页。

② 邱兴隆、许章润著：《刑罚学》，群众出版社 1988 年版，第 30 页。

犯制度相差甚远。并且，单纯的以报应观来解释一项刑罚制度的合理性和正当性也是站不住脚的，毕竟人们对于正义有着各自不同的理解。对于累犯应当从严处罚，但是这个从严的幅度要有多大，朴素报应观并不能给予合理的答案。因此，累犯制度不能只依托报应主义而构建。

2. 神意报应观下的累犯制度

神意报应的思想盛行于古代及中世纪。其以神意来解释刑罚正当性，认为犯罪是违背神意的行为，理应受到神的责罚，而国家则是根据神的意志，对犯罪人予以惩罚。神意报应观以行为人违背了神的意志作为对其责难的根据，成为了威慑刑法的理论根基。教会和国王在这一时期具有至高无上的权力，可以对那些屡次违背神的旨意的人施以重刑，从而实现正义，维护神的权威。在中世纪，很多国家都规定了累犯加重的制度，如 1549 年法国的法令宣布，重复犯罪的作恶者是明显有害于国家的可恶败类，亵渎神明、盗窃、流浪等之累犯罪行将绳之以特定刑罚。[①] 在我国五代时期，也对多次盗窃的犯罪人规定可以判处绞刑这一最为严厉的刑罚。

可见，在神意报应观之下，累犯制度立足于报应主义的基础上，同时考虑到一般预防的震慑需要，给予累犯极为残酷的惩罚。后来，功利主义的考虑融入到了累犯制度之中，相比之前的朴素报应观下的累犯制度有了极大的进步。此外，将行为人对神意的多次违背作为对其加重处罚的根据，注重对行为人意志的考察，而不再仅是考虑行为的客观表现和危害结果。这表明人们已经认识到累犯较之初犯具有更大的主观恶性和人身危险性，而不仅是因其犯罪行为的反复实施而对其进行报应惩罚。但是，这一时期的刑罚具有极大的恣意性，对累犯的惩罚往往取决于君主的裁决，一些违背宗教教义的行为甚至也成为了累犯的罪质要件，并且在对重刑主义和震慑效果的过度追求之下，刑罚的严酷性使得对累犯的惩罚过于严厉，甚至连一些轻微的再次犯罪人都要判处死刑。这显然是不符合刑法的谦抑精神的。

3. 道义报应观下的累犯制度

道义报应观是基于意志自由论而产生的，主张行为人在意志上是自由的，可以选择顺从道义不犯罪或选择违背道义去犯罪，一旦行为人选择了犯罪，那么其就是应受谴责的，在道义上是应受报应的。因为犯罪是人自由意志选择的结果。例如，著名的刑法学家边沁就主张，犯罪是人们根据趋利避害的原则所决定的。基于自由意志之主张，人都是抽象的理性存在，并不存在本质上的差别，刑法应当关注行为，而不是行为人。在这种道义报应观之下，行为刑法大行其道，从而

① ［法］米歇尔·福柯著，刘北成、杨远婴译：《规训与惩罚》，三联书店 1999 年版，第 116 页。

产生了“行为主义累犯”，即只强调累犯行为的次数、轻重作为累犯的构成要件，并不关注行为人的性格、人身危险性等个人因素，忽视了刑罚的个别预防效果。但是，这一报应观改变了神意报应观下的罪刑擅断和重刑观念，将行为人的主观恶性纳入到了累犯考虑的范畴之中，强调刑罚应当与罪行相协调，不能给予行为人超过其罪行的惩罚，具有历史进步性。

4. 法律报应观下的累犯制度

法律报应理论是近代的产物。黑格尔是法律报应主义的重要代表。法律报应主义可以用黑格尔所提出的“否定之否定”来表述，认为犯罪是对法律的一种否定，刑罚则是对犯罪的否定。“现在现实的法就是对那种侵害的扬弃，正是通过这一扬弃，法显示出其有效性，并且证明了自己是一个必然的被中介的定在。”[①] 这也就是说，行为人有义务遵守法律，但却违背法律而行为，因而要受到法律的谴责。法律报应观强化了人们对法律的遵守，注重罪刑相称。累犯在经历了刑罚惩罚后，又再次违反法律的规定，法律理应对其给予更为严厉的回应。但是，这一报应观与道义报应观下的刑法一样，以行为作为累犯制度的中心，忽视了对犯罪人的矫正和教育。并且，这种法律报应观过于强调法律的效果，刑罚的功能被过分放大了，从严处罚作为累犯唯一的法律后果和制裁措施，显得过于单一。正如著名的刑法学家菲利所指出的：“自称为一种能够消除所有犯罪因素的简便并且有效的救治措施的刑罚，只不过是一种徒有虚名的万灵药。”[②]

（二）功利主义下的累犯制度

19 世纪末 20 世纪初，随着工业革命的推动，各种社会矛盾凸现，贫富分化加大，失业人口增多，常习犯和少年犯激增，累犯率剧增。刑事古典学派的理论已经无力应对这种前所未有的犯罪高发浪潮，而刑事实证学派就是在这样的背景下登上了历史舞台。正如菲利所描述的，“在意大利，当古典派犯罪学理论发展到顶峰的时候，这个国家却存在着从未有过的数量极大的犯罪行为的不光彩状况，这确实是一种令人惊异的对比。因此，犯罪学者阻止不住犯罪浪潮的波动。正因为如此，实证派犯罪学便与其他学科一样，自然而然的产生了。它建立在我们日常生活状况的基础之上”[③]。实证学派不同于古典学派，他们否定“决定论”，不承认意志自由，认为古典刑法是建立在思辨哲学的基础上，是虚无缥缈

---

① ［德］黑格尔著，范扬、张企泰译：《法哲学原理》，商务印书馆 1961 年版，第 100 页。

② ［意］恩里科·菲利著，郭建安译：《犯罪社会学》，中国人民公安大学出版社 1990 年版，第 98 页。

③ ［意］恩里科·菲利著，郭建安译：《实证派犯罪学》，中国政法大学出版社 1987 年版，第 3 页。

的。在实证学派眼中，行为人不再是抽象的千篇一律的理性人，而是变成了千姿百态的具体的人。刑法学大师李斯特更是提出了“应受惩罚的不是行为，而是行为人”的论调。行为人成为了刑法关注的中心，这一变动终结了行为刑法独行其道的局面。而人身危险性理论的提出，为累犯制度的创新奠定了理论基石。对于累犯，除了限定行为的次数、时间和轻重外，还加强了对行为人人身危险性的考察。“对于重复犯罪，人们的目标不是法律规定的某种行为的责任者，而是犯罪者主体，是显示其怙恶不悛本性的某种意向。渐渐地，不是罪行，而是犯罪倾向成为刑法干预的对象，初犯与累犯之间的区分也变得愈益重要了。”① 累犯处罚的根据不在于对已然之罪的报应和一般预防，而是针对行为人的未然之罪进行特殊预防。行为的社会危害性不再是决定累犯从重处罚的根据，刑罚应当与行为人的人身危险性大小相称，而人身危险性的大小也是区分初犯与累犯的关键所在。实证学派同时指出，刑罚并非万能的，对于累犯还应当探寻其他的制裁措施，以达到防卫社会之目的。累犯因其严重的人身危险性而成为社会防卫之重点对象，对累犯加重处罚也就成为了必然选择。这一时期的立法也顺应了实证学派在累犯制度上的新主张。1885 年《法国刑法典》就对职业犯和常习犯新设了终身流放到殖民地的刑罚；美国也颁布了关于累犯的法律，规定对再犯应处不低于最低法定刑和不高于最高法定刑两倍的自由刑。1902 年《挪威刑法典》对严重的惯犯则采取不定期刑的预防性拘留的规定，英国 1908 年《犯罪预防法》对累犯处以预防性监禁的规定，而德国 1933 年《习惯犯法》更是专门对累犯进行了立法，规定了保安监置等处遇措施。② 这些法律规定映现出了人身危险性在累犯中的重要地位，我们更可以看到新派在累犯的刑罚处罚方式和在刑罚之外探索累犯处遇上所作的努力。

可以说，功利主义下的累犯制度跳出了报应主义下的“行为累犯”概念，开始关注累犯的人格和人身危险性，并根据刑罚个别化原则，对不同的累犯适用不同的制裁措施注重对累犯的矫正和教育，刑罚个别预防的观念在累犯制度中占据了重要的地位。实证学派还注重研究犯罪的原因，而不是仅停留在对已然之罪的惩罚上，更关注对未然之罪的预防，这更有利于预防和控制累犯。但是，功利主义下的累犯制度又走向了另外一个极端——片面强调刑罚的特殊预防，而忽视了刑罚的报应本质。此外，当时对于人身危险性的评估并没有确定的标准，对犯罪人所作的预测也并不精确，这种仅建立在人身危险性理论之上的累犯认定模式

① ［法］米歇尔·福柯著，刘北成、杨远婴译：《规训与惩罚》，三联书店 1999 年版，第 110 ~ 111 页。

② 参见苏彩霞著：《累犯制度比较研究》，中国人民公安大学出版社 2002 年版，第 53 页。

显然是缺乏科学依据的。并且，实证实派认为累犯制度存在的价值只在于防卫社会、消减行为人的人身危险性，将精力过多的放在对未然之罪的预防上，忽视了对已然之罪的考量，这无疑是对人权的侵犯。美国学者理查德·霍金斯就曾指出："以未来的目标确定刑罚正义性常常伤害了我们的正义感。如果功利主义的目标被接受为确定刑罚的基础，那就等于打开了潘朵拉之盒。"[①] 实证学派轰轰烈烈的刑罚功利主义运动，其本身所埋下的人权侵犯伏笔，最终在法西斯纳粹政权下酿成了惨痛的教训。以至于德国在战后从未停止对刑法的反思和批判，其对累犯所采取的宽缓的刑事政策也与这种反思不无关联。

（三）折中主义下的累犯制度

"日趋上升的累犯率以不容置疑的事实同样宣告了矫正刑的失败……刑罚进化史上的这一畸形儿自20世纪60年代后期开始退出历史的舞台，世界性的刑法改革运动随之将刑罚推向了折中时代。"[②] 面对刑事古典学派和刑事实证学派在犯罪论和刑罚论各执己见的无休止论战，20世纪70年代以来，折中主义刑罚论（又被称为一体论刑罚论）开始成为刑法学界的主流学说。

根据折中主义对刑罚目的侧重点的不同，一体论主要存在以下三种观点：[③]（1）自然犯与法定犯相区分的一体论。该论认为，刑罚具有报应与预防两方面的目的，这是从既存刑罚规范所必然得出的结论。对于自然犯的惩罚，其根据在于它们严重违背了社会道德。刑罚之于此类犯罪，目的主要是表达社会谴责，道义报应是其渊源所在。而法定犯，并未违背社会道德，即便违背道德，道德罪过的程度也相当轻。刑罚之于它们，纯系出于社会功利观念的要求，即仅仅是因为社会试图阻止其发生，才动用刑罚予以处罚。（2）痛苦与谴责相统一的一体论。该论认为，刑罚既蕴含着痛苦，也潜藏着谴责。刑罚给人以痛苦的属性产生于威吓的需要，其根据是预防犯罪，即以痛苦相威吓，使犯罪保持在可以容忍的范围内。而刑罚的谴责性则有着独立于预防犯罪之外的根据，它不是针对犯罪人将来的行为，而是针对其已经实施的犯罪本身，这也就是说，无论犯罪是否具有道德罪过，它们至少是错误行为，必须予以谴责，刑罚的谴责性便由此而生。因此，刑罚的痛苦性以功利为根据，其谴责性则以报应为根据。（3）刑事活动阶段性的一体论。该论认为，刑罚根据应视刑事活动的阶段性而定。刑事活动分为立法、审判与行刑三个阶段，与此相适应，刑罚的目的也表现为三个方面。刑罚之

① ［美］理查德·霍金斯、杰弗里·P. 阿尔珀特著，孙晓雳、林遐译：《美国监狱制度——刑罚与正义》，中国人民公安大学出版社1991年版，第100页。

② 邱兴隆著：《刑罚理性评论——刑罚的正当性反思》，中国政法大学出版社1999年版，第95页。

③ 转引自陈兴良：《刑罚目的的新论》，载《华东政法大学学报》2001年第3期。

在立法上的确定，即规定什么样的行为应受惩罚以及应受多重的惩罚，主要取决于一般预防的需要。这也就是说，只有社会希望遏制其发生的行为才应受刑罚惩罚。在审判阶段，刑罚的裁量则以报应为根据，即只有对犯罪的人才能适用刑罚，对具体犯罪人所处的刑罚的分量应该与其犯罪的严重性程度相适应。至于行刑阶段，占主导地位的是个别预防。对犯罪人是否实际执行已判处的刑罚，实际执行刑罚的方式，以及实际执行的刑罚的分量，均应以个别预防为根据，即应与教育改造犯罪人的需要相适应。虽然折中主义刑罚论在具体观点上各异，但是都改变了以往报应主义和功利主义尖锐对立的局面，对二者都各有侧重。折中主义兼采二者之长，认为报应的公正理念与预防的功利价值都是刑罚所追求的目标，二者都不应当有所偏失。报应主义和功利主义并非绝对对立且不可调和，而是可以相互借鉴吸收的。折中主义刑罚论主张用报应主义来限制纯粹的功利主义，在功利主义之下容纳报应主义，以求对两派理论各取所长，各补所短。

同样的，折中主义的这种折中态度也反映在了累犯制度的变化上。在折中主义刑罚观下的累犯制度不再简单地认为“因为有了累犯，而有累犯”或者“为了不再有累犯，而有累犯”，不再单一地只关注报应或者考虑功利，而是认为“因为有了累犯，为了不再有累犯”。① 在累犯的成立要件上也不再只考虑行为的次数、时间等客观要素，而是将主观恶性或者人身危险性的因素也列入了考虑的范畴中；在累犯的处遇措施上，实行二元的处罚模式，刑罚与保安处分并行兼采。

可以说，折中主义妥善地解决了累犯制度中长期的“行为累犯”与“行为人累犯”各占半壁江山的局面，既关注对已然之罪的报应，又注重对未然之罪的防范，可谓实现了报应主义和功利主义的“大一统”。但是，折中主义在二者应当如何平衡和兼顾的问题上，并没有给予明确的答案，这也使得累犯制度在各国的刑法中都有各自不同的规定。

三、我国累犯制度的设立根据

从刑罚论的进化史来看，折中主义刑罚观在当今刑法学界占据了主导地位。同样的，我国累犯制度的设立依据也应当在折中主义刑罚观下构建。但是，究竟是以报应主义为基础，还是功利主义优先呢？对于这一问题在学界并未达成共识。有学者提出，应当在一体论下坚持报应优先，兼顾功利，这是我国累犯制度应然的理论归依。② 而有学者则认为，矫正功能是第一位的，惩罚是第二位的，

① 苏彩霞著：《累犯制度比较研究》，中国人民公安大学出版社 2002 年版，第 57 页。

② 参见苏彩霞：《累犯制度设立根据之探究》，载《中国法学》2002 年第 5 期。

累犯制度的理论根据应当是矫正优先，兼顾惩罚犯罪人与保护社会。[①]

笔者认为，要想回答这一问题，就必须要明确报应主义和功利主义在回应累犯制度的刑罚正当性和合理性的问题上是如何分配的。报应主义认为，刑罚的程度应等同于犯罪本身的程度，尤其是应同客观的犯罪后果之大小相适应。因此，累犯与初犯在客观危害上并无差异，因而在所处的刑罚量上应无区别。可见，在早期的报应主义理论中无法解决累犯为何要从重处罚上，其对累犯所采取加重或者从重处罚的根据并不能让人信服。只有在一般预防的刑罚理论出现后，出于震慑效果的考虑，给予了累犯重于初犯的刑罚评价才变得具有合理性。实证学派的功利主义出于特殊预防的需要，则重视行为人的人身危险性。累犯与初犯相比，其犯罪的社会危害性虽无甚区别，但行为人在初次犯罪接受刑罚后再次犯罪，就说明累犯的人身危险性大于初犯，因而在刑罚上就应从重。可以说，报应主义虽然有效地回答了为什么对行为人处以刑罚的问题，奠定了累犯制度的正当性基石，但其在刑罚的裁定上，即为何要给予从严处罚，却从来没有给出过正面、明确的回答。而功利主义，不论是一般预防主义还是特殊预防主义，虽然为累犯从严处罚提供了合理性的解释，但却脱离了对已然之罪的评价，将刑罚裁量仅建立在对人身危险性的预测之上，无疑是无本之木、无源之水，而且具有侵犯人权的嫌疑。因此，要想构建起累犯制度，必须奠定累犯制度的正当性和合理性基石：报应主义解决了为何要惩罚累犯的问题，而功利主义则解决了如何惩罚累犯的问题，二者共同回答了累犯制度设立的理论依据。这也就是说，一个人犯了罪所以惩罚他，表明刑罚的报应是正当的；为了本人和其他人不再犯罪而加以惩罚，表明刑罚的预防是必要的。刑罚的本质是报应，累犯制度作为一项重要的刑罚制度不应当否定其报应本质，而只注重刑罚功利的一面，过于追求对行为人的矫正和教育。刑罚的目的是预防，也不能只关注累犯的形式要件，不去分析累犯再次犯罪的原因和行为人的特殊情况，一味强调对已然之罪的惩罚，忽视对未然之罪的预防。但是，刑罚在根本上以报应为主、预防为辅，即以报应限制预防，超出报应限度的预防尽管具有功利性，但缺乏正义性，只有在报应限度内的预防才不仅是功利的，而且是正义的。刑罚应该是符合比例原则的公正刑罚。累犯制度应当建立在对已然之罪的报应基础之上，同时考虑对未然之罪的预防，从而实现刑罚正义和刑罚功利的双重价值。

---

① 参见季理华著：《累犯制度研究——刑事政策视野中的累犯制度一体化构建》，中国人民公安大学出版社 2010 年版，第 114 页。

第二节　累犯处罚原则及立法例

一、累犯处罚原则

（一）累犯从严处罚原则依据之学说概述及评析

通过前文的论述，累犯的设立根据在于报应主义基础上的刑罚功利考虑。世界各国的刑法中几乎都规定了要对累犯从重处罚，有的甚至规定要加重处罚。那么，刑罚为何要对累犯从严处罚呢？这就涉及累犯处罚原则的依据问题。累犯从严处罚之依据，大致有以下几种学说：

一是人身危险性说。该说认为，犯罪人在一定时间内又犯性质比较严重的犯罪，这表明其人身危险性大，应当判处较重的刑罚，才能有效地对他实施惩罚和改造，达到预防犯罪的目的，这是确立累犯制度的理由所在。① 此外，持人身危险性说的学者认为，人身危险性包括再犯可能和初犯可能，累犯更加削弱了法律的权威，造成了社会心理秩序的更大破坏，累犯感染他人犯罪的可能性强，就说明累犯的人身危险性强。② 例如，台湾学者高仰止认为，“累犯之人，既受刑之执行，自当知所悔改，乃于刑之执行完毕后，再行犯罪，足见尚未改善，基予特别预防之原理，应予加重其刑，使犯人有所警惕，并予以较长时间之教诲，以期彻底悔悟，改过自新，而达防卫社会之目的”③。累犯从重处罚的根据只能是人身危险性，而不是社会危害性。因为社会危害性是已然的犯罪的属性，而人身危险性是未然的犯罪的趋势。前者属于量刑的报应根据，后者属于量刑的预防根据，二者应该严加区分。④ 该说是我国大多数学者所持的观点。

二是社会危害性说。该说认为，人身危险性固然是评价累犯应当考虑的重要因素之一，但是仅以此为根据是远远不够的。因为累犯的人身危险性和主观恶性仅仅是累犯的社会危害性的一个方面。累犯的人身危险性和主观恶性，只有结合累犯的犯罪行为及其后果进行分析才能得到说明，离开累犯再次犯罪的事实，累犯的人身危险性和主观恶性就无从谈起。人身危险性是依附于社会危害性的，只有结合累犯的犯罪行为及后果进行分析才能把握人身危险性。仅把累犯的人身危

① 高铭暄、马克昌主编：《刑法学》，北京大学出版社、高等教育出版社 2000 年版，第 261 页。

② 陈兴良著：《刑法适用总论（下卷）》，法律出版社 1999 年版，第 446 页。

③ 参见高仰止著：《刑法总则之理论与实用》，台湾五南图书出版公司 1986 年版，第 369 页。

④ 陈兴良著：《刑法哲学》，中国政法大学出版社 1992 年版，第 621 页。

险性或主观恶性当做是从重处罚的根据，实际就把累犯的社会危害性与人身危险性、主观恶性等量齐观了。因此，累犯从重处罚的根据就在于累犯的人身危险性、主观恶性和其他犯罪行为所综合反映的社会危害性比初犯更大。[①] 累犯的社会危害性大于初犯，表现在以下几方面：（1）累犯往往会耗费国家司法机关在侦破案件、进行审判、改造罪犯方面更多的人力物力；（2）累犯的出现会削弱国家法律的权威；（3）累犯对社会心理秩序具有较大的破坏性。[②] 综上所述，累犯的社会危害性大于初犯，累犯从重处罚的根据也在于此。

三是主观恶性和人身危险性说。该说认为，对累犯从重处罚是刑法规定的重要制度，也是刑事政策的重要归结，其主要理论依据为：首先，累犯的前后两罪在法律上和行为心理上具有特定的联系，反映了行为人的特殊主观恶性和人身危险性。其次，经历了刑罚制裁的犯罪人怙恶不悛，说明通常的处罚标准对其不能产生特别预防的作用，因而构成刑事政策意义上的特别防范的对象。[③] 例如，有学者认为，“累犯者在初次犯罪接受处罚后，对他们已经进行过必要的法制教育和劳动改造，但他们仍不悔改，在刑罚执行完毕或者赦免后的5年内，又犯性质比较严重的罪，表明其主观恶性甚深，人身危险性甚大，改造比较难，只有判处较重的刑罚，才能有效地对他们进行改造，达到预防犯罪的目的”[④]。

四是应受谴责性和人身危险性说。该说认为，累犯从严的根据就在于累犯者的应受谴责性和人身危险性均大于初犯。前者是立足于对已然事实的回顾，累犯者在初次犯罪接受刑罚后，又再次犯较严重的犯罪，说明其主观上的应受谴责性、可非难性较初犯强，因而累犯之罪的责任较初犯重，对累犯从严处罚，正是立足于责任，以实现报应的正义；后者是未然之罪的前瞻，累犯者再次犯较严重犯罪的事实，表明累犯者的再犯可能性大于初犯，对其的教育改造较初犯更难，因而需要更长时间的刑罚。对累犯从严处罚，同时也是立足于未然之罪，以实现预防犯罪的需要。[⑤]

五是行为人的刑罚迟钝型人格说。该说认为，设置累犯制度的根本原因在于应对特定类型的行为人人格，而这种人格呈现的内容不是反规范，而是对刑罚体验的迟钝或麻木。累犯的法律后果就是对这种人格作出的制度性回应。累犯之所以要求刑罚必须执行完毕，是因为只有刑罚效果完全发挥之后，才能得出行为人

---

① 陈兴良著：《刑法哲学》（修订2版），中国政法大学出版社2000年版，第780页。

② 周振想著：《刑罚适用论》，法律出版社1990年版，第291~292页。

③ 参见陈浩然著：《理论刑法学》，上海人民出版社2000年版，第407页。

④ 何秉松主编：《刑法教科书》，中国法制出版社2000年版，第582页。

⑤ 苏彩霞：《累犯从严根据之考察》，载《云南大学学报（法学版）》2002年第3期。

是否具有刑罚迟钝型人格的结论。[①] 该说认为累犯的前提条件不是犯罪而是刑罚，因此，即使对过失犯罪也应认定为累犯。

六是折中说或社会危害性与人身危险性结合说。该说认为，对累犯之所以要从重处罚，其主观恶性深、人身危险性大固然是主要的原因，但并非唯一的原因。除此之外，累犯所造成的社会危害性大于初犯，也是对累犯从重处罚的一个重要原因。[②]

对于以上几种学说，我们评析如下：

第一，人身危险性说。传统刑法认为，累犯制度的考量根据是功利主义。功利主义者认为，累犯与初犯相比，犯罪的客观危害虽没有什么区别，但行为人在初次犯罪接受刑罚后再次犯罪，就说明累犯的人身危险性大于初犯，因而在刑罚上就应当从重，由此形成了累犯从重处罚的根据为犯罪人的人身危险性这一理论。人身危险性说认识到累犯制度的预防根据，固然可取，然而其把累犯的人身危险性和预防犯罪作为累犯制度存在的唯一理由，又过于片面。因为，通过前文的论述，累犯的设立根据应当是在报应主义基础上兼顾功利主义的考虑。脱离了社会危害性，单纯地将人身危险性作为从重处罚的依据就会走向侵犯人权的深渊，而这一点已经被历史证明了。此外，该说认为累犯感染他人犯罪的可能性强，就说明累犯的人身危险性强，但是，“一个人犯了罪是否就会传染他人使他人也犯罪？被传染的人有多少？其受感染程度又如何？如此一系列问题在目前科技水平下，没有一个准确答案”[③]。并且，我们不能因为其再次犯罪，就只考虑其人身危险性，而忽视了对行为社会危害性的考察，将那些社会危害性并未达到有期徒刑以上刑罚的犯罪人也纳入到累犯的范畴，这就片面扩大了累犯的范围。这也是在司法实践中经常出现的错误做法。我们在后面的累犯适用中的疑难问题部分对这种“先认定累犯，后定罪量刑”的问题也进行了详细的论述。

第二，社会危害性说。该说将人身危险性和主观恶性作为累犯的社会危害性的一个方面，虽然累犯的人身危险性和主观恶性，应当结合累犯的犯罪行为及其后果进行分析才能得到说明，但这实际上是错置了人身危险性和社会危害性的关系。二者并非包含关系，而应是并列关系。并且，初犯和累犯在社会危害性上并无差别，有时初犯的社会危害性甚至还要大于累犯，仅从社会危害性的角度并无法说明为何要对累犯从重处罚的问题。此外，该说从法律权威的削弱、社会心理秩序的破坏等角度，来说明累犯的社会危害性大于初犯，经不住推敲。累犯对法

---

① 陈金林：《累犯的前提：犯罪还是刑罚？——对〈刑法修正案（八）〉第6条的解读》，载《中国刑事法杂志》2011年第5期。

② 赵秉志主编：《刑罚总论问题探索》，法律出版社2003年版，第378页。

③ 赵永红：《人身危险性概念新论》，载《法律科学》2000年第4期。

律权威的削弱和对社会心理秩序的破坏比初犯更严重，只是学者理论上的假设，缺乏实证的说明。其次，法律权威的削弱或社会心理秩序的破坏，主要不是由某一累犯行为引起的，而是由各种主客观复杂因素共同决定的，这不能作为对累犯加重处罚的原因。当然，我们也很难确定，累犯和初犯对法律权威的削弱和对社会公众心理秩序的破坏孰重孰轻。

第三，主观恶性和人身危险性说。该说从刑事政策的角度来说明累犯从重处罚原则之依据，但是刑事政策毕竟具有很大的变动性和模糊性，这样的说法并不具有法的规范性，也无法说明从重处罚的刑罚正当性和合理性。而且，该说是从实然角度来论证而非从应然角度论证。此外，主观恶性是与具体犯罪事实相联系的，通过犯罪事实反映出来的是犯罪人犯罪时的主观心态，是责任的表现层面，这只能说明为何对累犯要处罚，但是并不能说明为何要从重处罚，因为不存在未然之罪的主观恶性。并且，主观恶性反映出来的只是犯罪人犯罪时的主观心态，而显然主观罪过并不能脱离客观行为而存在，主观恶性最终还是要从社会危害性的角度来进行评价。因此，该说是不全面的，并没有全面反映累犯的处罚原则。

第四，应受谴责性和人身危险性说。该说从刑事责任的角度来论证累犯处罚原则之依据，但是这只是现象层面的，我们还是要从社会危害性和人身危险性的角度来加以论证刑事责任之承担。并且，应受谴责性的概念并不明确，该说并没有回答为何累犯较之初犯的应受谴责性就大，且应受谴责性的另一种说法就是社会危害性和人身危险性大，所以该说与折中说并没有本质上的差别，但这样的表述显然没有折中说更为清楚直接。

第五，行为人的刑罚迟钝型人格说。特殊预防不仅是对未然之罪的预防，即预防已经成为累犯的人再次犯罪和预防未成为累犯的人再次犯罪，还有对那些已经成为累犯的人进行矫治。这部分人经历了一次刑罚惩罚，但是刑罚并未使其人身危险性降低，为了补足刑罚在量上的不足，要对其从重处罚，从而消减其人身危险性。因此，行为人的刑罚迟钝型人格说的本质仍是人身危险性说。并且，该说脱离了对已然之罪的评价，转而倾向刑罚的角度，并不具有法律依据。此外，其单纯强调刑罚在量上的不足，容易倒向重刑主义的误区；而且，我们也很难说累犯再次犯罪就是因为前罪刑罚在量上的不足所导致的，这样的判定并不全面。

第六，折中说或社会危害性与人身危险性结合说。笔者还是比较赞成该说的观点。但是，该说的论述较为简单，并没有详细地展开论述。但要特别强调的是，人身危险性和社会危害性的结合并非简单的并列，而是应当有机地融合在一起。

（二）累犯处罚原则的应然选择

我们认为，要想正确认定累犯从重处罚原则之依据，首先必须明确从重处罚的内涵。累犯的从重处罚包含两个层面：第一个层面——基本惩罚量，其对应的是社会危害性；第二个层面——从重惩罚量，其对应的是人身危险性。从第一个层面来看，如果行为人根本没有再次犯罪，那么也就无从成立累犯，也就没有后罪刑罚之裁量，更无从谈起对于后罪从重处罚的问题。并且，对行为人人身危险性之考察也是基于对后罪社会危害性的把握。而从第二个层面来说，之所以对行为人从重处罚，正是考虑到累犯在刑罚量上的不足和预防犯罪之需要。而这些正是基于累犯较之初犯更深的人身危险性的考量。只有给予人身危险性如此之大的人以从重处罚才符合罪责刑相适应之原则。并且，刑法并非将再次犯罪的人一律认定为累犯，而是限定了条件，以充分体现出累犯较深的人身危险性。累犯与普通犯罪的不同点就在于它是特定条件下的再次犯罪，而这些特定条件，不论是主观罪过还是罪质，时间上的限定反映出的都是行为人的人身危险性。此外，从前文所论述的累犯设立根据来看，报应是对社会危害性之考察，功利则是建立在人身危险性评价之上，而报应之上兼顾功利，必然要求我们立足在社会危害性基础上，对后罪正确定罪量刑，从而正确认定累犯。具体而言，累犯制度立法设置并由此导致的对后罪从重处罚的出发点，在于前罪之刑罚在量上略显不足，未能迫使犯罪人改过自新和实现特殊预防，未能阻止犯罪人在特定的预期时间内再次犯罪；而其落脚点，则在于给予犯罪人之后罪相对更重的刑罚惩罚，以对经过初次刑罚打击的犯罪人所依然具有的过大的人身危险性予以立法反击，减轻犯罪人对于社会稳定秩序形成冲击的危险状态。① 对累犯处罚的具体操作，首先，必须以报应为基础来设置刑罚，考察犯罪人实际所犯之罪，应受何种刑罚处罚、应受多重的刑罚处罚，离开了报应之基，就是离开了已然之罪，对犯罪人的处罚势必导致主观擅断。其次，功利价值也尤为重要，在一般预防与特殊预防之中，应当以特殊预防优先，兼顾一般预防。“累犯制度的刑罚价值，在于给予再次犯罪的犯罪人更为严厉的刑罚打击，以补偿前次犯罪之刑罚在量上的不足，追求刑罚的特殊预防效益。”②

因此，累犯从重处罚的理论根据，是犯罪人所实施之后罪所反映出的社会危害性与犯罪人本人所具有的人身危险性的结合。换言之，犯罪行为所反映出的现实的社会危害性和犯罪人所固有的人身危险性，均是刑事立法上设置累犯制度和对累犯从重处罚的考虑因素，二者是密切联系和相互统一的，缺一不可。

（三）我国累犯处罚原则之评析

《刑法》第65条第1款规定：“被判处有期徒刑以上刑罚的犯罪分子，刑罚执行完毕或者赦免以后，在五年以内再犯应当判处有期徒刑以上刑罚之罪的，是

① 于志刚：《论前科效应的理论基础》，载《政法论坛》2002年第2期。

② 于志刚：《论累犯制度的理论根据》，载薛瑞麟主编：《法大刑法学研究文集》，中国政法大学出版社2002年版，第93页。

累犯，应当从重处罚，但是过失犯罪和不满十八周岁的人犯罪的除外。”可见，《刑法》规定的累犯成立条件只强调犯罪次数、前后犯罪相距的时间、严重程度、主观罪过等既成的与犯罪行为相关的客观因素，却未充分体现人身危险性这一重要处罚根据。显然，我国的累犯制度所持的是“行为累犯”概念，其否定了人身危险性因素。因此，我国现行《刑法》对累犯规定从重处罚原则是基于客观的犯罪事实，即社会危害性说是我国累犯从重处罚的理论根据。但是通过上面的论述，不论是从累犯制度的设立根据来看，还是从累犯制度处罚原则的应然选择来看，人身危险性都应当成为累犯处罚原则的必然考虑因素。我国台湾学者杨建华认为，累犯之概念，不仅应以“行为”为中心，并应兼顾行为之人身危险性格。[①] 累犯制度中应当包括人格因素，即人身危险性这一要素，正在成为一种立法修改的趋势。[②] 因此，我国累犯制度的重构，在兼顾社会危害性的同时，也应考虑将人身危险性作为成立的必备条件。

首先，这符合我国的刑事立法精神。我国刑法中规定的自首、缓刑等制度都考虑到了罪犯的人身危险性状况。犯罪后自首的，可以从轻处罚，这是因为犯罪分子能自首，就说明其有悔罪表现，人身危险性也有所减弱，再次实施危害行为的可能性较小，判处较轻的刑罚也能实现罪责刑相适应原则；适用缓刑的条件中也有是否确实不致再危害社会，亦即罪犯的人身危险性状况的规定，另外，适用缓刑的条件中还规定，对累犯不适用缓刑，这就从反面说明了累犯具有较大的人身危险性。刑法的这些规定均表明，罪犯的人身危险性状况，是我国刑法规定的、对犯罪分子具体决定适用刑罚与否以及适用何种刑罚有直接影响的重要因素，累犯作为一种刑罚制度，自然也应予以考虑，从而体现我国相应的刑事立法精神。

其次，以人身危险性作为累犯的成立条件之一，符合累犯制度的基本特征。我国现行《刑法》规定的累犯概念与累犯制度的基本特征是相悖逆的。因为《刑法》规定的累犯构成条件，只强调犯罪次数、前后犯罪相距的时间、严重程度、主观罪过等既成的与犯罪行为相关的客观因素，忽视了罪犯的人身危险性这一重要的人格因素。不容否认，《刑法》规定的上述客观因素是判断罪犯人身危险性的重要依据，但是，从司法实践的实际情况看，仅仅凭借这些因素，并不能准确判断出罪犯的人身危险性状况，亦即上述客观因素与罪犯的人身危险性并非有着等同的关系。因此，有必要将人身危险性作为累犯的独立成立条件之一，以体现其在累犯成立结构中的应有地位。

---

① 蔡墩铭著：《刑法总则争议问题研究》，台湾五南图书出版公司 1998 年版，第 350 页。

② 郝守才：《关于累犯的比较研究》，载《法商研究》1996 年第 5 期。

最后，以人身危险性作为累犯的构成条件之一，符合我国的刑罚目的。随着时代的发展、社会的进步，以报应和威吓作为刑罚的目的，早已为现代文明国家的刑法所摒弃。我国对犯罪分子适用刑罚的重要目的之一是犯罪预防，包括一般预防和特殊预防两个方面。以人身危险性作为累犯的构成条件之一，是预防犯罪尤其是特殊预防的必然要求。①

“由于现代科技远没有达到通过仪器、实验来准确测定行为人人身危险性的准确程度，通过罪质、犯罪时间、主观罪过等成立条件以外的其他因素来衡量行为人的危险性格，无异于给累犯的随意认定打开了方便之门”②，因此，有些学者并不赞成将人身危险性作为累犯的评价标准。对于以上所提出的人身危险性无法准确衡量的问题，笔者认为，首先，累犯的人身危险性是客观存在的，对人身危险性的判断也存在于司法实践中，在对犯罪分子的平时表现以及量刑情节的考量上就已经包含了人身危险性的评价。例如，《刑法》第 72 条第 1 款规定，对于被判处拘役、3 年以下有期徒刑的犯罪分子，犯罪情节较轻、有悔罪表现、没有再犯罪的危险以及宣告缓刑对所居住社区没有重大不良影响的，可以宣告缓刑。其中，“没有再犯罪的危险、对所居住社区没有重大不良影响”正是人身危险性的征表，说明只有人身危险性较小的犯罪人才可以适用缓刑。而对累犯不适用缓刑，就从反面说明了累犯具有较大的人身危险性。其次，通过刚才的分析，累犯的从重处罚之量刑幅度正是基于人身危险性之考察，如果不进行人身危险性的评价，就无法正确地确定从重处罚之幅度。再次，随着科技的发展，司法水平的提高，对人身危险性的评价将会日趋完善，从已经将人身危险性引入累犯制度的国家的情况看，也没有出现像论者所言的“随意认定、侵犯人权”的情况。③此外，关于判断人身危险性的标准，国外的立法实践和我国澳门地区的刑法立法可资借鉴。例如，《德国刑法典》第 48 条规定的判断标准是“以其犯罪之种类及情况，如认为以前判处的刑罚对其未起警戒作用”，即认为人身危险性较大而成立累犯；我国《澳门刑法典》第 69 条所设立的判断标准是按照“案件之情节，基于以往一次或数次之判刑并不足以警戒行为人，使其不再犯罪”则成立累犯。在实践中，还存在大量的人身危险性量表评估工具，如明尼苏达多相人格调查表（MMPI）、显相焦虑量表（MAS）、卡特尔人格因素问卷（又称 16 种人

---

① 转引自贾宇、舒洪水：《累犯制度研究》，载《山东警察学院学报》2005 年第 5 期。

② 苏彩霞著：《累犯制度比较研究》，中国人民公安大学出版社 2002 年版，第 78 页。

③ 陆旭：《累犯从重处罚依据之再探析》，载《湖北职业技术学院学报》2011 年第 2 期。

格因素问卷，简称16PFQ）、加州心理量表（CPI）等。[①] 量表评估能够很好地反映出犯罪人的人身危险性大小，从而更好地把握对累犯从重量刑的幅度。这些立法规定和量表评估的途径已经在司法实践中得到了有效的检验，可见，人身危险性并非无法评估，关键在于我们如何建立起一套科学、合理的人身危险性评估体系，从而更好地评估、预测累犯的人身危险性，有效降低行为人的再犯可能性和再犯后消减其人身危险性，以满足预防和控制累犯的需要。

总而言之，一切犯罪都是在具体情况下发生的，罪犯都是严重危害社会的具体个体。罪犯所处的社会环境、各自的物质生活条件不同，决定了他们彼此的人身危险性状况存在差别。而这种差别在初犯、偶犯与累犯之间，表现得尤其明显。在对各具体不同的犯罪人适用刑罚时，如果不考虑这种差异性，势必造成为量刑而量刑，为惩罚而惩罚，这从根本上违背了我国对犯罪分子适用刑罚的目的。因此，充分考虑累犯的本质特征及基本属性，以人身危险性作为累犯的构成条件之一，有利于进一步完善我国的刑罚体系和刑罚措施，从而更有效地服务于刑罚目的。

二、累犯处罚之立法例

（一）外国刑法累犯处罚之立法例

刑法中的累犯制度，其立法宗旨在于充分适用刑罚手段同实施了严重危害社会的行为且具有人身危险性的特殊犯罪人类型作有效斗争。因此，依据罪责刑相适应原则和刑罚个别化原则对累犯从严惩处，已成为各国刑事立法的必然要求。西方各国由于受旧派、新派或折中派不同刑法理论的影响，刑法规定处罚累犯的具体原则有所不同。归纳起来主要有以下六种立法例:[②]

1. 加重本刑

加重本刑，是指在原刑基础上加重刑罚，即延长有期徒刑的刑期或增加罚金的数额。具体加重方法有四种：一是以后罪应判处的刑罚为基础，加重本刑的几分之几。例如，《意大利刑法典》第99条规定，犯罪被科刑后再犯他罪者，加重其刑六分之一；具有法定的某些情形者（如再犯同种之罪者等）加重其刑二分之一，甚至二分之一以上。二是以后罪应判处的刑罚为基础，加重相应法定量刑幅度中最高刑和最低刑之差的几分之几。例如，我国《澳门刑法典》第100条规定，对第一次累犯（即第二次犯同罪）的处罚，以后罪应判处的刑罚为基础，加上所适用的相应法定量刑幅度中最高刑和最低刑之差的二分之一；对第二次累

① 张文、刘艳红、甘怡群著：《人格刑法导论》，法律出版社2005年版，第160～162页。

② 马克昌主编：《犯罪通论》，武汉大学出版社1999年版，第417～419页。

犯（即第三次犯同罪）的处罚要重于对第一次累犯的处罚，因此，适用于第二次累犯的加重因素是法定量刑幅度中最高刑和最低刑之差的三分之四，高于第一次累犯的加重因素。三是在后罪法定刑的范围内处以相对较重的刑罚或较长的刑期。例如，法国1885年《累犯法》规定，对危险性较大的多次累犯，除判处主刑外，附加判处无期殖民地流刑。1891年《比利时刑法典》规定，对乞丐和流浪之累犯判处长期苦役刑。英国1967年《刑事审判法》第37条第4款规定，对顽固犯（相当于累犯惯犯）加重监禁。四是提高后罪法定刑的下限而上限不改变。例如，1976年《德国刑法典》第48条以及《瑞典刑法典》规定了对累犯的处罚原则，确定某一犯罪的法定刑幅度时，已将累犯作为从重情节予以考虑，刑法规定该罪的法定最高刑已足以体现对累犯之加重处罚。

2. 加倍本刑

加倍本刑，是指在后罪法定最高刑期的基础上加倍处罚。例如，《韩国刑法典》第35条第2项规定，累犯之处刑得加重本刑至2倍。《日本刑法典》第57条规定，再犯之刑为就该罪所定惩役之长期之2倍以下。《法国刑法典》第57条规定，被判处1年以上监禁之重罪者，于执行完毕或行刑权时效完成后5年内再犯监禁之刑重罪或轻罪者，加重法定最高本刑至2倍。

3. 变更本刑

变更本刑，是指将后罪法定刑的刑种提高为更重的刑种。例如，1871年《德国刑法典》规定，初犯之罪被判处有期重惩役，经执行完毕再犯应处有期重惩役之罪时，得科处以无期重惩役。《土耳其刑法典》第88条规定，从一种刑变为另一种刑是对累犯规定适用的主刑。第82条第3款规定，对以前曾被判处终身重监禁的罪犯，如再次犯同样的重罪并受到同样惩罚的，则对该犯执行死刑。

4. 并科主义

并科主义，是指刑罚与保安处分并科。由于累犯人身危险性大，仅加重刑罚不足以消除其人身危险性。因此，以适用刑罚对其过去恶性行为予以谴责，以保安处分预防未然犯罪。例如，英国1908年《犯罪预防法》规定，累犯在刑罚执行完毕后还要受5年以上10年以下的保安拘禁。1969年《德国刑法典》规定，对于性向犯除加重刑罚外，还须于刑罚执行完毕后执行不定期保安监置，何时释放，取决于收容目的是否达到。20世纪以来许多国家刑法都采取这一立法例。

5. 代替主义

代替主义，是指以保安处分代替自由刑。有的国家规定对累犯科以定期的保安处分，有的国家则规定科以不定期的保安处分。前者如英国1948年《刑事审判法》第30条规定，对累犯可以按年龄不同处以不同期限的矫治训练或预防拘禁以代替自由刑的执行。后者如1930年《丹麦刑法典》、1945年《瑞典刑法典》

等，都规定对累犯可处以不定期的保安处分以代替自由刑的执行。

6. 不定期刑

不定期刑，是指对累犯宣告判处刑罚，但不确定其刑期，或者仅确定刑期的上限或下限，由执行机关依犯罪人在服刑中的悔改表现最终确定执行的刑期。不定期刑分为绝对不定期刑和相对不定期刑两种形式。例如，1921 年由菲利起草的《意大利刑法草案》第 29 条规定，犯三次轻惩役之罪或二次重惩役之罪的累犯，应用不定期刑。日本的《改正刑法草案》分则第 348 条、第 399 条规定，对常习累犯适用不定期刑，并且在一定条件下可以加重处罚。

考察累犯的处罚方式可以发现，对累犯如何适用刑罚并不是一成不变的。随着刑罚理论的发展和对累犯认识的深化，对累犯的处罚方式也在不断发生着变化。就以上几种关于累犯的处罚原则而言，特别处罚主义最不可取。该处罚原则是对犯罪人人权的最大伤害，使得犯罪人因一时之过错而被推至社会的绝对对立面，再无悔过自新的机会，并终身为一时过错而承担极重的刑罚负担。而且，这种刑罚不能从报应刑论或者预防刑论的角度加以合理解释，既不符合刑罚的正义性要求，又不符合刑罚的功利性要求，仅仅属于重刑主义思想的极端体现。不定期刑主义的处罚原则过度损害犯罪人的合法权益，使其被迫长期脱离正常的社会环境而生活于交叉感染的不良监管环境中，因而难以期望其人身危险性能够得以早日减少，也很难取得令人满意的司法效果。从理论上来看，这一处罚原则存在功利有余而正义明显不足的缺陷，罪刑法定原则坚决排斥不定期刑正是出于对正义的追求完全取代刑罚适用的代替主义。首先，理论根据不足。刑罚虽然不是万能的，但数千年的历史可以证明，其存在内在的价值，是其他手段或措施无法替代的。其次，实践中以相对较为轻缓的保安处分来代替严格的刑罚制裁，对于人身危险性已经极大的累犯，能否真正取得更佳的改造效果没有先例，后来的事实证明了代替主义的试验是失败的。

对于累犯采取加重处罚的立法模式相对最为可取，但这里所称的“加重处罚”是对于后罪刑罚在量上的加重处罚而言的，而并非将“加重处罚”理解为在刑罚法定幅度外的升格处罚。显然，加重主义在一定程度上遵循了报应优先、兼顾功利的理性选择。保安处分与刑罚并科的原则虽然有较大的不合理性，但笔者认为，它为我们完善累犯的处罚原则提供了新思路。对累犯单独适用刑罚，不管是从重处罚，还是加重处罚，都存在效果不佳的通病。如果对累犯在刑罚上从重处罚的同时，适用一些合适、恰当的处遇措施，如累犯观察措施，应当能取得更好的效果。其实，刑法规定对累犯不适用假释、缓刑，也可以说是一种并科主义。

（二）我国累犯处罚之立法

我国刑法对累犯的处罚经历了一个从“加重处罚”到“从重处罚”的发展

变化过程。在我国革命战争时期，人民民主政权颁行的各单行刑事法规，对累犯均适用加重处罚原则。例如，1934 年《中华苏维埃共和国惩治反革命条例》第 31 条规定："凡犯本条例第 3 条至第 30 条所列各罪之一项或一项以上，经法庭判处监禁又再犯本条例所举各罪之一项或一项以上者加重处罚。"1942 年《晋冀鲁豫边区妨害公务违抗法令治罪暂行条例》第 5 条规定："第 1 条、第 3 条之累犯加重处罚。"新中国成立之初的一些单行刑事法规对累犯处罚也有类似规定。例如，1952 年《东北人民政府关于根绝烟毒处理贩毒分子的决定》第 5 条规定："凡掩护包庇毒贩运毒……如系一贯累犯，情节严重恶劣，顽固抗拒坦白者，则应加重一级处分。"我国 1979 年《刑法》并未规定加重处罚的情节，而是对累犯只规定应当从重处罚，从而在立法上正式确立了我国对累犯从重处罚的原则。① 1997 年《刑法》继承了这一原则，仍然规定对累犯从重处罚。刑法对累犯的从重处罚具体体现在：（1）根据《刑法》第 65 条的规定，对累犯应当一律从重处罚，不论是一般累犯还是特殊累犯；（2）根据《刑法》第 74 条的规定，对于累犯不适用缓刑；（3）根据《刑法》第 81 条第 2 款的规定，对于累犯不得假释。

对累犯从重处罚是打击、遏制累犯的强有力手段，至于司法实践中如何理解和把握，存在三种不同的观点：第一种观点为中线说，即对累犯从重处罚是在法定刑的中线以上判刑。第二种观点为参照说，即对累犯从重处罚不等于判满贯，而是以初犯为参照对累犯判处较重刑罚。② 第三种观点为通说，主张对累犯从重处罚，应采用从重情节的具体适用方法，即对犯罪人先不考虑其累犯情节，而是按其所犯罪行的具体情况在法定幅度内大体决定一个与之相适应的刑罚，然后在此基础上，根据累犯情节的具体情况适当增大刑罚的分量。③ 由于我国刑法中的累犯制度受古典刑罚理论影响较大，因此，累犯的设立更多考虑了行为的情况，而较少兼顾行为人的人身危险性状况。尽管我国刑事立法有一般累犯与特殊累犯之分，但这种区分仅限于成立条件，对累犯一律从重处罚的规定，体现的是处罚原则的"一刀切"，如此笼统规定不利于严厉惩处那些行为社会危害性严重、人身危险性大的累犯。实践证明，这种担心不是多余的，重新犯罪率在我国日渐升高的现实可以说明一部分问题，更何况"一个国家重新犯罪率及累犯在罪犯构成中的水平的高低，被视为衡量这个国家犯罪严重程度和刑事司法制度成功与否的重要标志之一"④。

---

① 周振想：《论累犯刑罚的适用》，载《河北法学》1989 年第 1 期。

② 周振想著：《刑罚适用论》，法律出版社 1990 年版，第 293 页。

③ 樊凤林主编：《刑罚通论》，中国政法大学出版社 1994 年版，第 438 页。

④ 李均仁主编：《中国重新犯罪研究》，法律出版社 1992 年版，第 112 页。

正是基于这些不容乐观的现实，学界对进一步修改完善累犯处罚原则的呼声很高。有的学者提出，特殊累犯应有别于一般累犯，即对一般累犯应当从重处罚，对特殊累犯应当从重或者加重处罚。有的学者更进一步补充应增添加重处罚的理由，并提出借鉴国外累犯加重处罚的立法例，采取有限制的加重，如在法定最高刑以上一格判处的规定或具体规定加重本刑几分之几。① 有的学者主张，对累犯的处罚原则应建立在一般累犯、特殊累犯的科学分类基础之上，并且把这两种累犯的处罚原则同对再犯的处罚原则区别开来，使之形成一个科学的从严处罚层次，认为从严处罚包括可以从重处罚、应当从重处罚、应当从重或者加重处罚三个层次。对于一般累犯，应当从重处罚；对于特殊累犯，应当从重或者加重处罚，② 等等。

累犯的处罚原则是由累犯的性质决定的，对累犯的处罚规定是累犯政策的落脚点。根据我国刑法罪刑相适应原则的基本精神，不同性质的累犯，其处罚的限度应当有所区别。③ 然而，从我国现行《刑法》对累犯的规定来看，政策上的区别对待，只体现在各自的成立条件上，而在处罚原则上则是“一刀切”。无论是对一般累犯，还是对特殊累犯，统统都规定为从重处罚。从不同种类的累犯者之间的复杂情况和我国刑罚的惩罚层次来看，对累犯一律规定从重处罚是不太合理的。例如，对于具有数个从重情节的累犯，即既是累犯，又有其他法定从重情节或酌定从重情节，也只能在法定量刑幅度内从重处罚的话，未免太轻纵这类累犯了。④

因此，对不同性质的累犯实行区别对待，既要体现在各自的成立条件上，又要体现在不同的处罚原则上；既要突出打击的重点，又要具有同不同累犯作斗争的针对性，这才是修订和完善我国累犯制度的基本要求。

基于上述考虑，在对累犯的处罚原则上，笔者建议，我国刑法应作如下完善：对一般累犯，应当从重处罚；对特殊累犯，应当从重或者加重处罚。具体理由主要有以下四点：其一，有利于刑事立法精神的统一。1997 年《刑法》对累犯成立的时间间隔期限，由原来规定的刑罚执行完毕或赦免后 3 年改为 5 年，从而使累犯制度较之以前更为严格，“实际上体现了刑法对累犯的处罚比原刑法典更重”⑤。但是对一般累犯和特殊累犯不加区别地一律规定从重处罚却过于笼统，

---

① 杨敦先等编：《廉政建设与刑法功能》，法律出版社 1991 年版，第 377 页。

② 马克昌主编：《中国刑事政策学》，武汉大学出版社 1992 年版，第 375 ~ 376 页。

③ 马克昌主编：《中国刑事政策学》，武汉大学出版社 1992 年版，第 373 页。

④ 黄文俊：《我国累犯制度初探》，载《法学杂志》1984 年第 5 期。

⑤ 侯国云、白岫云著：《新刑法疑难问题解析与适用》，中国检察出版社 1998 年版，第 180 页。

没有体现累犯从重的原则，不利于严惩那些人身危险性大、主观恶性深的累犯，也不利于刑罚个别化原则的实现。因此，为了体现不同累犯区别对待的实事求是精神，贯彻累犯从重的立法思路，回应司法实践的要求，理当对一般累犯和特殊累犯规定不同的处罚原则。其二，从累犯之间的社会危害性及人身危险性的差别上看，特殊累犯远远重于一般累犯，根据罪刑相适应原则及刑罚个别化原则，二者在处罚上理应有所区别。其三，从我国刑法规定的多项法定从重处罚情节的层次上来说，累犯的社会危害性最大，如果将这些情节一律规定为从重处罚，很难突出打击的重点。其四，从刑罚的目的来看，仅规定对累犯从重处罚，不利于威慑罪犯，抑制其再次犯罪的意念。只有规定更为严厉的措施才可对罪犯起到一种警戒作用，即如果再次犯罪就会受到更严厉的惩处，从而达到预防犯罪的目的。①

此外，对于可否对累犯适用缓刑和假释的问题，学界也存在争议。有学者指出，对于累犯不应当一律排除缓刑和假释的适用。尤其是在对累犯适用假释的问题上，排除对累犯适用假释并不利于累犯的改造和矫正，应当视情况而定。对于那些犯罪危害并不是太大，犯罪情节不是太严重，并且积极遵守监规狱章，配合教育改造的累犯应当给予其假释的机会。我们认为，累犯再次犯罪的原因复杂多样，将累犯排除在缓刑和假释的适用范围之外，显然只看到了犯罪的自身原因而忽视了社会原因，的确应当区别对待。但是，不置可否的是如何区别对待并没有统一的标准，一旦在法律上撕开了这个“口子”，就难免会出现徇私舞弊的情形。毕竟对于大部分累犯而言，其再次走上犯罪的道路是由于其较大的人身危险性所致的。在现阶段法律未作出修改的情况下，我们还是要严格遵守刑法的规定，正确定罪量刑，对于符合累犯条件的犯罪分子一律不得适用缓刑和假释。

第三节　累犯刑事政策

“刑事政策（Kriminalpolitik）”一词，最早于1800年由被誉为刑事政策之父的德国学者费尔巴哈始用，后来由李斯特等诸多学者推广，逐渐形成了现代刑事政策学。关于刑事政策的概念，中外学者莫衷一是。大陆法系刑事法学关于刑事政策的定义尽管在表述上五花八门，但总体上可以划分为“二定义说”与“三定义说”。“二定义说”认为，刑事政策有广义、狭义之分，“三定义说”则认为刑事政策有广义、狭义、最狭义三种。英美法系刑事法学中并没有大陆法系刑事法学意义上的“刑事政策”这一术语，学者多使用 criminal policy 或 crime policy 以及 penal policy 来借指刑事政策的含义，且多是从犯罪学或者刑罚学意义上来

① 转引自贾宇、舒洪水：《累犯制度研究》，载《山东警察学院学报》2005年第5期。

阐述。我国学者对于刑事政策亦有不同的认识。有学者认为："所谓刑事政策，就是指社会公共权威综合运用刑罚、非刑罚方法与各种社会手段预防、控制犯罪的策略。"[①] 有学者认为："刑事政策是指代表国家权力的公共机构为维护社会稳定、实现社会正义，围绕预防、控制和惩治犯罪所采取的策略和措施，以及对因此而牵涉到的犯罪嫌疑人、犯罪人和被害人所采取的态度。"[②] 可以说，不论是哪种学说，都表现出了国内外对刑事政策问题的关注。而刑事政策的制定与变动，与社会治安状况以及犯罪率的变动有着极其密切的关系。累犯制度作为衡量社会治安状况和犯罪率的重要指标，与刑事政策的联系极为紧密，累犯的刑事政策问题也开始引起了人们的关注和重视。

一、国外累犯刑事政策梳理

（一）德国累犯刑事政策

德国刑法对于累犯处遇的规定，历经多次修改。德国传统刑事立法上无一般累犯之加重规定，只针对特定的犯罪尤其是财产犯罪之再犯、三犯有累犯的处罚规定。只有1969年《德国刑法典》对一般累犯作出了规定。而这一规定的出台也是与当时德国犯罪高发的社会环境相一致的。这一规定出台之后，学界对累犯加重处罚的批判不绝于耳，司法实践中对累犯加重处罚后的矫治效果也不甚理想。因此，1986年《德国刑法典》再次修订时，删除了对累犯加重的规定，转而对累犯采取保安监禁的方式予以矫治。[③] 这样的变化，与第二次世界大战后德国对刑事政策的反思不无关联。在经过高压刑事政策后，犯罪率并没有降低，社会治安情况也没有明显好转，德国刑法学界不再将对社会秩序的维护寄托在刑法身上。而对于累犯，对其所适用的保安监禁在制约有前科的犯罪人问题上也未起到预期的效果。面对这样的现状，德国并没有转向更为严厉的累犯刑事政策，而是将累犯制度从刑法典中删除了，犯罪前科只是作为量刑时的一个参考项目而已，不再给予加重处罚的制裁。可以说，德国的累犯刑事政策经历了一个从严峻到宽缓的过程。

（二）美国累犯刑事政策

与德国宽缓的累犯刑事政策不同，美国对于累犯采取的是严峻的"三振出局（Three Strikes And You're Out）"的刑事政策。"三振出局"原是棒球比赛术

---

① 侯宏林著：《刑事政策的价值分析》，中国政法大学出版社2005年版，第77页。

② 刘仁文著：《刑事政策初步》，中国人民公安大学出版社2004年版，第29页。

③ 参见季理华著：《累犯制度研究——刑事政策视野中的累犯制度一体化构建》，中国人民公安大学出版社2010年版，第145～148页。

语，意指击球手若3次都未击中投球手所投的好球就必须出局。20世纪90年代美国在立法领域借用该术语，对那些有犯罪前科的，如果第2次或第3次再犯重罪，即重罪累犯，则数倍加重其法定刑或直至无期徒刑，以这种严厉的方式让其在社会上“出局”。“三振出局”刑事政策的出台也是受到了美国当时社会治安状况和犯罪高发的影响。对于这一累犯刑事政策，美国国内也是意见不一。有人认为，这一刑事政策有效地遏制了犯罪率，对高犯罪率的累犯起到了很好的预防和矫正作用。“高危”累犯回归社区的时间大大推迟甚至可能无法再回归社区，这就极大地增强了人们的安全感。但是，有更多的人则对这一刑事政策持否定的态度，认为该法案的实施并未真正降低犯罪率，反而大大增加了监禁成本，甚至有违反宪法第八修正案的嫌疑。①

德国和美国不同的累犯刑事政策，有着其各自的社会政治和文化背景，并且起到了各自的效果，均有值得借鉴之处。但是，从刑法的谦抑立场出发，笔者还是较为支持德国宽缓的累犯刑事政策。累犯虽然具有较重的社会危害性和人身危险性，一直是各国重点打击的犯罪对象，但是累犯的成因较为复杂，单纯靠严厉打击的刑事政策并不能减少这一犯罪现象，即使在短时间内累犯率有所下降，毕竟是治标不治本之策，并且还将这些人员更加边缘化，长期的远离社会，使得他们难以再回归，只能选择再次走上犯罪的道路，形成恶性循环。这也是美国“三振出局”的累犯刑事政策被人们诟病已久的重要原因所在。当然，笔者也并不赞成德国对累犯过于温和的态度，毕竟累犯作为一种犯罪现象是客观存在的，不能视而不见。正如我们在累犯制度设立的现实依据中所提到的再次犯罪现象的存在和预防控制累犯之需要，立法者在立法上必须确立严格的累犯适用条件，在刑事政策上必须做到“严中有宽，宽中有严，不枉不纵”，认真剖析累犯之成因，对症下药，从多方面措施入手，有效地实现预防和控制累犯之目的。这也符合我国宽严相济刑事政策和社会治安综合治理刑事政策的取向。

二、我国累犯刑事政策概述

至今，我国的刑事政策大致可归纳为以下几种：宽严相济刑事政策，对严重刑事犯罪和经济犯罪依法从重从快打击（即“严打”），教育为主、惩罚为辅，社会治安综合治理，以及对青少年犯进行教育、感化、挽救，等等。其中，宽严相济刑事政策是最基本的刑事政策，社会治安综合治理则是预防和控制犯罪的手段，其他的刑事政策都是具体对应处理刑事司法中某一方面的问题。下面重点论述与累犯制度关联较为密切的“严打”刑事政策、宽严相济刑事政策和社会治

① 参见蔡雅奇：《美国的“三振出局法”及其对我国累犯制度的启示》，载《北京工业大学学报（社会科学版）》2010年第2期。

安综合治理刑事政策，以期更好地指导累犯司法实践活动。

（一）“严打”刑事政策

1. “严打”刑事政策概述

“严打”，即严厉打击严重刑事犯罪，是“依法从重从快严厉打击严重刑事犯罪活动”的策略表述，是为了解决一定时期内突出的社会治安问题，而依法进行的从重（量刑方面）、从快（程序方面）、集中打击严重刑事犯罪的活动。“严打”刑事政策是在改革开放后社会治安状况日益严重的形势下出台的。20 世纪 80 年代，我国进入了社会转型期，犯罪率、累犯率一直处于增高态势。① 为了应对这种严重的刑事犯罪态势，在“治乱世用重典”的重刑主义观念影响下，“严打”成为了在较长时期内沿用的刑事政策，有人形象地指出，“社会治安状况或者说犯罪状况，是它最直接的催生婆”②。从 1983 年至今，我国已进行了三次大规模的“严打”活动：1983 年 9 月到 1987 年 1 月的“严打”，打击重点是流氓团伙分子、流窜作案分子、重大犯罪分子等七类犯罪分子。1996 年 4 月至 1997 年 2 月的“严打”，打击重点是严重暴力犯罪、流氓犯罪、涉枪犯罪、毒品犯罪、流氓恶势力犯罪以及黑社会性质的犯罪等严重刑事犯罪。2001 年 4 月至 2003 年 4 月的“严打”，打击重点是带黑社会性质的团伙犯罪、流氓恶势力犯罪、严重暴力犯罪以及严重影响群众安全的多发性犯罪。其中，以 1983 年和 2001 年的“严打”规模最大。除了这三次全国性的“严打”整治活动外，各省市地区还开展了多项“专项”斗争。虽然并未明确规定“严打”政策为我国的基本刑事政策，但是在众多论著中都承认“严打”是一项刑事政策。例如，“‘严打’是党和国家根据我国的社会治安的具体情况和实际斗争的需要而制定的，它是我国政法工作在相当长时期内必须坚持的一项打击严重刑事犯罪分子的指导方针”③，“‘严打’一开始是作为同严重危害社会治安的犯罪分子进行斗争的方针提出的，经过十几年的发展完善，现已成为一项较为成熟的刑事政策”④。可以说，“严打”作为一项重要的刑事政策对我国的刑事司法活动产生了极其重要的影响，很多刑事立法和刑事司法都直接或者间接地与这一政策有着莫大的关系。

---

① 王琪：《累犯的实证研究》，载陈兴良主编：《刑事法判解（第 8 卷）》，法律出版社 2005 年版，第 110 页。

② 肖楠：《试论 1983 年以来我国刑事政策视域中的“严打”——兼论“严打”与刑事法治的兼容与冲突》，载京师刑事法治网 2006 年 5 月 22 日。

③ 齐文远、周详：《“严打”方针的刑法学思考》，载《法学论坛》2002 年第 5 期。

④ 谢望原、柳忠卫：《关于“严打”根据的理性思考》，载《犯罪与改造研究》2003 年第 5 期。

我国的社会和法治建设经过了十年动乱，百废俱兴。在这一时期内滋生了大量打砸抢分子、抢劫犯、杀人犯、盗窃犯和流氓团伙犯罪分子，严重扰乱了社会秩序，影响了人们的正常生活和社会秩序的恢复。虽然1979年《刑法》已经颁布实施，但是受到长期的法律虚无主义影响以及刑事立法与司法实践磨合期的缘故，一些犯罪分子并没有得到及时的惩治。在这一背景下，整治社会治安环境，严厉打击严重刑事犯罪成为了刑事司法的主旋律，这在当时符合人们对良好社会治安的期望。1981年中央召开的京、津、沪、穗、汉五大城市治安座谈会上，对新的犯罪对策思想作了高度的概括，在会议纪要中明确提出，“全党动手，实行全面‘综合治理’的刑事政策，即对于极少数杀人犯、放火犯、抢劫犯、强奸犯、爆炸犯以及其他严重危害社会的犯罪行为坚决依法从重从快惩处；对于大量的有轻微违法犯罪行为的人，既不判罪劳改，也不送去劳教，而是要依靠全党、依靠全社会力量，加紧进行教育、感化、挽救工作，预防犯罪；对于一部分现行刑事犯，根据轻重，区别对待，该劳教的劳教，该逮捕的逮捕，该判刑的判刑”。这一会议纪要内容标志着“严打”刑事政策的正式出台。在这一刑事政策的影响下，结合当时不容乐观的犯罪形势，中央政法委在1983年8月召开了全国政法工作会议，随后中央政治局作出了《关于严厉打击刑事犯罪活动的决定》，明确将七类严重刑事犯罪分子作为“严打”的对象：（1）流氓团伙分子；（2）流窜作案分子；（3）杀人犯、放火犯、爆炸犯、投毒犯、强奸犯、抢劫犯、重大盗窃犯；（4）拐卖妇女、儿童的人贩子，强迫、引诱、容留妇女卖淫的犯罪分子和制造、复制、贩卖内容反动、淫秽的图书、图片、录像带的犯罪分子；（5）有现行破坏活动的反动会道门分子；（6）劳改逃跑犯、重新犯罪的劳改释放分子和解除劳教的人员以及其他通缉在案的罪犯；（7）书写反革命标语、传单、挂钩信、匿名信的现行反革命分子等。同时，再次强调了依法从重从快严惩严重刑事犯罪的方针。自此，我国拉开了长达20多年的“严打”序幕。

在经历了三年轰轰烈烈的“严打”活动之后，社会治安得到了明显改善。从最高人民法院工作报告所列数据看，1983年8月至1985年年底的刑事发案率比前28个月下降35.9%；1984、1985、1986三年的刑事发案率连续维持在5‱，低于1981年8.9‱和1982年7.4‱。[①]“严打”刑事政策也得到了人们的认可。但是，随着改革开放的深化，经济社会的快速发展，在1990年前后，我国犯罪率显著上升。于是在1996年又展开了第二次全国范围的“严打”活动。这次“严打”斗争集中打击的对象是：（1）抢劫犯罪分子；（2）流氓团伙分子；（3）重大盗窃犯罪分子和重大诈骗犯罪分子；（4）杀人、强奸、重大伤害、爆炸犯

① 戴长林、尧宇华：《“严打”二十年与我国刑事法治进程》，载京师刑事法治网2006年8月23日。

罪分子；（5）流窜犯、劳改逃跑犯、重新犯罪的劳改释放分子和解除劳教人员，以及通缉在案和其他有案在逃的犯罪分子；（6）破坏电力设备和通讯设备的犯罪分子；（7）拐卖妇女、儿童的人贩子，强迫、引诱、容留妇女卖淫的犯罪分子，制作、复制、贩卖淫秽物品的犯罪分子。这次的“严打”活动取得了积极的成效，有力地打击了犯罪分子，遏制了刑事犯罪案件上升势头，同时也为1997年《刑法》的施行铺平了道路。

在经过了两次“严打”之后，严重的刑事犯罪得到了有效遏制。但是，随着社会经济的快速发展，犯罪形势又发生了新的变化：黑社会性质组织犯罪大量上升，抢劫、盗窃等多发性犯罪仍然居高不下，经济犯罪愈演愈烈。据《人民法院报》刊登的数据反映，1997年至2001年，全国法院共审结一审刑事案件264万件，比前五年增长9.2%，判决罪犯304万人，增长12.8%。其中，共审结杀人、抢劫、爆炸、绑架、强奸等暴力犯罪，盗窃、抢夺等多发性犯罪，拐卖妇女、儿童犯罪以及涉枪、涉毒犯罪、黑社会性质组织犯罪案件138万件，比前五年增长35.2%，判决罪犯147万人，增长6.4%。① 针对如此严峻的社会治安形势，中央召开全国治安工作会议，并于2001年4月至2003年4月开展了第三次全国性的“严打”整治斗争。此次“严打”活动重点打击有组织犯罪、黑社会性质的团伙犯罪和流氓恶势力犯罪，爆炸、杀人、抢劫、绑架等严重暴力犯罪，盗窃等严重影响群众安全感的多发性犯罪三类犯罪。

诚然，为期二十几年的“严打”活动取得了成效，对于打击严重刑事犯罪案件、维护稳定的社会治安起到了不可忽视的重要作用。但人们对于“严打”的副作用也是诟病已久，争议不断。每当“严打”过后，严重危害社会治安的犯罪又会重新抬头，“严打”并没有从根本上阻止犯罪率的攀升。统计数字表明，在1983年至1987年第一次“严打”期间，刑事犯罪确实得到了抑制，但是，在“严打”后的1988年，刑事案件的立案数一下子由1987年的57万件上升到83万多件。三年的“严打”并没有达到预期的长效目标。与第一次“严打”斗争如出一辙，第二次“严打”时期的1997年，刑事立案数基本与1996年持平。但是，1998年即增至198万件，1999年为224万件，2000年为363万件，2001年为445万多件，犯罪呈迅速上升趋势。2001年至2003年第三次“严打”后的2003年至2005年，全国法院一审审结刑事案件数量约为2063780件，年平均数约为687927件，远远高于1998年至2002年的平均数566000件。而且，从2003年到2005年增长速度有加快的趋势。② 此外，“严打”的基本要求

① 戴长林、尧宇华：《“严打”二十年与我国刑事法治进程》，载京师刑事法治网2006年8月23日。

② 贾宇：《从“严打”到“宽严相济”》，载法制网2009年10月30日。

是“依法从重从快”。“从重”是针对实体法而言，是指对于严重破坏社会治安的刑事犯罪分子，在查明犯罪事实的前提下，在刑法和有关法律规定的量刑幅度内予以从重惩处、严厉制裁。“从快”，则是指根据《刑事诉讼法》等有关法律规定的程序，在法定时间内迅速而及时地办案，及时侦查、及时起诉、及时审判、及时执行，尽快处理结案。① 但是，从“严打”的实际情况来看，“依法从重从快”异化为了“从重从快”而脱离了“依法”的限制。“从重”变成顶格甚至破格量刑，“从快”变成了越快越好，违反诉讼程序的现象司空见惯。而这些显然与我国的法治进程格格不入。人们越来越认识到，犯罪原因是复杂多样的，单纯地靠“严打”并不能包治百病，过分强调“严打”，将遏制犯罪完全依托于刑事打击上的做法已经被历史所否定了。近代刑法学派就曾经提出要用刑罚替代措施替换刑罚，从而打破“刑罚万能论”。犯罪作为一种社会现象，是社会因素和个体因素综合作用的结果，治理和预防犯罪必须多种手段相互配合。正如有学者指出的，“严打”作为一项刑事政策，其目的应定位在控制犯罪态势上。犯罪的成因决定了犯罪作为一种社会的正常现象是无法避免的，因而我们无法将消灭犯罪的理想寄希望于“严打”。“严打”给予我们的仅仅是将犯罪控制在民众可以容忍、社会可以承受的限度内。② 因此，“严打”并不是万能的，这一刑事政策只是在特定历史条件下所采取的权宜之计。

2. “严打”刑事政策下的累犯制度

在“严打”刑事政策下，累犯由于其一贯被强调的人身危险性缘故一直被当做重点打击和惩罚的对象。1981 年 6 月 10 日，第五届全国人大常委会第十九次会议通过的《关于处理逃跑或者重新犯罪的劳改犯和劳教人员的决定》规定，对劳教人员、逃跑的劳改犯和重新犯罪的，从重或者加重处罚。并且，在 1983 年“严打”中将劳改逃跑犯、重新犯罪的劳改释放分子列入打击重点对象。虽然 1996 年和 2001 年“严打”的重点打击对象中没有列明累犯，但是这并不意味着累犯不再是“严打”的重点对象。实际上，三次“严打”斗争的打击对象并未发生本质的变化，第一次“严打”所奠定的重点打击基调在之后的两次“严打”中延续了下去，只不过专项整治的重点更为突出而已。累犯作为一类犯罪类型或者犯罪人类型，一直是“严打”的“宠儿”，这在刑法典的修订中也有所反映。

1979 年《刑法》涉及累犯制度的条款主要有：（1）第 61 条规定：“被判处有期徒刑以上刑罚的犯罪分子，刑罚执行完毕或者赦免以后，在三年以内再犯应

① 张穹主编：《“严打”政策的理论与实务》，中国检察出版社 2002 年版，第 81 页。

② 赵建福、柯群帆：《从“严打”看刑事政策的理论与实践》，载《安徽教育学院学报》2004 年第 1 期。

当判处有期徒刑以上刑罚之罪的，是累犯，应当从重处罚；但是过失犯罪除外。前款规定的期限，对于被假释的犯罪分子，从假释期满之日起计算。”（2）第62条规定：“刑罚执行完毕或者赦免以后的反革命分子，在任何时候再犯反革命罪的，都以累犯论处。”（3）第69条规定：“对于反革命犯和累犯，不适用缓刑。”这些规定规范了累犯的司法适用，将累犯和重新犯罪的劳改释放分子进行了严格的区分。在经过了1983年和1996年两次“严打”活动之后，累犯从严处罚的司法态度得到了进一步肯定。1996年“严打”以后，根据当时社会发展的状况及新形势下对犯罪状况的分析研究，结合司法实践经验，1997年《刑法》对1979年《刑法》进行了大规模的修改。其中，对累犯制度也进行了大幅度的修改，充分体现了“严打”刑事政策对累犯制度的影响。（1）第65条规定：“被判处有期徒刑以上刑罚的犯罪分子，刑罚执行完毕或者赦免以后，在五年以内再犯应当判处有期徒刑以上刑罚之罪的，是累犯，应当从重处罚，但是过失犯罪除外。前款规定的期限，对于被假释的犯罪分子，从假释期满之日起计算。”1997年《刑法》相比1979年《刑法》，在累犯的时间构成要件上发生了变动，将构成累犯的后罪发生的时间下限由原来的刑罚执行完毕或者赦免后3年延长为5年。这一变动是由刑法理论界的研究成果和强烈理论建议所造成的，主要理由是：其一，累犯前后两罪的时间间隔适当长一些，更有利于刑罚特殊预防目的的实现。犯罪人在刑罚执行完毕或者赦免后有一个重新复归社会的过渡期，这一过渡期适当长一些，会更加激励刚刚回归社会的犯罪人遵纪守法，重新做人。其二，根据司法实践部门对一些重新犯罪的刑满释放人员的情况所做的调查表明，刑满释放后4年至5年内再次犯罪的还占不小比例，有的地方占到了四分之一，因而将刑满释放5年内再次犯罪作为累犯从重处罚时间下限，并在刑法中明确加以规定，必定会更有效地遏制再犯率的上升。[①] 实践证明，在当时这种规定是富有成效的，有利于积极巩固刑罚改造成果，使刑满释放人员不敢再次以身试法，经过相当长时间的威慑与自我约束，使其养成守法的习惯。而这一时间成立要件上的变动与“严打”刑事政策的推行有着极其密切的关联，符合对累犯从严打击的要求。（2）第66条规定：“危害国家安全的犯罪分子在刑罚执行完毕或者赦免以后，在任何时候再犯危害国家安全罪的，都以累犯论处。”这一条的规定与1979年《刑法》的差别仅在于罪名上的变动，即将“反革命罪”修改为“危害国家安全罪”。可见，在特殊累犯制度上，1997年《刑法》延续了1979年《刑法》的从严基调，在时间要件、主观要件和罪质要件上没有再限定其他的条件。（3）第74条规定：“对于累犯，不适用缓刑。”在累犯应否适用缓刑的问题上，1997年《刑法》秉承了1979年《刑法》的精神，继续肯定了累犯较大的社会危害性

① 参见樊凤林主编：《刑罚通论》，中国政法大学出版社1994年版，第433～434页。

和人身危险性，因而仍然是刑法的重点打击对象。（4）第 81 条第 2 款规定："对累犯以及因杀人、爆炸、抢劫、强奸、绑架等暴力性犯罪被判处十年以上有期徒刑、无期徒刑的犯罪分子，不得假释。"这是 1997 年《刑法》新增加的条款，其与"严打"刑事政策的重点打击对象是一致的，累犯的法律后果除了从重处罚和不得适用缓刑外，还不得适用假释，更加体现了对累犯严厉制裁的态度。

除了在刑法典的修改上反映出了"严打"刑事政策对累犯制度的影响外，一些相关的司法解释也体现出了对累犯从严惩治的司法态度。第一个表现是关于毒品再犯的从重处罚问题。毒品犯罪历来是我国刑法的关注重点，在三次"严打"活动中都被列入了重点打击对象之列。1990 年 12 月 28 日全国人大常委会《关于禁毒的决定》第 11 条第 2 款规定："因走私、贩卖、运输、制造、非法持有毒品罪被判过刑，又犯本决定规定之罪的，从重处罚。"1997 年《刑法》施行后，《关于禁毒的决定》被纳入新刑法而废止。1997 年《刑法》第 356 条规定，因走私、贩卖、运输、制造、非法持有毒品罪被判过刑，又犯《刑法》第 347 条至第 355 条所规定之罪的，从重处罚。2000 年 4 月 4 日最高人民法院出台的《全国法院审理毒品犯罪案件工作座谈会纪要》规定："对依法同时构成再犯和累犯的被告人，今后一律适用刑法第三百五十六条规定的再犯条款从重处罚，不再援引刑法关于累犯的条款。"这种犯罪在学理上被称为毒品再犯，其作为累犯的特殊类型，同累犯一样要受到从重处罚，这与"严打"刑事政策中对毒品累犯严厉打击的精神是一脉相承的。第二个表现是盗窃罪累犯的加重处罚问题。盗窃罪是高发犯罪，一直被人民群众深恶痛绝，在三次"严打"活动中都是重点打击对象。1998 年 3 月 10 日最高人民法院《关于审理盗窃案件具体应用法律若干问题的解释》第 6 条第 3 项规定，盗窃数额达到"数额较大"或者"数额巨大"的起点，并具有累犯情节的，可以分别认定为"其他严重情节"或者"其他特别严重情节"，即可以依照《刑法》第 264 条之规定，分别判处 3 年以上 10 年以下有期徒刑，并处罚金，或者判处 10 年以上有期徒刑或者无期徒刑，并处罚金或者没收财产。虽然这一规定自出台后就一直争议不断，其突破了累犯从重处罚的界限，演变为加重处罚，有违罪刑法定原则和罪刑相称原则，但是其充分体现了"严打"刑事政策下对盗窃罪累犯严厉处罚的态度。还有人指出，在司法实践中，严重犯罪累犯在刑种和刑度上与一般严重犯罪人差别不大，有些几乎没有差别。自 1983 年"严打"以来，多次"严打"造成的重刑主义倾向，使中国司法实践部门在量刑时，普遍存在对于普通的严重刑事犯罪进行"顶格判"，即判处法定最高刑或者该量刑情节的最长刑期的情况。累犯不累犯，从重不从重都没有多大区别。

综上所述，在"严打"刑事政策影响下，不管是刑事立法还是刑事司法都体现出了对累犯从严惩治的态度，这对于预防和控制累犯起到了一定的效果。累犯虽因其严重的社会危害性和人身危险性一直是“严打”的重点打击对象，但是“严打”并非长久之计，如果背离了宽严相济刑事政策和社会治安综合治理刑事政策，一味强调“严打”政策，只会导致出现诸如盗窃罪累犯加重处罚这样的违反法治的现象，最终将不利于社会主义法治进程的发展进步。

（二）宽严相济刑事政策

1. 宽严相济刑事政策概述

1949年9月21日毛泽东同志在《为争取国家财政经济状况的基本好转而斗争》一文中针对当时社会上的反革命势力的嚣张活动而提出：“必须坚决地肃清一切危害人民的土匪、特务、恶霸及其他反革命分子。在这个问题上，必须实行镇压与宽大相结合的政策，即首恶者必办、胁从者不问、立功者受奖的政策，不可偏废。”1956年9月党的第八次全国代表大会的政治报告第一次提出惩办与宽大相结合的刑事政策：“我们对反革命分子和其他犯罪分子一贯地实行惩办和宽大相结合的政策，凡是坦白的、悔过的、立功的，一律给以宽大的处理。”① 新中国成立后，这一政策又得到不断的充实和完善。经过长期的司法实践，1979年《刑法》将惩办与宽大相结合的刑事政策作为制定刑法的依据，其第1条规定，“中华人民共和国刑法，以马克思列宁主义毛泽东思想为指针，以宪法为根据，依照惩办与宽大相结合的政策，结合我国各民族人民实行无产阶级领导的、工农联盟为基础的人民民主专政即无产阶级专政和进行社会主义革命、社会主义建设的具体经验及实际情况制定”。1979年《刑法》中的制度和规定都体现了这一刑事政策，如对累犯、教唆未成年人犯罪规定了从重处罚，对从犯、协从犯、未遂犯、中止犯和自首、立功的犯罪分子规定可以从轻、减轻或者免除处罚，根据罪犯在执行刑罚中的表现还规定了减刑和假释，等等。惩办与宽大相结合的刑事政策在刑事立法中得以实现。1997年《刑法》虽然删除了有关惩办与宽大相结合刑事政策的规定，但整部《刑法》都贯彻了惩办与宽大相结合的基本刑事政策。然而，这一刑事政策并未在司法实践中得到很好的贯彻。从1983年到2001年将近20年的时间内，我国先后发动了三次全国性的“严打”战役，以遏制犯罪上升势头，整治社会治安管理。“严打”刑事政策取代了惩办与宽大相结合的刑事政策，偏重于刑事犯罪从严从快惩办，忽视了宽大的刑事政策理念。正如前文所述，虽然“严打”刑事政策在一段时期内起到了一定的成效，但并没有也不可能解决在改革开放条件下从根本上决定新的犯罪浪潮出现的社会结构性矛盾，因而“严打”的短期效应在1987年以后立即消失殆尽。自1988年以后，尽管“严打”斗争仍然如火如荼地进行，但严重犯罪反而以前所未有的速度持

① 本书编写组编：《刘少奇选集（下卷）》，人民出版社1985年版，第254页。

续增长，“严打”斗争与严重犯罪形成了旷日持久的拉锯战，特别是影响社会治安的重大恶性刑事案件在1988年以后几乎成几何级数疯狂增长。1996年春季发动的第二次“严打”斗争和2001年4月发动的第三次“严打”斗争实施的效果更不理想。①

正是在对“严打”刑事政策反思的基础上，宽严相济刑事政策走进了决策者的视野。2004年12月7日，在全国政法工作会议上，中共中央政治局常委、中央政法委书记罗干同志指出，“要认真贯彻宽严相济刑事政策。对严重危害社会治安的犯罪活动必须严厉打击，决不手软。对具有法定从宽条件的应当依法从宽处理”。2005年12月，在全国政法工作会议上，罗干同志再次强调，“宽严相济是我们在维护社会治安的长期实践中形成的基本刑事政策。其实质就是对刑事犯罪区别对待，做到既要有力打击和震慑犯罪，维护法制的严肃性，又要尽可能减少社会对抗，化消极因素为积极因素，实现法律效果和社会效果的统一”。2006年1月5日，在全国高级法院院长会议上，最高人民法院院长肖扬强调，“要坚持‘宽严相济的刑事政策，按照‘罪刑法定’、‘罪刑相应’的原则，对具有法定从轻、减轻和免除处罚情节的，要依法从轻、减轻或者免除处罚；对其中不具有法定从轻情节，但是犯罪情节轻微、主观恶性不大、积极挽回损失、受害人谅解等社会危害性不大的犯罪，也可以从轻发落，以给予他们改过自新的机会”。在同日召开的全国检察长会议上，最高人民检察院检察长贾春旺指出，“要从构建社会主义和谐社会的内在要求出发，高度重视宽严相济政策在执法办案中的运用，把严格执行法律与执行刑事政策有机统一起来，既要有力打击和震慑犯罪，该严则严，又要坚持区别对待，当宽则宽，尽可能减少社会对抗，化消极因素为积极因素”。这些动向表明，宽严相济刑事政策开始成为理论界和实务界关注的热点问题。随后，为了响应中共中央提出的构建和谐社会理念，2006年10月“宽严相济的刑事司法政策”被写入中共中央《关于构建社会主义和谐社会若干重大问题的决定》。该决定中明确指出，“实施宽严相济的刑事司法政策，改革未成年人司法制度，积极推行社区矫正”。这一规定的出台标志着宽严相济刑事政策作为我国基本刑事政策地位的正式确立。

关于宽严相济刑事政策的内容，在理解上并不统一。有的学者解读为：“该宽则宽，当严则严；宽中有严，严中有宽；宽严适度，于法有据；宽严适时，有张有弛；多数从宽，少数从严。”② 有的解读为：“该严则严，当宽则宽；宽严互

① 参见梁根林著：《刑事政策：立场与范畴》，法律出版社2005年版，第44页。

② 参见庄建南、叶建丰：《宽严相济刑事政策与检察工作》，载张智辉主编：《中国检察——规范执法：制度建设与立法完善（第13卷）》，北京大学出版社2007年版，第365~366页。

补，宽严有度；宽严审时，以宽为主。”①有的解读为：“对于犯罪应当有宽有严，并且在宽与严之间还应当具有一定的平衡，互相衔接，形成良性互动，以避免宽严皆误结果的发生。”② 为了规范宽严相济刑事政策的适用，最高人民法院于2010年2月8日印发了《关于贯彻宽严相济刑事政策的若干意见》，以指导宽严相济刑事政策的施行。该意见中明确规定，宽严相济刑事政策是我国的基本刑事政策，贯穿于刑事立法、刑事司法和刑罚执行的全过程，是惩办与宽大相结合政策在新时期的继承、发展和完善，是司法机关惩罚犯罪，预防犯罪，保护人民，保障人权，正确实施国家法律的指南。该意见除了进一步明确宽严相济刑事政策的基本刑事政策地位外，还就宽严相济刑事政策的内容进行了权威解读，指出：贯彻宽严相济刑事政策，要根据犯罪的具体情况，实行区别对待，做到该宽则宽，当严则严，宽严相济，罚当其罪，打击和孤立极少数，教育、感化和挽救大多数，最大限度地减少社会对立面，促进社会和谐稳定，维护国家长治久安。要正确把握宽与严的关系，切实做到宽严并用。既要注意克服重刑主义思想影响，防止片面从严，也要避免受轻刑化思想影响，一味从宽。还要坚持依照法律规定准确定罪量刑，从宽和从严都必须依照法律规定进行，做到宽严有据，罚当其罪。同时，要根据经济社会的发展和治安形势的变化，尤其要根据犯罪情况的变化，在法律规定的范围内，适时调整从宽和从严的对象、范围和力度。要全面、客观把握不同时期不同地区的经济社会状况和社会治安形势，充分考虑人民群众的安全感以及惩治犯罪的实际需要，注重从严打击严重危害国家安全、社会治安和人民群众利益的犯罪。对于犯罪性质尚不严重，情节较轻和社会危害性较小的犯罪，以及被告人认罪、悔罪，从宽处罚更有利于社会和谐稳定的，依法可以从宽处理。该意见还对宽严相济刑事政策中的“严”和“宽”进行了深入解读：宽严相济刑事政策中的从“严”，主要是指对于罪行十分严重、社会危害性极大，依法应当判处重刑或死刑的，要坚决地判处重刑或死刑；对于社会危害大或者具有法定、酌定从重处罚情节，以及主观恶性深、人身危险性大的被告人，要依法从严惩处。宽严相济刑事政策中的从“宽”，主要是指对于情节较轻、社会危害性较小的犯罪，或者罪行虽然严重，但具有法定、酌定从宽处罚情节，以及主观恶性相对较小、人身危险性不大的被告人，可以依法从轻、减轻或者免除处罚；对于具有一定社会危害性，但情节显著轻微危害不大的行为，不作为犯罪处理；对于依法可不监禁的，尽量适用缓刑或者判处管制、单处罚金等非监禁刑。宽严相济刑事政策中的“相济”，主要是指在对各类犯罪依法处罚时，要善于综

① 参见卢建平主编：《刑事政策学》，中国人民大学出版社2007年版，第165~166页。

② 陈兴良、周光权著：《刑法学的现代展开》，中国人民大学出版社2006年版，第430页。

合运用宽和严两种手段，对不同的犯罪和犯罪分子区别对待，做到严中有宽、宽以济严；宽中有严、严以济宽。

2. 宽严相济刑事政策下的累犯制度

由于累犯所具有的较大的社会危害性和人身危险性，在长期的“严打”刑事政策影响下，一直强调对累犯的严厉打击，而且在宽严相济刑事政策出台后，对于累犯仍然是“清一色”的打击声，赞成加重处罚的学者也不在少数，认为累犯仍然是宽严相济刑事政策中严格刑事政策的重点打击对象。在这一点上，刑事法学界许多学者和社会公众对于累犯刑事政策的态度几乎惊人的一致。[①] 笔者认为，累犯制度作为刑罚制度之一，也应当体现出宽严相济刑事政策的基本要求。我们应当遵循宽严相济刑事政策的要求，注意克服重刑主义思想影响，防止片面从严，要善于综合运用宽和严两种手段，对不同的犯罪和犯罪分子区别对待，做到严中有宽、宽以济严，宽中有严、严以济宽。

2011 年 2 月 25 通过的《刑法修正案（八）》对累犯制度作出了重大修改，这也是自 1997 年《刑法》施行以来第一次对累犯制度进行修改 。这次修改在立足累犯从严处罚原则的基本精神立场之上，改变了“严打”刑事政策下对累犯一味从严处置的司法态度，宽缓的刑事政策在累犯制度中也得到了反映，充分体现出了宽严相济刑事政策的要求。

首先，在以下条款的修改上仍然坚持了对累犯从“严”的要求。（1）《刑法修正案（八）》第 4 条将《刑法》第 50 条第 2 款修改为：“对被判处死刑缓期执行的累犯以及因故意杀人、强奸、抢劫、绑架、放火、爆炸、投放危险物质或者有组织的暴力性犯罪被判处死刑缓期执行的犯罪分子，人民法院根据犯罪情节等情况可以同时决定对其限制减刑。”最高人民法院《关于贯彻宽严相济刑事政策的若干意见》规定，要依法从严惩处累犯和毒品再犯。凡是依法构成累犯和毒品再犯的，即使犯罪情节较轻，也要体现从严惩处的精神。尤其是对于前罪为暴力犯罪或被判处重刑的累犯，更要依法从严惩处。对累犯减刑时，应当从严掌握。可以说，对判处死刑缓期执行的累犯限制减刑的规定充分体现了该意见对累犯从“严”的精神。宽严相济刑事政策中的从“严”仍然立足于行为人严重的社会危害性和人身危险性之上，而累犯因其自身特点自然成为了从“严”惩处的对象。该意见还特意强调了对毒品再犯和前罪为暴力犯罪或被判处重刑的累犯更要依法从严惩处，反映出了对于毒品犯罪和暴力犯罪严厉打击的态度。这也是我们在今后的司法实践活动中应当注意的。（2）最高人民法院《关于贯彻宽严相济刑事政策的若干意见》规定，对于危害国家安全犯罪、恐怖组织犯罪、邪

① 季理华著：《累犯制度研究——刑事政策视野中的累犯制度一体化构建》，中国人民公安大学出版社 2010 年版，第 194 ~ 195 页。

教组织犯罪、黑社会性质组织犯罪、恶势力犯罪、故意危害公共安全犯罪等严重危害国家政权稳固和社会治安的犯罪，故意杀人、故意伤害致人死亡、强奸、绑架、拐卖妇女儿童、抢劫、重大抢夺、重大盗窃等严重暴力犯罪和严重影响人民群众安全感的犯罪，走私、贩卖、运输、制造毒品等毒害人民健康的犯罪，要作为严惩的重点，依法从重处罚。在这一规定影响下，《刑法修正案（八）》第7条将《刑法》第66条修改为："危害国家安全犯罪、恐怖活动犯罪、黑社会性质的组织犯罪的犯罪分子，在刑罚执行完毕或者赦免以后，在任何时候再犯上述任一类罪的，都以累犯论处。"在1979年《刑法》和1997年《刑法》中都只规定了危害国家安全罪的成立特殊累犯，而在《刑法修正案（八）》中，特殊累犯的罪名由危害国家安全罪一罪增加至了危害国家安全犯罪、恐怖活动犯罪、黑社会性质的组织犯罪三罪。特殊累犯涉及罪名的增加反映出我国对于恐怖活动犯罪和黑社会性质的组织犯罪严惩不贷的态度和决心，同时也体现出了宽严相济刑事政策的从"严"之要求。(3) 在累犯可否适用缓刑和假释的问题上，《刑法修正案（八）》仍然沿承了1997年《刑法》的规定，明确规定对于累犯不得适用缓刑和假释。这也为在司法实践中出现的累犯适用上的疑难问题指明了方向，在《刑法》未作出修改之前，我们不得擅自突破法律，对累犯适用缓刑和假释，必须严格遵守《刑法》的规定。

其次，宽严相济刑事政策中从"宽"的精神在本次累犯制度的修改中也得到了体现。最高人民法院《关于贯彻宽严相济刑事政策的若干意见》规定，对于未成年人犯罪，在具体考虑其实施犯罪的动机和目的、犯罪性质、情节和社会危害程度的同时，还要充分考虑其是否属于初犯，归案后是否悔罪，以及个人成长经历和一贯表现等因素，坚持"教育为主、惩罚为辅"的原则和"教育、感化、挽救"的方针进行处理。受这一规定的影响，在累犯制度中首次融入了从"宽"的刑事政策精神。《刑法修正案（八）》第6条将《刑法》第65条第1款修改为："被判处有期徒刑以上刑罚的犯罪分子，刑罚执行完毕或者赦免以后，在五年以内再犯应当判处有期徒刑以上刑罚之罪的，是累犯，应当从重处罚，但是过失犯罪和不满十八周岁的人犯罪的除外。"在这里，累犯的排除要件在过失犯罪之外又增加了不满18周岁的人犯罪的情形。对于未成年人不再认定为累犯，有力地保障了未成年人的合法权益，贯彻了处理未成年案件"教育为主、惩罚为辅"的原则和"教育、感化、挽救"的方针。

可以说，我国从施行二十多年的"严打"刑事政策，到宽严相济刑事政策，"严"依然还在，但却多了"宽"的内容，这一点在累犯制度上体现得最为明显。这在一定程度上表明了"宽缓"精神从理论层面上升到了制度层面，从另一个侧面反映出了宽严相济刑事政策对刑事立法和刑事司法的重大影响，指导我们在今后的累犯司法实务中坚持贯彻宽严相济刑事政策，严格累犯的司法适用，对于那些不应当认定为累犯的一律不得认定累犯，而认定累犯的则一定坚持从重处罚的原则，不得有所例外。

（三）社会治安综合治理刑事政策

1. 社会治安综合治理刑事政策概述

相较宽严相济刑事政策，社会治安综合治理刑事政策产生的较晚，它是我们党在改革开放后，针对新的历史条件下社会治安的需要，特别是“文革”后青少年犯罪日益严重的这一客观现实提出来的，是从总结老经验、解决新问题的角度出发而制定实施的控制犯罪的新方针、新策略。所谓社会治安综合治理刑事政策，就是在各级党委和政府的统一领导下，动员和组织全社会的力量，运用政治、法律、经济、文化、教育等多种手段，打防结合，预防为主，标本兼治，对违法犯罪问题进行综合性整治，从根本上预防和减少违法犯罪，维护社会秩序，保障社会稳定。① 社会治安综合治理刑事政策酝酿于20世纪70年代末，提出于80年代初，形成于90年代初。其基本内容包括打击犯罪、加强防范、加强教育、加强行政管理、加强基层组织建设和制度建设及改造六个环节。②

经历了十年“文革”之后，我国进入一个新的犯罪高发期，刑事犯罪尤其是青少年违法犯罪的情况相当严重，成为危害社会安定的突出问题。1978年10月，中共中央批转的《第三次全国治安工作会议纪要》就提出，要统筹解决社会治安问题。1979年6月，中共中央宣传部等8个单位向中共中央提交了《关于提请全党重视解决青少年违法犯罪问题的报告》。1979年8月，中共中央58号文件批转了该报告，并指出，解决青少年违法犯罪问题，必须实行党委领导，书记动手，全党动员，依靠学校、工厂、机关、部门、街道、农村社队等城乡基层组织和全社会的力量，来加强对青少年的教育。要求在党委领导下，把宣传、教育、劳动、公安、文化等部门及工会、共青团、妇联等各方面的力量统一组织起来，通力合作，着眼于预防、教育、挽救和改造，积极解决青少年违法犯罪的问题。同时也指出，对极少数严重刑事犯罪分子必须依法予以惩办。在中共中央58号文件中，虽然还没有使用综合治理这一概念，但已经初步提出了对青少年犯罪实行综合治理的思想。③ 这也是社会治安综合治理刑事政策的雏形。

随着1979年刑法的施行，社会治安得到了一定好转。为了进一步推进社会治安整治，遏制犯罪率的上升势头，以及有效减少青少年犯罪，1981年6月14

① 王牧主编：《新犯罪学》，高等教育出版社2005年版，第393页。

② 季理华著：《累犯制度研究——刑事政策视野中的累犯制度一体化构建》，中国人民公安大学出版社2010年版，第161页。

③ 秦德良：《社会治安综合治理刑事政策的历史考察》，载法律图书馆论文资料库2006年2月25日。

日中共中央21号文件批转了中央政法委《京、津、沪、穗、汉五大城市治安座谈会纪要》。文件中明确提出："争取社会治安根本好转，必须各级党委来抓，全党动手，实行全面'综合治理'。首要的任务是搞好党风，并从政治、经济、教育、文化等各方面加强工作，才能克服社会上的歪风邪气，大大减少犯罪现象，建立良好的社会秩序。"在这一纪要中，党中央明确提出了"综合治理"是解决社会治安问题、实现长治久安的方针。至此，社会治安综合治理的刑事政策不仅停留在青少年犯罪上，而且推广到了整个刑事犯罪领域。但是，这一时期的"综合治理"的刑事政策更加重视刑罚的作用。1983年8月，中共中央办公厅《关于印发〈严厉打击刑事犯罪活动，实现社会治安根本好转（宣传提纲）〉的通知》中指出："严厉打击刑事犯罪活动与社会治安综合治理的方针是一致的。综合治理的手段有许多，有专政的手段，有行政的手段，也有教育、感化的手段。但运用专政手段，依法严惩严重刑事犯罪分子，是综合治理中的首要一条，只有在采取坚决打击严重刑事犯罪的同时，再辅之以其他手段，才能收到综合治理的效果。"1991年2月，中共中央、国务院《关于加强社会治安综合治理的决定》在指出"社会治安问题是诸多社会矛盾和消极因素的综合反映。必须长期坚持依法从重从快严厉打击严重危害社会治安的刑事犯罪活动，但是仅靠打击是不可能有效地减少产生犯罪和社会治安问题的复杂因素，必须全面加强综合治理才能奏效"的同时，又明确指出"打击是综合治理的首要环节，是落实综合治理其他措施的前提条件"。可见，在这一时期，社会治安综合治理刑事政策是依托于"严打"刑事政策的。

虽然在1991年2月19日中共中央、国务院发出的《关于加强社会治安综合治理的决定》与1991年3月2日第七届全国人大常委会第十八次会议通过的《关于加强社会治安综合治理的决定》之后，关于社会治安综合治理刑事政策并没有再出台相应的解释和规定，但是社会治安综合治理的具体的方式、手段已经随着"严打"政策的告一段落和"宽严相济刑事政策"的确立发生了改变。当前的社会治安综合治理不再以打击为主，而是在刑罚制裁的同时更加注重探索治理社会治安的方法和手段。当前，社区矫正的大力推行折射出了这一刑事政策的变动。

著名的刑法学者李斯特有"最好的社会政策是最好的刑事政策"的名言。社会治安综合治理是党和国家在新的历史条件下着眼于新的犯罪态势而提出的控制犯罪的具有战略意义的新概念、新策略。它一方面与原有的惩办与宽大相结合政策一脉相承，对犯罪人既要打击又要挽救，另一方面又是对原有的刑事政策的改进与发展，它表明我们不再囿于原有的主要针对于"事后救济"而转向了对犯罪现象的理性思考，从单一传统的刑事惩罚政策（或称刑事预防政策）转向了现代社会预防政策和刑事预防政策相结合的现代理性控制犯罪之路。

2. 社会治安综合治理刑事政策下的累犯制度

这一时期，累犯的处罚方式并没有较好地体现社会治安综合治理刑事政策和中央提出的社会管理创新的要求。首先，控制和减少累犯，不仅要综合社会各方面的力量，而且要实现累犯法律后果的多样化，既要通过从严处罚预防和减少累犯再次犯罪，还应通过经济措施、教育措施等多种刑罚替代措施来预防和控制累犯的出现。我国现行的累犯处罚方式仅规定了刑罚这种单一的处罚措施，并没有综合运用其他辅助措施，并未形成刑罚处罚措施与其他非刑罚处罚措施的互补。其次，对于刑满释放人员的出狱安置工作要予以重视。我们必须看到很多犯罪人在出狱之后并没有得到很好的安置，加之其因为曾经犯罪的缘故，在学习、就业和生活等问题上都存在歧视和障碍，由于缺少生活来源和家庭、社会的关怀，只能再次走上犯罪的道路，以致成为累犯。因此，我们必须在累犯制度中贯彻社会治安综合治理刑事政策，除了完善累犯的处罚措施之外，更重要的是帮助犯罪人更好地回归社会，解决好他们的生活安置问题，从而有效地减少累犯数量。再次，我国刑法对累犯的规定并没有融入“人身危险性”的考察，而社会治安综合治理刑事政策恰好可以实现对这一刑事司法漏洞的有效补充。街道和社区可以为犯罪人的人身危险性预测提供更为全面的资料，以帮助我们更好地评估其人身危险性大小，从而更好地实现对累犯的预防和控制。最后，执行场所方面要完善分管分押制度。关于累犯的行刑处遇（行刑个别化），已经成为现代各国的行刑理念之一 。例如，日本法律规定，将累犯专门关押在 B 级设施，B 级设施的戒备程度和纪律要求都比其他关押场所严格。我国刑法没有对累犯的行刑处遇作专门规定，监狱法虽然笼统规定了分类关押制度，但一般也只是针对未成年犯、女犯、犯罪类型等而言。对累犯并未规定专门的行刑处遇制度。

我们认为，从社会治安综合治理刑事政策出发，应当对累犯实行分管分押，或在监狱法中对累犯的行刑处遇作出专门规定，如将累犯关押在专门的监狱或在同一监狱里另行关押等，开始上报减刑材料的时间、减刑的长短、减刑的时间间隔、减刑的次数等均可从严把握。这里需要注意的是，我们说对累犯的处罚要从重处遇，并不是说对累犯就不积极进行改造，放弃改造，不采取一些社会帮助措施对累犯进行更生保护。这是一个问题的两个方面，一方面，要对累犯的处罚从重处遇，包括量刑、执行的制度设计上要与普通犯罪相区别；另一方面，我们也应该对累犯采取各方面的措施进行感化，促进其回归社会，这并不矛盾。累犯是人身危险性较大的犯罪人，具有比初犯者更为顽固的犯罪心理。因此，在累犯的教育改造中，应注意累犯类型的特点，对累犯积极地进行职业教育、生活指导和治疗式处遇。监狱机关应重视累犯的狱中处遇和教育改造等。同时，累犯刑罚执行完毕或赦免出狱后，回归社会时往往遭遇许多困难，如工作技能欠缺、就业困难、生活物资匮乏等，一时难适应社会，极易再犯。因此，要积极开展更生保护制度。更生保护制度，因其巩固行刑效果、预防再犯的作用，而被美国、英国、法国、德国、日本、比利时等越来越多的国家所采纳，各国规定的更生保护措施有提供住宿场所、提供医疗与保健、生活辅导、就业或就学辅导、金钱资助等。我国的受刑人，包括累犯，同样面临着出狱后如何适应社会的问题，但我国并没有专门的立法规定对出狱者提供帮助和保护，由此国外关于对出狱者的更生保护立法值得我们学习。

综上所述，我们应当对我国的累犯刑事政策进行全面、认真的反思和重构，对累犯政策应当予以足够的重视。我们应当继续坚持宽严相济刑事政策和社会治安综合治理刑事政策，在严格把握和遵守累犯从重处罚法律规定的同时，改变以往的“严打”刑事政策和理念，更好地在累犯制度上形成完善的刑事政策，从而更好地配合刑法对累犯的立法规定。我国并没有针对累犯的专门刑事政策，因此，应当进一步完善对累犯的专门刑事政策，更好地体现对累犯人身危险性的考察，从而实现刑事司法与刑事政策的紧密结合。在刑罚方法之外扩展对累犯的有效防治，积极创新行刑社会化方法，完善出狱人社会保障制度，从根本上预防和控制累犯的出现。

第三章　累犯适用之立法问题

第一节　累犯成立要件概述

一、累犯的基本类型

累犯的成立要件是认定累犯的基本依据，是构成累犯的规格和标准。由于不同的刑法对累犯制度的规定存在差异，累犯的成立要件也并不一致。因此，要解决累犯的成立要件问题，首先必须了解累犯的基本类型。一般而言，累犯制度有特殊累犯制、一般累犯制和混合累犯制之分。

（一）特殊累犯制

特殊累犯制，即要求前后罪为同一性质之罪或同类性质之罪，才构成累犯的制度。例如，1871年《德国刑法典》第22条规定："累犯盗窃、强盗或赃物罪，加重其刑。"[①] 有学者认为，"所谓特殊累犯是指刑法总则中不设累犯制度的一般规定，仅规定屡犯同一罪或某种特定不同罪，在分则条文中规定加重处罚的制度"[②]。这一见解混淆了特殊累犯制的本质特点在于累犯的构成仅限于特定之罪，而非总则与分则的布局之分。即使在刑法中规定累犯仅限特定之罪的，也应属特殊累犯制。当今世界特殊累犯制有两种立法模式：一种是在刑法总则中不作规定，仅在分则中就特定之罪规定累犯，如1871年《德国刑法典》第224条。另一种是在刑法总则中规定累犯为某种类型犯罪，或未规定犯罪类型，但要求前后之罪为同种类或同类犯罪，如《马来西亚刑法典》第75条。[③]

特殊累犯制的特征在于，它要求前后罪限于特定之罪，因而所辖范围过于狭窄，故单独采用特殊累犯制的国家不多。由于特殊累犯制能更好地协助实现刑罚

---

① 莫洪宪：《论累犯》，载于志刚主编：《刑法问题与争鸣》（2001年第4辑），中国方正出版社2001年版，第78页。

② 陈兴良著：《刑法适用总论（下卷）》，法律出版社1999年版，第415页。

③ 参见马克昌主编：《刑罚通论》，武汉大学出版社1999年版，第407～408页。

的预防目的，故不仅具有相当的合理性，而且有必要通过立法加以扩展。

（二）一般累犯制

一般累犯制，即“法律不区别犯罪的种类，规定凡是经过刑事处罚的人，在一定条件下再次犯罪的，均构成累犯，应加重其刑罚的累犯制”①。学界广泛引用的典型是《日本刑法典》第56条的规定：“被判处惩役的人，自执行完毕或者免除执行之日起，五年内又犯应当判处有期惩役之罪的，是再犯。因犯与应当判处有期惩役的罪性质相同的罪而被判处死刑的，自免除执行之日起，或者因减刑而减轻至惩役，则自执行完毕或者免除执行之日起，五年内又犯应当判处有期惩役之罪的，与前项同。已按并合罪受到处罚的人，其并合罪中应当判处惩役的罪，但因为该罪不是最重的罪而没有判处惩役时，就使用再犯的规定，视为被判处惩役。”② 一般累犯制由于对构成要件的限定较小，尤其是对前后各罪的罪质没有限定条件，因而可以对屡次犯罪都予以及时惩处。但由于一般累犯制对所有累犯不加以区别，一律同等条件，不利于刑罚个别化的实现。

（三）混合累犯制

混合累犯制，即“对于前后犯不同罪的累犯作出一般性规定，又为前后犯同一之罪或特定之罪的特殊累犯规定不同的成立条件或不同处罚的制度”③。由于混合累犯制克服了前两者的弊端，更加便于统治阶级运用刑罚手段有效地同累犯作斗争，因而为当今世界许多国家刑法，尤其是为新近制定或修订的刑法所采纳。从我国的刑法发展史看，我国的累犯制度采用了混合累犯制，与现代西方国家累犯制度的发展趋势有异曲同工之处，既注意到打击一般累犯，同时又有选择、有重点地打击那些危害性更大的特殊累犯。我国现行《刑法》第65条规定了一般累犯，第66条规定了特殊累犯。而之所以采用混合累犯制，是因为一般累犯制和特殊累犯制都有其积极意义，又同时存在消极弊端，一般累犯制难以顾及特殊类型犯罪的危害性，如涉及国家安全、公共安全或者多发性犯罪，有必要规定范围较宽的成立要件或者特别处罚，以体现立法者从严打击的立法目的。

二、累犯成立要件之要素规则

从上文的叙述中可以看到，累犯有着不同的类型，因此，要确定累犯的成立要件之要素就需要寻找到一个统一的标准。这也就是说，从累犯的设立依据和处罚原则来看，不论是一般累犯还是特殊累犯，其构成累犯的每一个要素，都应从

① 陈兴良著：《刑法适用总论（下卷）》，法律出版社1999年版，第415页。
② 张明楷译：《日本刑法典》，法律出版社1998年版，第216页。
③ 陈兴良著：《刑法适用总论（下卷）》，法律出版社1999年版，第416页。

侧面说明行为人具有严重的社会危害性和人身危险性，只有这样才能正确地认定累犯，从根本上实现控制和预防累犯之需要。而要做到这一点，累犯的成立要件之要素必须符合一定的规则。

（一）犯罪次数规则

累犯是一种特殊类型的再犯，即满足一定条件的再犯，故要想确定累犯的成立要件，首先要解决的是行为人实施犯罪的次数。考察各国的累犯立法例，在犯罪次数的要求上不尽一致。绝大多数国家都要求两次，也有个别国家要求三次以上，如朝鲜刑法规定，累犯是指在前科消灭前或时效尚未完成前犯第三次或三次以上罪行；但也有个别国家要求一次，如德国刑法所规定的性向犯。[①] 我国刑法规定累犯的犯罪次数是两次。“累”字的含义是“屡次、连续”，犯罪的连续性、多次性是评价行为人人身危险性的指标之一。如果把成立累犯的犯罪次数限定为三次以上，也不合适。先后三次以上犯罪虽然能完全证明行为人的应受谴责性和人身危险性大，但把三次以上犯罪作为一般累犯的成立要件却无疑过于缩小了累犯的适用范围，不利于更加有效地打击和预防累犯。因为行为人先后两次犯罪并符合一定的其他条件，就已经能够充分地说明其应受谴责的程度和人身危险性严重。如果仅因其是两次犯罪而不能以累犯从重处罚，就完全违背了刑法设立累犯制度的宗旨。因此，不必在一般累犯的成立要件上对罪数要求过多，只要求先后两次犯罪即可。

（二）犯罪罪过规则

犯罪罪过规则，是指对构成累犯前后罪主观要件的要求，即行为人犯罪时的主观状态。考察当代各国立法的情况，对一般累犯犯罪罪过的规定主要有三种立法例：一是法律明确规定前后罪主观罪过只能是故意。此种立法例的国家占大多数。二是对累犯前后罪的主观罪过不作任何规定，只要符合其他要件就构成累犯。法国、日本等国家均采取此种立法例。三是明确规定前罪主观罪过为故意，后罪可以是故意或过失。例如，《越南刑法典》规定，行为人因故意犯罪被判处有期徒刑后，又过失犯重罪或故意犯较轻罪，符合其他条件的，构成累犯。

总的来讲，在是否限定累犯的主观罪过形式要件问题上，存在着肯定说与否定说两大派别。肯定说认为，应当限定累犯的主观罪过形式，不应当将主观罪过较轻的过失犯罪也纳入到累犯中。否定说认为，不管主观罪过是故意还是过失，都应认定为累犯，从而加强对累犯的打击力度。我国刑法采取的是肯定说，对前后罪主观罪过都限定为故意。因为犯罪罪过不仅能体现行为的犯罪性质、行为人

---

① 陈诗忠：《累犯概念的法理分析》，载马松建、史卫忠主编：《刑法理论与司法认定问题研究》，中国检察出版社 2001 年版，第 196 页。

的主观恶性等，还能反映出行为人的人身危险性程度。因此，在累犯的成立要件要素中应当限定犯罪罪过形式，从而充分地反映出累犯严重的社会危害性和人身危险性。将构成累犯的前后罪的主观罪过限定为故意，符合我国对累犯从严处罚的理论根据。因为故意犯罪是行为人有意识地给社会造成危害，具有明确的反社会性，是行为人具有严重人身危险性的表征。过失犯罪者，并非因具有与社会相对立的心理而犯罪，而是由于其没有尽到注意义务，危害结果的发生与其本意是相悖的。正由于犯罪结果的发生违背其意志，过失犯不存在有意犯罪，人身危险性极小。简言之，行为人故意犯罪能有力地说明行为人具有严重的人身危险性，符合根据罪过形式评价人身危险性的理论要求，故而将构成累犯的前后罪限定为故意犯罪可取。对于过失犯罪能否成立累犯的问题，将在下文中论述，此不赘述。

（三）犯罪程度规则

仅仅以行为人实施犯罪的次数来限定故意犯罪是不够的，因为这还不能充分说明行为人具有严重的社会危害性和人身危险性，所以应对故意犯罪再加以限定，将故意犯罪的轻重程度作为构成累犯的另一要素。

各国刑法通常以一定的刑罚为标准，规定前后罪均达到一定法定刑度才构成累犯。我国立法选择对一般累犯的前后罪都作出明确的限制，并且对前后罪的刑度要求相同，即行为人所实施的前罪与后罪，都必须应当判处有期徒刑以上的刑罚。对成立累犯的前后罪的轻重程度加以要求是合乎理性的，基于证实行为人具有严重的社会危害性和人身危险性之考虑，应对前后罪限定一定的刑罚幅度。此处的“一定刑罚”应表现为较重的刑罚，易言之，应赋予“一定刑罚”以实质性内容，以促使刑罚目的的实现，即必须借助于刑罚来惩罚、改造、感化犯罪人。

有学者建议将前后罪的刑度条件扩大到管制、拘役，认为这样才能从严打击屡教不改的犯罪人。然而短期自由刑的缺陷集中表现在个别预防作用的不完整性上，正如有学者所说的：“刑法只规定短期自由刑由公安机关就近执行，亦即关押，即未规定应对受刑人予以教育、改造，以致短期自由刑仅具有消极的惩罚与限制再犯能力功能，不具有积极的教育、改造功能，不能充分发挥其所应有的个别预防作用……”① 这种个别预防作用的不完整性，决定了它在检测行为人人身危险性大小上的局限性。故此，短期自由刑执行完毕后的一定期限内又犯罪，还不能有力地说明行为人具有严重的人身危险性。并且，将累犯的刑度要件扩大到

① 邱兴隆著：《刑罚理性导论——刑罚的正当性原论》，中国政法大学出版社 1998 年版，第 75 页。

管制和拘役，既不利于集中力量打击那些社会危害性大、人身危险性强的累犯，也不利于我国刑罚目的的实现。无限制的扩大累犯的适用范围将会导致刑罚的重刑主义，与当今我国刑事政策也是背道而驰的。

此外，财产刑单独适用时，只适用于一些轻微的犯罪。因为它虽具有惩罚性，但这种惩罚性是极为有限的。从财产刑的执行来看，其执行过程相对简单，这就决定了刑罚作用难以充分发挥。很显然，刑罚的惩罚、改造、感化作用很难在财产刑上充分体现。这也就是说，财产刑的个别预防功能在某些犯罪上是极其有限的。财产刑执行后，犯罪分子再犯罪，说他具有严重的人身危险性是不尽客观的。资格刑的个别预防功能的有限性类似于财产刑，而限制自由刑的个别预防功能的欠缺也是极为明显的，正如有的学者评价："限制自由刑不以对犯罪人予以强制教育、劳动与改造为内容，又不以剥夺犯罪人自由为前提，不具有造成足够的损失与痛苦的属性。因此，刑罚的改造功能与个别威慑功能难于发挥。"① 这就决定了被判处限制自由刑的犯罪人在刑罚执行完毕后，如其再犯罪，也难以说明其具有严重的社会危害性和人身危险性。相比之下，徒刑以上刑罚的个别预防功能之发挥是相当充分、全面的。在其执行过程中，刑罚的惩罚、改造、感化作用都能尽情地发挥。经过徒刑以上刑罚的执行，行为人仍再犯罪，说明他对刑罚的作用反应迟钝，具有严重的人身危险性。需要补充的是，犯罪分子如被判处无期自由刑和生命刑，于服刑完毕后再次犯罪并构成累犯，在逻辑上似乎行不通。不过，由于各国刑法大都规定了减刑和假释制度，变更无期自由刑和生命刑为自由刑，从而使这些犯罪分子有可能最终出狱，回归社会并构成累犯。另外，我们也应看到，对犯罪分子科以较重的刑罚，应兼顾两方面的因素，即行为的社会危害性严重和行为人的人身危险性严重。陈兴良教授指出："在量刑的时候，既要依据犯罪的社会危害程度，又要考虑犯罪人的人身危险性的大小，由此确定应当判处的刑罚。"② 简言之，对犯罪分子适用较重的刑罚，已内含了行为人具有严重的人身危险性。这也就是说，之所以要求累犯之前后罪为较重的刑罚，仍是基于证实行为人的人身危险性严重的需要。因此，构成累犯之前后罪应限定为长期自由刑以上刑罚之故意罪，即前罪判处的刑罚必须是有期徒刑以上，后罪应判处的刑罚也必须是有期徒刑以上。

（四）犯罪间隔规则

犯罪间隔，即前后罪之间的时间间隔，在累犯构成中占据重要地位，直接影响累犯的范围大小。任何刑法只要规定了累犯制度，就必然要对累犯后罪发生时

① 邱兴隆著：《刑罚理性评论——刑罚的正当性原论》，中国政法大学出版社 1998 年版，第 587 页。

② 陈兴良著：《刑法哲学》，中国政法大学出版社 1997 年版，第 619 页。

间的上下限作出明确规定，否则便无法区分累犯与并合罪。绝大多数国家刑法对前后罪的时间间隔有明文规定，将其作为成立累犯的必要条件之一。仅有少数国家的刑法立法，在前后罪的时间间隔上没有要求，即只要有前科事实存在，无论何时再犯罪均构成累犯。我们认为，如果对前后罪之间不限定时间间隔，一方面，会导致累犯的范围过于宽泛，立法本意是重点打击和预防累犯，但由于不顾及刑罚资源有限性和稀缺性的特点，使刑罚成本无限增加，结果可能导致力不从心、打击不力的局面；另一方面，使犯罪分子终生处于犯罪的阴影里，不利于犯罪分子的再社会化，也不利于刑罚目的的实现。因此，应当确定累犯的犯罪间隔规则。具体而言，犯罪间隔规则包括累犯的后罪发生时间上限和后罪发生时间下限两个方面。

1. 后罪发生的时间上限

关于累犯构成中后罪发生的时间上限问题，各国刑法的规定不尽相同。归纳起来，有四种立法例：（1）“刑之宣告说”，又称“主法派学说”，即以罪刑宣告时作为成立累犯后罪的起始时间，代表国家有法国、意大利、巴西等。（2）“刑之执行说”，即以前罪刑罚执行之时作为成立累犯后罪的起始时间，至于刑罚是否执行完毕不予考虑，瑞士支持此说。（3）“折中说”，即开始于刑之宣告，或者开始于刑之执行，也即二者均可作为累犯后罪发生的起始时间，但加重刑罚的分量有所差别。（4）“刑罚执行完毕或者赦免说”，又称“主德派说”，此种学说由德国学者提出，主张前罪刑罚执行完毕或者赦免之时作为成立累犯后罪的起始时间。如果仅有罪刑之宣告，其刑罚还未执行，或者正在执行中又犯罪，只能按并合论罪，而不构成累犯。此种起始时间为大多数国家的刑法所采用，我国刑法也采纳了此说，即后罪发生必须是在刑罚执行完毕或者赦免以后。

我们认为，把累犯后罪发生的时间上限确定为刑罚执行完毕或者赦免以后为宜。因为，我国设立累犯制度的初衷就是警戒受过刑罚处罚的人今后不再犯罪和对初判刑罚量上不足的补救。初犯者在刑之宣告时或者刑罚执行期间重新犯罪的极少，对其进行刑罚处罚的可能性不大，更不用说从严处罚了。在刑罚（主要是自由刑）执行期间，犯罪人的人身自由被剥夺，处于监管机关的严密控制之下，到社会上去实施犯罪的可能性很小；在监内犯罪，不仅数量少，而且犯罪的种类也受到限制，这是由监管的特殊环境造成的。明确这一点，就会发现把后罪发生的时间规定在刑罚执行期间或者刑之宣告时价值不大，即使在此期间重新犯罪的，也可以借助于其他的量刑制度对其严惩，没有必要把其作为累犯。而把累犯后罪发生的时间上限确定为刑罚执行完毕或者赦免以后，符合设立累犯从严处罚的理论根据。在刑罚执行过程中，初犯者再犯新罪，固然可以说明其主观恶性很深、人身危险性较大，但不能说明其等同于我国累犯制度所确立的刑罚执行完毕或者赦免以后再犯罪的情形。初犯者在刑之宣告或者仅执行一部分刑罚时尚难以证明刑罚是否发挥功效，若此间其犯新罪，进而来确定犯罪人屡教不改而必须从重处罚，与累犯制度的设立初衷不符。我国刑法也明确规定，对于判决宣告以后，刑罚执行完毕之前，被判刑的犯罪人又犯新罪的情况应该数罪并罚。如果将前罪刑罚执行过程中再犯新罪按特殊累犯情形处理，会造成对犯罪人的新罪先从重处罚然后再数罪并罚的双重否定性评价，是一种重刑主义的倾向。这种情况既不利于我国法律的权威性和统一性，也不利于具体的司法实践操作。

另外，刑罚的执行过程是一个消除犯罪人人身危险性的过程，在大多数情况下，犯罪人经过刑罚执行，是能够重新做人、复归社会的。如果犯罪人刑满出狱后不思悔改，重蹈覆辙，再次犯罪，那么认为其具有严重的人身危险性应是客观的。把累犯后罪发生的时间上限确定为刑罚执行完毕或者赦免以后，行为人若在一定期限内再次故意犯罪，则更能揭示其严重的人身危险性，从而使对累犯从严处罚有据可依。

2. 后罪发生的时间下限

累犯构成中后罪发生的时间下限，具体是指前后罪的时间间距。有的学者认为，无论何时何地再犯，均应以累犯论。该观点因与刑法的时效原则相矛盾，故赞同者不多。多数国家对前后罪的时间间隔都有规定，只是规定不一致而已。有的国家对前后罪的时间间隔只作一个统一的规定，如日本、比利时、英国、奥地利等国规定为5 年。也有的国家根据犯罪的严重程度对前后罪的时间间隔作不同的规定，如法国刑法因将犯罪分为重罪、轻罪、违警罪，时间规定的要求也不同，犯重罪的判决宣告后，无论何时何地再犯罪，均以累犯论；犯轻罪的则限制在 5 年之内；犯违警罪的规定在 1 年之内。还有的国家将前后罪的时间间隔的限定与前科消灭或时效的期限作统一规定，如《朝鲜民主主义人民共和国刑法》第 62 条规定，受3 年以下徒刑的，经过5 年；受3 年以上 10 年以下徒刑的，经过7 年，即刑罚执行完毕以后，经过特定的法定期限的犯罪，方不构成累犯。该法第 59 条规定，可能判处徒刑 1 年以上 5 年以下的犯罪行为，从实施犯罪时起，超过 5 年为完成时效；可能判处 5 年以上刑罚或更重刑罚的犯罪行为，从实施犯罪时起，过了 10 年的为完成时效的期限，即对尚未执行刑罚者，得于完成前罪刑罚时效期限以后又犯新罪的，方不构成累犯。[①]

我国 1979 年《刑法》和 1997 年《刑法》都对前后罪的时间间隔作单一规定，只是具体长短不同，分别是 3 年和 5 年。笔者认为，我国 1997 年《刑法》将 1979 年《刑法》中所规定的构成累犯的前后罪时间由 3 年延长为 5 年，是有其客观依据的，因为法律规定前后罪时间距离的长短，直接反映了一个国家对累犯构成要件的宽严要求，同时也关系到一个国家刑罚对罪犯的教育改造效果的总

① 高格编著：《比较刑法学》，长春出版社 1991 年版，第 292 ~ 293 页。

体评价。如果不规定时间界限，将导致打击面过宽，有违累犯的设立初衷；如果时间太短，又起不到衡量改造效果的作用；而如果时间过长，又会对罪犯的改造产生消极影响。所以，应根据我国的具体情况，来设置适合我国累犯的时间界限。从实践来看，根据调查显示，刑满释放或赦免后4年至5年内重新犯罪的还不占小比例，有的地方约为四分之一。因此，将刑满释放或赦免后5年内再次犯罪作为累犯从重处罚，必定会更有效地遏制再犯率的上升。① 这一规定更有利于刑罚特殊预防目的的实现。这既是客观实践的需要，也体现了我国国情和具体刑事政策的要求。

第二节 一般累犯的成立要件

如前所述，累犯是我国刑法中一项重要的刑罚裁量制度，我国累犯采取的是混合累犯制。《刑法修正案（八）》将《刑法》第65条第1款修改为："被判处有期徒刑以上刑罚的犯罪分子，刑罚执行完毕或者赦免以后，在五年以内再犯应当判处有期徒刑以上刑罚之罪的，是累犯，应当从重处罚，但是过失犯罪和不满十八周岁的人犯罪的除外。"将第66条修改为："危害国家安全犯罪、恐怖活动犯罪、黑社会性质的组织犯罪的犯罪分子，在刑罚执行完毕或者赦免以后，在任何时候再犯上述任一类罪的，都以累犯论处。"因此，累犯的成立要件发生了很大变化。

一、一般累犯成立的主观要件

我国《刑法》第65条规定的是一般累犯。一般累犯要求前罪和后罪必须都是故意犯罪，而把过失犯罪排除在外。但这样规定是否符合现实的需要，是否可以更好地保护社会主义社会的关系和法益，值得我们深入思考。

（一）国内外立法的规定

一般累犯的主观要件，是指刑法对一般累犯前后罪的主观罪过的要求。在目前的立法形势下，国内外对于这个问题的规定不尽相同，总的来说，主要有三种立法规定：

第一，把前后罪的主观罪过均规定为故意。例如，我国《澳门刑法典》第69条规定："一、因故意犯罪而被确定判决判处超逾六个月之实际徒刑后，如单独或以共同犯罪之任一方式，实施另一应处以超逾六个月实际徒刑之故意犯罪，

① 向泽选、高克强主编：《刑法理念与刑事立法》，中国检察出版社2000年版，第19页；樊凤林主编：《刑罚通论》，中国政法大学出版社1994年版，第433~434页。

且按照案件之情节，基于以往一次或数次之判刑并不足以警戒行为人，使其不再犯罪，故应对其加以谴责者，以累犯处罚之。二、如行为人被判刑之前罪之实施距后罪之实施已逾五年，则该前罪不算入累犯；行为人因法院之裁判而被剥夺自由之时间，不算入该五年期间内。”可见，行为人前后两次实施的犯罪都必须是故意犯罪。至于是出于直接故意、非典型直接故意，还是间接故意，则无不同。如果前罪和后罪都是过失犯罪，或者其中有一罪是过失犯罪，均不成立累犯。不论前罪或后罪是以单独犯罪还是以共同犯罪的方式实施的，均不影响累犯的成立。1968 年《罗马尼亚刑法典》中规定，过失实施之犯罪不作为累犯处罚。《泰国刑法典》、《俄罗斯联邦刑法典》都规定累犯的前后罪必须都为故意，否则不构成累犯。

第二，对前后罪的主观罪过不作限制，即无论是故意还是过失都可以构成一般累犯。例如，巴西、法国、瑞士、西班牙、日本、韩国等国刑法典对一般累犯的主观罪过形式均未作限制。《意大利刑法典》对一般累犯前后罪的主观罪过也没有限制，但对常习累犯的主观罪过形式作了限制规定，即前后罪必须为“非过失犯罪”。

第三，明文规定前罪必须是故意犯罪，但对后罪的主观罪过形式未加以限制。例如，《越南刑法典》第 40 条规定，行为人因故意犯罪被判处有期徒刑后，又过失犯重罪或故意犯较重罪，符合其他条件的，构成一般累犯。我国台湾地区“刑法”也没有明文规定累犯前后罪的主观罪过形式，对于累犯的前罪，不论出于故意和过失，就其徒刑业已执行而言，执行刑罚的效果，并不因为故意犯罪与过失犯罪而有所不同，故其行为出于故意或过失可以不问。①

（二）我国一般累犯成立的主观要件

1. 我国现行刑法的规定

我国刑法对构成一般累犯的主观罪过形式作了严格的规定，即前后罪的主观罪过形式必须均为故意，否则不构成一般累犯。罪过形式一方面反映了行为人主观恶性的程度，另一方面也影响到其所实施行为的社会危害性的程度。从法理上讲，累犯制度的出发点，在于前罪之刑罚在量上的略显不足，未能迫使犯罪人改过自新和实现特殊预防，未能阻止犯罪人在特定的预期时间内再次犯罪；而其落脚点，则在于给予犯罪人之后罪相对更重的处罚，以对经过初次刑罚打击的犯罪人所依然具有的过大的人身危险性予以立法反击，减轻犯罪人对社会稳定秩序形成的冲击的危险状态。“累犯制度的刑罚价值，在于给予再次犯罪的犯罪人更为

① 参见高仰止著：《刑法总则之理论与实用》，台湾五南图书出版公司 1986 年版，第 373 页；黄村力著：《刑法总则比较研究》，台湾三民书局 1985 年版，第 321 页。

严厉的刑罚打击，以补偿前次犯罪之刑罚在量上的不足，追求刑罚的特殊预防效益。”① 故犯罪人的前后罪若均为故意犯罪的，更表明其主观恶性较大，人身危险性也较大，再犯可能性增加，社会危害性更为严重，应该对其后罪从重或加重处罚。因此，我国现行刑法把一般累犯的主观罪过规定为故意，而把过失排除在外。基于此，有的学者提出，累犯是一种人身危险性较大的犯罪人类型，将累犯限于故意犯罪能够更好地体现累犯从重制度的性质。而各国刑法之所以规定对累犯要加重处罚，也是基于累犯的社会危害性大于通常犯罪，累犯的这种社会危害性很大程度上是基于犯罪人较深的主观恶性。故意犯罪中受过刑罚处罚的仍不思悔改，听任主观犯罪意念恶性膨胀，一犯再犯，具有严重人身危险性及社会危害性，其主观恶性远远大于过失犯罪，故各国鲜有规定过失犯罪累犯的立法例，这几乎达成共识。

2. 过失能否构成一般累犯

构成一般累犯的主观要件是否包含过失，理论界争议较大。持肯定论的学者主张，前罪为过失犯罪的可以构成累犯，认为“过失犯罪是否有累犯之适用，为值得检讨之问题。累犯前犯之罪，不论出于故意行为抑或过失行为，就其徒刑业已执行之观点言之，执行刑罚之效果，并不因故意犯罪与过失犯罪而有不同，故其行为之出于故意抑或过失可以不问。又累犯罪犯之行为，如系出于故意，足征其恶性未改，原科之刑不能收到预期之执行效果，乃予以较长时间之教诲，而有累犯之适用。故亦无疑义。但若再犯之罪系出于过失行为之场合，法律上亦认为累犯而加重其刑，则不免失之过苛”②。还有学者主张，两次同质的过失犯罪可以构成累犯，认为“再次之犯罪，如系出于故意者，固足认定其人刑罚之反应力薄弱。若再犯之行为出于过失，尚不能据以认定其刑罚之反应力薄弱，遂予加重其刑，尚非适宜。唯前次犯罪系过失犯，再次犯罪为故意犯，或者前次犯罪为过失犯，再次犯罪亦为过失犯。有无承认其为累犯之必要，亦值得商榷”。“依个人意见，（前犯过失，后犯故意）应不认为累犯，后者（前后二次，均为同一性质之过失）应作为累犯为宜。”③ 另有学者主张，应将严重的过失犯罪纳入累犯的适用范围内，认为对严重的过失犯罪实施累犯制度并不违背累犯制度的设置初衷。设立累犯制度的出发点在于前罪之刑罚在量上略显不足，未能迫使犯罪人改过自新和实现特殊预防，其落脚点在于给予犯罪人之后罪相对更重的刑罚

① 参见于志刚：《论累犯制度的理论根据》，载薛瑞麟编：《法大刑法学研究文集》，中国政法大学出版社 2002 年版，第 93 页。

② 高仰止著：《刑法总则之理论与实用》，台湾五南图书出版公司 1986 年版，第 373 页。

③ 蔡墩铭著：《刑法总则争议问题研究》，台湾五南图书出版公司 1987 年版，第 35 页。

惩罚。过失犯罪人在适用刑罚后，再次违反注意义务，实施了过失行为，造成了危害结果，则说明前罪适用的刑罚在量上不足，没有达到改造罪犯和实现刑罚预防功能的目的。而且，在某些场合，严重过失犯罪频繁发生，其危害远大于故意犯罪造成的损害幅度。因此，有必要对犯罪人的后罪处以相对更重的刑罚，以打击其较大的人身危险性。有关这方面的国外立法例，如巴西、法国、瑞士、西班牙、日本、韩国等国对前后各罪的主观罪过形式就不作限制，即前后罪均可以是故意犯罪或者过失犯罪。也有国家明确规定前罪必须是故意，后罪则可以是过失或故意，如《越南刑法典》第 40 条规定，行为人因故意犯罪被判处有期徒刑后，又过失犯重罪或故意犯较重罪，符合其他条件的，构成累犯。

持否定论的学者主张，构成累犯的前后罪主观罪过只能是故意。“故意犯罪者曾受过刑罚之处罚，但仍不思悔改，任主观犯罪恶性发展，再次故意犯罪，是有严重社会危害性及危险性的罪犯……而过失犯罪，行为人主观上一般无社会危险性，且主观恶性也较轻。因此，过失之累犯的立法例忽视了累犯制度的特殊意义，对其从重处罚，未免打击面太宽，不利于对罪犯的改造。”① 还有学者认为，“行为人的人身危险性大，不是从历史的角度，也不是从外部的比较得出的结论。只有结合具体的行为人，从行为人犯罪前后整体的角度，或者说从行为人人格形成的角度来认识人身危险性趋强或趋弱的态势才具可比性，如果只是把过失犯罪与故意罪过简单加以比较，这种逻辑前提的错误当然无法得出正确的结论……而这一过狭的认识局限致使大量的重复性过失犯罪不断呈现，而相关刑罚理论却对此无能为力”②。

我们认为，从法理上讲，考虑到累犯制度的设置初衷，应当将累犯的前后罪均限定为故意犯罪。因为如前所述，累犯立法的初衷在于前罪之刑罚在量上略显不足，从而对后罪施以更重的刑罚处罚。所以，通常认为，在犯罪人主观罪过支持下的犯罪行为，属于犯罪人主观恶性的外化和体现。③ 而在一般情况下，犯罪人的主观恶性，实则是行为人的人身危险性的重要内容，因为人身危险性的最大意义就在于它对行为人主观恶性大小的说明。行为人的人身危险性大的，其主观恶性就大；行为人的人身危险性小的，其主观恶性就小，二者间成正比关系。④ 同时，应当认识到，犯罪人主观罪过之中，认识因素并不直接反映行为主体之主观恶性的大小及有无，而意志因素集中体现着行为主体的主观恶性及其大小：行

① 参见郝守才：《关于累犯的比较研究》，载《法商研究》1996 年第 5 期。

② 高铭暄主编：《刑法学原理（第三卷）》，中国人民大学出版社 1994 年版，第 284 页。

③ 陈兴良著：《刑法哲学》，中国政法大学出版社 1992 年版，第 141 页。

④ 刘勇：《犯罪基本特征新论》，载北京大学法律学系编：《改革与法制建设——北京大学九十周年校庆法学论文集》，光明日报出版社 1989 年版，第 541 页。

为人认识到危害结果并希望危害发生，主观恶性较大；行为人认识到危害结果并希望避免危害发生，主观恶性较小。[①] 所以，如果犯罪人的前后罪均为故意犯罪的，则其对于犯罪行为和危害结果的一贯追求或者放任表明其主观恶性较大，因而其人身危险性也相对较大，再犯可能性就大，基于此，应当对后罪作从重或者加重处罚，从而体现出立法的反向惩治；而如果前后罪之一是过失犯罪，或者前后罪均为过失犯罪的话，则其所表现出的人身危险性相对较小，对于前后罪之危害行为与危害结果并没有一个相对连贯的追求或者放任态度，因而前后罪之间尤其是前罪之刑罚在量上是否不足，与行为人再犯后罪并没有直接联系或者说并没有直接影响。正如有的学者所说，由故意犯罪的主观性质决定，故意犯罪的实施者具有较大的人身危险性，过失犯罪的犯罪人虽然在一定条件下也可以再次实施犯罪，但是一般来说，过失犯罪的犯罪人本身具有的人身危险性很小甚至是根本没有的。[②]

3. 一般累犯成立的人格因素[③]

一般累犯的成立要件，除了要求具有一定的罪过形式（主观恶性的表现）外，还要求犯罪人具有相当的人身危险性。人身危险性不同于主观恶性，人身危险性反映的是行为人一贯的性格，而主观恶性反映的则是犯罪行为发生时行为人的性格，这种性格可能与实施某一具体犯罪行为时的性格一致，也可能不一致。有学者认为，以犯罪人的人身危险性状况作为累犯成立的必备条件之一，符合我国刑法理论，很值得今后修改刑法时参考、借鉴。[④] 因为只存在符合条件的罪过形式，尚不足以证明累犯应予以加重处罚。尽管主观恶性程度也间接反映了犯罪人的人身危险性，但反映不出犯罪人科刑后不知悔改的特征。累犯立法的初衷和从重处罚的理论根据是犯罪人所实施之后罪足以反映出犯罪人的社会危害性与犯罪人具有的人身危险性的紧密结合，因而应将人身危险性作为累犯的成立要件。

我国累犯制度的重构也应考虑将人身危险性作为成立的必备条件。首先，这符合我国的刑事立法精神。我国刑法中规定的自首、缓刑等制度都考虑到了犯罪人的人身危险性状况。犯罪后自首的，可以从轻或者减轻处罚，这是因为犯罪人能自首，就说明其有悔罪表现，人身危险性也有所减弱，再次实施危害行为的可能性较小，判处较轻的刑罚也能实现罪责刑相适应原则。适用缓刑的条件中也有是否“没有再犯罪的危险”，亦即犯罪人的人身危险性状况的规定；另外，适用

---

① 姜伟著：《犯罪故意与犯罪过失》，群众出版社 1992 年版，第 45 页。

② 高铭暄主编：《刑法学原理（第三卷）》，中国人民大学出版社 1994 年版，第 282 页。

③ 贾宇、舒洪水：《累犯制度研究》，载《山东警察学院学报》2005 年第 5 期。

④ 喻伟主编：《刑法学专题研究》，武汉大学出版社 1992 年版，第 330 页。

缓刑的条件中还规定，对累犯不适用缓刑，即从反面说明了累犯具有较大的人身危险性。刑法的这些规定均表明，犯罪人的人身危险性状况，是与我国刑法规定的对犯罪分子决定适用刑罚与否以及具体适用何种刑罚有直接影响的重要因素，累犯作为一种刑罚制度，自然也应予以考虑，从而体现我国相应的刑事立法精神。其次，以人身危险性作为累犯的成立要件之一，符合累犯制度的基本特征。我国现行刑法规定的累犯概念与累犯制度的基本特征是相悖逆的。因为我国刑法规定的累犯构成条件，只强调犯罪次数、前后犯罪相距的时间、严重程度、主观罪过等既成的与犯罪行为相关的客观因素，忽视了犯罪人的人身危险性这一重要的人格因素。不容否认，刑法规定的上述客观因素是判断犯罪人人身危险性的重要依据，但是，从司法实践的实际情况看，仅仅凭借这些因素，并不能准确判断出犯罪人的人身危险性状况，亦即上述客观因素与犯罪人的人身危险性并非有着等同的关系。因此，有必要将人身危险性作为累犯的独立成立要件之一，以体现其在累犯成立要件中的应有地位。最后，以人身危险性作为累犯的构成条件之一，符合我国的刑罚目的。随着时代的发展、社会的进步，以报应和威吓作为刑罚的目的早已为现代文明国家的刑法所摒弃。我国对犯罪分子适用刑罚的重要目的之一是犯罪预防，包括一般预防和特殊预防两个方面。以人身危险性作为累犯的构成条件之一，是预防犯罪尤其是特殊预防的必然要求。一切犯罪都是在具体情况下发生的，犯罪人都是严重危害社会的具体个体，他们所处的社会环境不同，各自的物质生活条件不同，决定了他们彼此的人身危险性状况存在差别，而这种差别在初犯、偶犯与累犯之间表现得尤其明显。在对各具体不同的犯罪人适用刑罚时，如果不考虑这种差异性，其结果势必造成为量刑而量刑，为惩罚而惩罚，这就有可能从根本上违背我国对犯罪分子适用刑罚的目的。因此，充分考虑累犯的本质特征及其基本属性，以人身危险性作为累犯的构成条件之一，有利于进一步完善我国的刑罚体系和刑罚措施，从而更有效地服务于刑罚目的。

二、一般累犯成立的刑度要件

一般累犯成立的刑度要件，是指构成一般累犯的前后罪在刑度上的要求。各国在对累犯的前后罪作出规定的同时，一般还对前后罪的性质加以规定。这也就是说，前后两个罪要达到法定刑度条件的再犯，才能构成累犯。

（一）国内外立法的规定

各国不同的国情导致各国对累犯前后罪性质的规定有很大的不同，由于对前后罪的刑度要求不同，因而各国累犯的范围也就有所不同。总的来说，有以下几种类型：

第一，对前后罪都作了严格的规定，即必须依照本国法律处以一定的刑罚之罪。例如，《瑞士刑法典》规定，前后罪必须判处自由刑以上的刑罚，即把重惩役或监禁刑作为累犯前后罪的刑度条件。《日本刑法典》对于累犯的前罪要求被判处惩役以上，对于后罪则要求被判处有期惩役。韩国现行刑法要求，前罪被判处有期徒刑以上的刑罚后又犯应处有期徒刑以上刑罚之罪。1975 年《德国刑法典》规定，前罪被判处 3 个月以上自由刑，后罪被判处 1 年以上自由刑。我国《澳门刑法典》则规定，前罪被判处 6 个月以上的徒刑后又实施应处 6 个月以上徒刑的故意犯罪。我国台湾地区"刑法"也要求前后罪的刑罚在有期徒刑以上。

第二，对构成一般累犯的前后罪的轻重未作要求，只要先前的犯罪事实曾被科处一定的刑罚，就可以构成累犯。例如，《巴西刑法典》第 46 条规定："犯人在国内或者国外因犯前罪已被判决后又犯新罪，称为累犯。"《意大利刑法典》第 99 条规定，"犯罪被科刑后，再犯罪者"是累犯。这种立法例所导致的累犯范围非常大，故采用此种立法例的国家很少。

第三，对构成一般累犯的前后罪的轻重没有作明确的规定，即前罪所受的处罚要等于或者重于后罪所受的处罚，或者前罪所受的处罚轻于后罪所受的处罚，必须曾受过两次或两次以上的刑事处罚。例如，1944 年《西班牙刑法典》第 14 条规定："所谓累犯，系指犯罪人犯罪时曾被法律处罚相等或者较重刑之罪，或者曾受过两个或两个以上较轻刑之罪所处罚者。"①

第四，把累犯划分为若干等级，对等级不同的累犯，其前后的要求也不同。例如，《俄罗斯联邦刑法典》第 18 条把累犯分为一般累犯、危险的累犯和特别危险累犯。对于一般累犯，其前后之罪的刑度不受限制；对于危险的累犯和特别危险累犯，前后之罪必须都被判处剥夺自由或者前后之罪都是严重的故意犯罪。②

第五，不对前后罪的刑度作要求，但要求前后罪的犯罪等级必须达到一定程度以上。例如，法国将犯罪按照严重程度分为重罪、轻罪和违警罪，根据《法国刑法典》第 132－8 条至第 132－11 条的规定，构成累犯的前后罪必须是第五级违警罪以上的犯罪。③

第六，对前罪要求被判处有期徒刑，对后罪只要求犯罪的性质为重罪或较重罪，但对后罪应判处的刑罚不作要求。例如，《越南刑法典》第 40 条规定，因

---

① 参见苏彩霞著：《累犯制度比较研究》，中国人民公安大学出版社 2002 年版，第 98 页。

② 参见苏彩霞著：《累犯制度比较研究》，中国人民公安大学出版社 2002 年版，第 99 页。

③ 参见苏彩霞著：《累犯制度比较研究》，中国人民公安大学出版社 2002 年版，第 99 页。

故意犯罪被判处有期徒刑，刑期服满后至前科消灭前，有过失犯重罪或故意犯较重罪的，构成累犯。[①]

（二）我国一般累犯成立的刑度要件

我国把累犯视为一种性质较为严重的犯罪人类型，并作为一个从重处罚的情节加以规定，因此，在刑度条件上像世界上大多数国家刑法那样，对累犯前后罪所判处刑罚的轻重作了限定，要求所判处的刑罚和应处的刑罚均须是有期徒刑以上。

我国刑法规定，前罪判处的刑罚必须是有期徒刑以上，后罪应判处的刑罚也必须是有期徒刑以上，如此规定是比较合理的。设立累犯的目的在于重点打击那些所犯之罪的社会危害性比较严重且人身危险性较大的累犯。在量刑的时候，既要依据犯罪的社会危害程度，又要考虑犯罪人的人身危险性的大小，由此确定应当判处的刑罚。因此，有必要对累犯前后之罪的严重程度作出限制，以便重点打击再度犯下严重罪行者。前后之罪被判处或应被判处有期徒刑以上的刑罚，说明其前后所犯的罪都比较严重。行为人在实施比较严重的犯罪并且接受有期徒刑以上刑罚的教育改造之后，又实施比较严重的犯罪，说明其主观恶性和人身危险性较大，有必要规定为累犯，从重处罚。而如果前罪较轻，或者后罪较轻，或者前后罪都比较轻，无论是从犯罪本身给社会造成的危害看，还是从犯罪人的人身危险性看，适用后罪本身的刑罚就足以惩罚和教育犯罪人，无须将这类人规定为累犯并从重处罚。

累犯后罪“应当判处有期徒刑以上刑罚”，这里的“有期徒刑”应作法定刑理解还是宣告刑理解，对于一般累犯的成立有很大的积极作用，对犯罪人的刑事责任具有较大的影响。目前有两种观点：第一种观点认为，应把“有期徒刑”作宣告刑理解。有的学者认为，“有期徒刑”应作宣告刑理解，如果作法定刑理解会扩大累犯的适用范围。“应当判处有期徒刑以上刑罚”，不是指法定刑为有期徒刑以上刑罚，而是指根据后罪的事实以及刑法的规定，应当判处有期徒刑以上刑罚。这一条件表明，只有当前罪和后罪都是比较严重的犯罪时，才成立累犯。[②] 有的学者指出，“应当判处有期徒刑以上刑罚……绝不是说该罪的法定刑中包含有有期徒刑以上的刑罚即可满足上述刑度之要求，否则将无限制地扩大累犯的适用”[③]。有的学者认为，“后罪‘应当判处有期徒刑以上刑罚’是指根据后罪社会危害性的大小，实际上应当判处有期徒刑以上刑罚，而不是该罪的法定

① 参见苏彩霞著：《累犯制度比较研究》，中国人民公安大学出版社 2002 年版，第 99 页。

② 张明楷著：《刑法学》（第二版），法律出版社 2003 年版，第 450 页。

③ 赵秉志主编：《刑罚总论问题探索》，法律出版社 2003 年版，第 356 页。

刑。否则会无限扩大累犯的范围，因为每一种罪的法定刑中都包含有有期徒刑”[1]。第二种观点认为，应把“有期徒刑”作法定刑理解。有些学者认为，“有期徒刑”作法定刑理解不会扩大累犯的适用范围。因为这里所说的法定刑是指相对确定的法定刑，且是法定最低刑为有期徒刑以上刑罚的法定刑，而不是包含有有期徒刑的刑罚即可。将其作为法定刑理解，有利于司法实践的操作和限制累犯的范围。

我们认为，累犯后罪“应当判处有期徒刑以上刑罚”，是指实际上被判处的刑罚（即宣告刑），而不是指实际执行的刑罚，即对于后罪“应当判处有期徒刑以上刑罚”的理解，不是以法定刑为基准，而是指人民法院根据犯罪事实与法律最后确定的宣告刑是有期徒刑以上的刑罚。在对后罪是否应当判处有期徒刑的确定上，在未考虑累犯情节时，如应判处有期徒刑以上刑罚，则累犯成立，再依法予以从重处罚；如无须对被告人判处有期徒刑以上刑罚，则不属累犯。把“有期徒刑”作宣告刑理解，主要有以下三方面原因：

第一，累犯作为量刑情节的一种，应当由人民法院予以最终认定。有人指出，对于有些犯罪，如法定刑中具有有期徒刑、拘役及管制等刑种时，会出现以下问题，即是否成立累犯不是根据刑法的规定，而是根据人民法院对犯罪人选择后罪刑种而定。如果选择刑种为有期徒刑以上，则构成累犯；如果选择拘役或管制等刑种，则不构成累犯，从而造成人民检察院起诉时认为被告人应属累犯，而人民法院认为不属累犯，或者人民检察院不认定为累犯，人民法院认为应认定为累犯的情形。为了避免出现这一尴尬局面，最好的解决方式就是采取“法定刑说”，这样的理解对于累犯的认定有了明确的范围，不会出现人民检察院和人民法院认识不一的问题。但是，这样的理解似有缩小解释之嫌，对重新犯罪的惩罚范围过窄，跟累犯制度的精神并不相符。并且，依据《中华人民共和国刑事诉讼法》（以下简称《刑事诉讼法》）第 12 条的规定，“未经人民法院依法判决，对任何人都不得确定有罪”。而累犯作为一种重要的量刑情节，只能由人民法院作出最终的认定，而不是以具体的法定刑为标准。

第二，可以更好地反映出累犯较深的社会危害性和人身危险性。从累犯制度与缓刑、假释制度的关系来看，我国刑法规定累犯不得适用缓刑和假释，主要是考虑到累犯的人身危险性大，主观恶性深，不宜教育改造，难以防止其不致再危害社会。缓刑的条件侧重于执行刑罚前的人身危险性，而假释的条件侧重于执行刑罚后的人身危险性。人身危险性是一个动态的变化过程，随着刑罚的适用，有的会增加，有的会消减。而如果只是机械地采取“法定刑说”，则体现不出这一动态变化。因此，把“有期徒刑”作宣告刑理解更为可取，能更有效地反映出

① 赵长青主编：《刑法学（上）》，法律出版社 2000 年版，第 316 页。

累犯的社会危害性和人身危险性。

第三，从我国累犯的规定来看，理解为宣告刑更为合适。本来意义上的累犯，应该侧重于行为人的人身危险性，而我国刑法规定的累犯侧重于行为的意义。张明楷教授也认为，我国新刑法采取了客观主义立场，如果将客观主义立场贯彻到累犯成立条件上，得出的结论应该是宣告刑。

综上所述，被判处有期徒刑以上刑罚的犯罪分子，包括被判处有期徒刑的犯罪分子，也包括被判处无期徒刑或者死缓的犯罪分子。后罪之刑则应理解为根据犯罪分子实施犯罪的实际情况，最后应当宣告的刑罚。由于我国《刑法》分则规定的每一种犯罪的法定刑中都包含有期徒刑，如果将再犯“应当判处有期徒刑以上刑罚之罪”理解为所犯之罪的法定刑中含有有期徒刑，则有可能不适当地扩大累犯的范围。因此，我国对累犯后罪规定的刑度，是指实际上应当判处有期徒刑以上的刑罚，而非指该罪的法定刑中包含了有期徒刑以上的刑罚。

三、一般累犯成立的时间要件[①]

我国刑法规定的一般累犯的时间要件，是指后罪的发生时间必须在前罪刑罚执行完毕或者赦免以后的5年内。正确理解一般累犯构成的时间要件，直接关系到设定累犯的范围。

（一）国外立法的规定

累犯成立的时间要件，即初犯与再犯之间的时间间隔。对此，各国刑法的规定不尽一致，概括起来，主要有四种模式：一是对前后罪的时间间隔不作要求，不管什么时候再犯罪都是累犯；二是对前后罪的时间间隔不作统一规定，而是根据前罪的轻重不同分别对待；三是以前科或时效的消灭期限作为前后罪的时间间隔；四是对前后罪规定一个统一的时间距离。

我们认为，在上述立法模式中，第四种最为妥当。

第一种立法模式的不足之处在于，一方面使累犯的范围过于宽泛，其本意是重点打击和预防累犯，但由于不顾及刑罚资源有限性和稀缺性的特点，使刑罚成本无限增加，结果可能导致力不从心、打击不力的局面；另一方面使犯罪人终生处于犯罪的阴影里，不利于犯罪人的再社会化，也不利于刑罚目的的实现。

第二种立法模式的问题在于，犯罪有轻重之别，与之相适应，刑罚也有轻重之分，这是正确的，但是，执行刑罚所要求的最终效果应该是一致的，无论是长期徒刑还是短期徒刑，在特殊预防方面都是为了使服刑者能够改恶从善，不再犯罪。既然如此，在累犯前后罪之间的时间距离方面，就不应因前罪之轻重、刑期

① 参见贾宇、舒洪水：《累犯制度研究》，载《山东警察学院学报》2005年第5期。

之长短而有所区别。

第三种立法模式的缺陷与第二种立法模式的缺陷相类似。对累犯之后罪发生时间的下限应给予固定，即量化为一定年限。累犯前后罪的时间间隔如何设定，依据的是一个国家在一个历史阶段的犯罪形势与治安状况，既不能一成不变，也不能朝令夕改，应该相对确定。就国际通例而言，时间间隔通常为5年。至于各国具体定为几年，应该由本国立法者根据其刑满释放者再犯的实际情况确定，即刑满释放人员再犯罪主要集中在刑罚执行完毕或者赦免后哪一个时间段以内。为了规定的科学，各国应借助大量的实证调查结果来确定具体时间。

（二）我国一般累犯成立的时间要件

我国刑法采取了对累犯设置一个相对固定的时间期限的做法。其中，我国累犯前后罪的时间距离由1979年《刑法》规定的3年延长为1997年《刑法》规定的5年，这一修改有助于刑罚特殊预防目的的实现。犯罪人刑罚执行完毕或者赦免以后回归社会的一定时期，是其重新适应社会的过渡时期，也是其重新犯罪的危险时期，只有在度过这一时期之后，刑罚特殊预防目的方可以说得以实现。按照有关统计，犯罪人刑满释放后1年内又犯罪的占36%，2年内又犯罪的占20%，3年内又犯罪的占16%，4年内再次犯罪的占16%，5年内再次犯罪的占12%。[①] 而刑法规定的构成累犯的时间间隔，应该充分考虑、科学界定这一过渡时期。1979年《刑法》规定的3年期限似乎短了一些，过渡时期规定得适当长一些，会更加激励犯罪人回归社会，遵纪守法，重新做人。根据调查显示，刑满释放或赦免后4年至5年内重新犯罪的还占不小的比例，有的地方约占四分之一。由于当前我国重新犯罪的现象十分严重，将刑满释放后5年内再次犯罪作为累犯从重处罚，必定会更有效地遏制再犯率的上升。

我国《刑法》第65条对一般累犯时间要件的规定采取了对前后两罪进行限制的立法例，即一般累犯的构成，从前罪刑罚执行完毕或者赦免之日起5年内再次犯罪作为时间要件。换句话说，就是一般累犯的时间构成从前罪刑罚执行完毕或者赦免之日始，到5年的最后一日止。

1. 对后罪发生的时间上限的争议

这个问题的争议主要在于，究竟应当从前罪刑罚执行完毕开始计算，还是从刑罚判决宣告时或者从刑罚开始执行时计算。如前所述，这里主要阐述以下三种观点：

第一种观点是刑之宣告说，即构成累犯是以前罪之刑宣告的时间为后罪发生的时间上限，无须以前罪刑罚执行完毕为前提。只要前罪的刑罚被宣告，不论其

① 高铭暄主编：《刑法学原理（第三卷）》，中国人民大学出版社1994年版，第290页。

刑罚是否执行，再犯后罪的，就构成一般累犯。采此立法例的主要有法国、巴西、土耳其、泰国等国的刑法，如《法国刑法典》第56条规定："受重罪之刑之宣告而再犯主刑为十至二十年有期徒刑之重罪者……"

第二种观点是刑之执行说，即以前罪刑罚开始执行的时间作为后罪发生的时间上限，至于前罪刑罚本身是否执行完毕，则在所不问，如《瑞士刑法典》第67条第1款规定，"受有重惩或轻惩自由刑全部或一部之执行未满五年，再因犯罪受有重惩或轻惩自由刑之宣告者"，为累犯。

第三种观点是刑罚执行完毕或者赦免说，即以前罪刑罚执行完毕或者赦免后的时间作为后罪发生的时间上限。如果前罪的刑罚宣告后，其刑罚尚未执行完毕或者赦免之前又犯后罪的，则不属于累犯，而应当以数罪并罚的原则论处。德国、日本等国的刑法典采取了此种立法例，如《日本刑法典》第56条第1项规定："被处惩役者经执行完毕或自免除执行之日五年内更犯罪而应处有期惩役时即为再犯。"

我国刑法对于这个问题的规定采取的是第三种立法例，即把"刑罚执行完毕或者赦免以后"作为累犯后罪发生的时间上限。因为对于将前罪刑罚宣告或者开始执行的时间作为累犯后罪发生的时间上限的立法例以及刑法理论主张，会使累犯的范围过于宽泛，而且与刑法设置累犯制度的目的相违背。刑法设置累犯制度，首先是预防再犯罪，同时也弥补了初判刑罚的效能。刑罚的适用目的就是通过服刑使犯罪人认识到自己的错误，改恶从善，今后不再犯罪。而累犯者不思悔改，再次犯罪，说明累犯者具有较重的社会危害性和人身危险胜。对初次犯罪的人来说，仅有刑之宣告或仅执行部分刑罚，尚难以证明刑罚发挥效能与否，此间又犯新罪，也难以说明其主观恶性深重而需加重刑罚。所以，累犯构成之中的后罪发生之时间的上限应当从前罪刑罚执行完毕或者赦免以后为计算时间为宜。①

2. 对累犯构成要件中"刑罚执行完毕"的理解

对"刑罚执行完毕"的理解，关键在于如何理解"刑罚"。这里的"刑罚"仅仅是指主刑还是包括附加刑在内，法律尚无明确的规定，也没有相关的司法解释予以确定。对此，学界有两种不同的观点：一种观点认为，"刑罚执行完毕"，是指主刑执行完毕，不管附加刑是否执行完毕。另一种观点认为，"刑罚执行完毕"，是指主刑、附加刑都执行完毕。理由是，在宣判主刑时同时宣判附加刑，主刑和附加刑是一个刑罚整体，主刑执行完毕并不意味着原判刑罚已经执行完毕，也就是说，在原判刑罚主刑执行完毕5年之内而附加刑尚未执行完毕时又犯

① 王晨：《累犯比较研究》，载喻伟主编：《刑法学专题研究》，武汉大学出版社1992年版，第284页。

新罪的，不构成累犯。

我们认可第一种观点，原因在于：首先，像这种法律规定不明确的情况，在实践中，一定要作有利于被告人的解释，该观点缩短了构成累犯的时间要件，有利于保护被告人的权益。其次，按照法律条文理解，法律对累犯的规定中没有提到附加刑，而且规定构成累犯的条件之一是前罪判处有期徒刑以上刑罚，在特定时间内又被判处的是有期徒刑，附加刑指的是有期徒刑以下刑罚，而且，有的附加刑是在主刑执行完毕以后才开始执行的，因此，附加刑的执行不应成为累犯的构成条件。最后，该观点便于司法实践操作。就罚金刑来看，在实践中，由于犯罪分子财力的问题，实际上能够执行的很少，按规定没有特殊情况又不能减免，因而可能要终身执行。罚金刑的不能执行，不应当意味着“原判刑罚尚未执行完毕”而影响累犯的成立。因此，在实践中，对这里的“刑罚”要作限制解释，即仅限于主刑而不包括附加刑。

3. 对隔时犯的时间计算

隔时犯，是指犯罪行为和犯罪结果发生在不同时间的犯罪。当累犯的犯罪行为发生在法定时间距离以内，犯罪结果出现在时间距离以外，如何计算犯罪时间，在各国刑法理论上存在争议。第一种观点认为，应以犯罪行为发生的时间为准，也称“行为主义”，故隔时犯仍构成累犯。第二种观点认为，不能以犯罪行为而应该以犯罪结果发生的时间为准，犯罪结果出现在累犯时间条件以外的，不构成累犯，也称“结果主义”。第三种观点折中了前两种观点，认为犯罪行为与犯罪结果发生的时间都是犯罪时间，只要犯罪行为或犯罪结果有一项发生在累犯的时间条件里，均可构成累犯。我国刑法理论主张的是行为主义，凡隔时犯罪，只要后罪行为发生在前罪刑罚执行完毕或者赦免之后5年内，不论结果何时发生，都构成累犯。

4. 对连续犯的时间计算

对于后罪是连续犯的，台湾学者高仰止认为，在连续犯数个行为中，如有一行为着手在法定期限内，亦应成立累犯。[①] 犯罪分子犯有前罪，刑罚执行完毕或者赦免以后，不满5年又开始实施某种犯罪，犯罪行为连续实行，行为终了在5年之后的情形，应将后罪连续行为的全过程视为一个行为的整体，不能割裂开来。也就是说，后罪第一次行为发生在前罪刑罚执行完毕或者赦免以后的5年内，同时具备累犯的其他条件的，即可在处罚时同时体现连续犯和累犯的处罚原则。

---

① 杨春洗等主编：《刑事法学大辞书》，南京大学出版社1990年版，第104页。

四、一般累犯成立的主体要件

累犯成立的主体方面，主要探讨的是未成年人和单位（法人）可否构成累犯的问题。《刑法修正案（八）》明确将未成年人排除在一般累犯范围之外，体现了我国对未成年人的特殊保护。我们将在后面的章节中详细论述未成年累犯和单位累犯的问题，在此不再赘述。

第三节　特殊累犯的成立要件

一、特殊累犯成立要件概述

我国刑法规定的特殊累犯，是指前后犯同一或同类之罪的累犯。我国在1979年《刑法》中，最早规定了反革命累犯。在修订后的1997年《刑法》中，反革命累犯又被修改为危害国家安全罪累犯。《刑法修正案（八）》第7条对特殊累犯制度进行了完善，扩大了特殊累犯的范围，将恐怖活动犯罪和黑社会性质的组织犯罪纳入其中，以加大对严重刑事犯罪的打击力度。这表明我国加强对恐怖活动犯罪和黑社会性质的组织犯罪防范和惩治的立场，符合司法机关“反恐打黑”的实际需要。此外，《刑法》第356条规定：“因走私、贩卖、运输、制造、非法持有毒品罪被判过刑，又犯本节规定之罪的，从重处罚。”有学者将其划为特殊累犯范畴，即毒品累犯，但也有学者认为该条是再犯制度，我们赞同后者，具体理由将在下文论述。

《刑法》第66条规定：“危害国家安全犯罪、恐怖活动犯罪、黑社会性质的组织犯罪的犯罪分子，在刑罚执行完毕或者赦免以后，在任何时候再犯上述任一类罪的，都以累犯论处。”根据该条规定，特殊累犯，是指曾犯危害国家安全犯罪、恐怖活动犯罪、黑社会性质的组织犯罪三类犯罪中任一类罪而被判处刑罚，刑罚执行完毕或者赦免以后，在任何时间内，又重犯上述三类罪之一的犯罪分子。由此可见，特殊累犯的成立要件主要包括以下几个方面。

（一）主观要件

特殊累犯成立的主观要件，即对特殊累犯前后罪主观罪过的要求。

1. 国外立法的规定

国外关于特殊累犯主观要件的立法例主要有以下两种：第一种是明确规定前后罪均为故意犯罪。例如，波兰、奥地利、泰国的刑法均规定特殊累犯前后罪必须都是故意犯罪。第二种是对前后罪的主观心理不作明确要求，但根据具体特殊累犯的特点，前后罪可以都是故意犯罪或者都是过失犯罪。例如，巴西、西班牙的刑法对特殊累犯仅规定是同一之罪即可，但特殊累犯的前后罪要么均为故意犯罪，要么均为过失犯罪，不存在前者为故意犯罪，后者为过失犯罪，或者前者为过失犯罪，后者为故意犯罪的情况。

2. 我国刑法规定的特殊累犯的主观要件

在我国，特殊累犯，是指曾犯危害国家安全犯罪、恐怖活动犯罪、黑社会性质的组织犯罪三类犯罪中任一类罪被判处刑罚，刑罚执行完毕或者赦免以后，又重犯上述三类罪之一的犯罪分子。特殊累犯虽然没有像一般累犯条款那样明确规定前后罪之主观罪过必须均为故意，但根据我国刑法的规定，此三类犯罪均为故意犯罪，不存在过失犯罪的问题。因此，我国刑法规定的特殊累犯的主观要件，也是前后罪均为故意犯罪。

（二）刑度要件

特殊累犯成立的刑度要件，即对特殊累犯前后罪危害程度的要求。

1. 国外立法的规定

根据各国刑法的规定，大致分为以下两种立法例：第一种是对特殊累犯前后罪的刑度不作规定，只要前后所犯的是特定之罪或是同一之罪即可。巴西、西班牙等国就采此种立法例。第二种是对特殊累犯的前后罪的刑度均作了要求。例如，新加坡、印度等国刑法要求特殊累犯是前罪被判处 3 年或 3 年以上有期徒刑，后罪也被判处 3 年以上有期徒刑。泰国刑法要求特殊累犯前罪被判处 6 个月以上有期徒刑，后罪也应被判处有期徒刑，但对后罪没有具体的限制。波兰也有与泰国类似的规定。

2. 我国刑法规定的特殊累犯的刑度要件

我国刑法规定，只要曾犯危害国家安全犯罪、恐怖活动犯罪、黑社会性质的组织犯罪三类犯罪中任意一类罪被判处刑罚，不管被判处的刑罚是有期徒刑、拘役或管制，哪怕只是判处了附加刑，只要符合其他特殊累犯成立条件的，也应构成特殊累犯，从而体现出我国刑法对特殊累犯从严打击的态度。

（三）时间要件

我国特殊累犯成立的时间要件有别于一般累犯的时间要件，这体现了我国宽严相济的刑事政策。

1. 国外立法的规定

关于特殊累犯前后罪的时间间隔，多数国家和我国一样，并未对此加以限制，即在任何时候再犯特定之罪的，都可以构成特殊累犯，如印度、马来西亚、新加坡等国。也有少数国家规定了特殊累犯前后罪的时间间隔，即后罪必须发生在法定的时间距离以内，超过该时间距离的，不成立特殊累犯，如 1909 年《澳大利亚刑法典》规定前后罪间隔需为 5 年。

对于特殊累犯后罪发生的时间上限，各国规定不一，呈现出三种立法例：第一种是“判决确定主义”，即规定构成累犯是以前罪之刑判决确定或宣告的时间为后罪发生的时间上限，无须以前罪刑罚执行完毕为前提。只要前罪的刑罚被确定或被宣告，不论其刑罚是否执行，再犯后罪的，就构成特殊累犯。采此立法例的主要有印度、马来西亚、新加坡、西班牙、法国、巴西、土耳其、泰国等国。例如，《泰国刑法典》规定，因犯特定种类犯罪而受判决之日起3年内，再犯特定种类之罪者，为特殊累犯。第二种是“刑罚执行开始主义”，即以前罪刑罚开始执行作为后罪发生的时间上限，至于前罪刑罚本身是否执行完毕，则在所不问，亦即特殊累犯的后罪必须发生在刑罚执行开始之后，若发生在判决确定后刑罚执行前，也不构成特殊累犯。采此立法例的国家有波兰、奥地利等国。例如，《奥地利刑法典》规定，后罪必须发生在至少已经服完刑罚一部分之后。第三种是“刑罚执行完毕主义”，即以前罪刑罚执行完毕或赦免后的时间作为后罪发生的时间上限。如果前罪的刑罚宣告后，其刑罚尚未执行完毕或赦免之前又犯后罪的，则不属于累犯，而应当以数罪并罚的原则论处。德国、日本等国的刑法采取了此种立法例。例如，《日本刑法典》第56条第1项规定：“被处惩役者经执行完毕或自免除执行之日五年内更犯罪而应处有期惩役时即为再犯。”

2. 我国刑法规定的特殊累犯的时间要件

我国刑法对于这个问题的规定采取的是第三种立法例，即把“刑罚执行完毕或者赦免以后”作为特殊累犯后罪发生的时间上限。因为对于将前罪刑罚宣告或者开始执行的时间作为累犯后罪发生的时间上限的立法例以及刑法理论主张，会使累犯的范围过于宽泛，而且与刑法设置累犯制度的目的相违背。再次犯罪，说明累犯具有较重的社会危害性和人身危险胜。对于初次犯罪的人来说，仅有刑之宣告或仅执行部分刑罚，尚难以证明刑罚发挥效能与否，此间又犯新罪，也难以说明其主观恶性深重而需加重刑罚。所以，累犯构成之中的后罪发生之时间的上限应当从前罪刑罚执行完毕或者赦免以后为计算时间为宜。[①] 故此，我国《刑法》第66条规定：“危害国家安全犯罪、恐怖活动犯罪、黑社会性质的组织犯罪的犯罪分子，在刑罚执行完毕或者赦免以后，在任何时候再犯上述任一类罪的，都以累犯论处。”

（四）罪次条件

特殊累犯成立的罪次条件，即规定几次犯罪为特殊累犯。

1. 国外立法的规定

大多数国家均规定，累犯即为前后两次以上犯罪，特殊累犯即为前后两次以

① 王晨：《累犯比较研究》，载喻伟主编：《刑法学专题研究》，武汉大学出版社1992年版，第284页。

上犯同一或者特定之罪。但有的国家规定，特殊累犯必须是三次以上犯同一之罪，这实际上缩小了特殊累犯的成立范围。例如，《奥地利刑法典》第 39 条规定，行为人基于有害之相同倾向，曾经两次犯罪而被判处 1 个自由刑……又基于相同之有害倾向，再度犯罪时，始成立累犯。

2. 我国刑法规定的特殊累犯的罪次条件

从我国《刑法》第 66 条的规定可以看出，我国刑法规定的特殊累犯的罪次条件为两次，这与一般累犯的罪次条件保持了一致，体现出我国刑法对特殊累犯从严处罚的立场。

（五）罪质条件

特殊累犯成立的罪质条件，即前后罪的性质是否相同或相类似。这也是特殊累犯的特别之处，要么前后罪是法律规定的特定种类犯罪，要么是同一或同类的犯罪。

1. 国外立法的规定

大多数国家把前后罪都限定为特定种类的犯罪，但在对前后罪具体种类的规定上又有所不同。例如，马来西亚规定，前后罪必须是第 12 章有关硬币及政府印花之犯罪和第 17 章有关对财物之犯罪。泰国则规定，前后罪必须是关于国家安全之犯罪、妨害公务罪、渎职罪、妨害司法罪、司法渎职罪、关于公共秩序之犯罪、关于公共安全之犯罪、伪造货币罪、伪造印章客票罪、伪造文书罪、关于贸易之犯罪、关于风化之犯罪、杀人罪、伤害罪、堕胎罪、遗弃罪、妨害自由罪、关于财产之犯罪。印度和新加坡则把特殊累犯的前后罪限制为与武装力量有关的犯罪和侵犯财产罪。

还有的国家不规定特殊累犯前后罪的特定种类，只要求前后罪为同一或者同类犯罪，如巴西、奥地利、波兰、西班牙、意大利等国。例如，巴西规定，前后犯同一性质的犯罪，即为特殊累犯。因为行为人如果因为同一罪名而被定罪量刑，本应该对此罪行有更深刻、更明确的违法性意识，应更加小心不再犯此罪，但又再次触犯此罪，比起前后犯不同罪行者，主观恶性和人身危险性要更大，所以要严加打击，规定为特殊累犯对待。

2. 我国刑法规定的特殊累犯的罪质条件

根据《刑法》第 66 条的规定，“在任何时候再犯上述任一类罪的”，并不要求前后罪属于同一性质的类罪，只要是因为实施危害国家安全犯罪、恐怖活动犯罪、黑社会性质的组织犯罪而被判处刑罚，其刑罚执行完毕或者赦免以后再实施该三类罪中的任一类罪的，成立累犯，不再要求特殊累犯的前罪和后罪必须是相同种类的犯罪。比如，因为实施危害国家安全犯罪被判处刑罚，在刑罚执行完毕或者赦免以后的任何时候，其如果再实施危害国家安全的犯罪行为，当然成立累犯；而如果因为实施危害国家安全犯罪被判处刑罚，在刑罚执行完毕或者赦免以后的任何时候，即便其再实施的是恐怖活动犯罪或者黑社会性质的组织犯罪，也成立累犯。

有学者认为，“这样的制度安排，使得特殊累犯在范围上具有极大的扩张性，有打击面过宽之嫌，使得特殊累犯与一般累犯在本质上无甚差别，这反而不利于集中力量打击那些社会危害性较大，重复率较高的犯罪”①。也有学者认为，扩大特殊累犯的范围，“符合惩治严重犯罪的需要”，“符合累犯制度的设立目的”，“符合国际形势局势发展趋势”。②

二、特殊累犯的适用范围问题

虽然有不少学者主张扩大特殊累犯的适用范围，但是究竟扩多大，在刑法学界尚有分歧性见解。归纳起来，主要有如下几种观点：

第一，限制范围说认为，刑法规定的特殊累犯范围过窄，应当扩大特殊累犯的构成罪名。例如，有学者建议在《刑法》总则增设特殊累犯，即行为人只要前罪与后罪性质类同，主观罪过均为故意，就应不受时限与后罪程度的限制而被认定为累犯。③ 按照此种观点，只要前罪与后罪是性质类同的故意犯罪都有可能成为特殊累犯。事实上，此种观点设置的特殊累犯将故意犯罪包揽无余，仅仅是不包括过失犯罪的特殊累犯而已。很显然，此种观点主张的特殊累犯适用范围太宽，宽得可以说无边无际，容易导致打击面太大的错误倾向。

第二，暴力性犯罪说认为，在现有一般累犯基础上设置危险累犯，即以《刑法》第17条、第20条、第81条规定的犯罪为范围，将14周岁以上16周岁以下未成年人承担刑事责任的8个罪名、允许无限防卫的严重危害人身安全的暴力性犯罪、被判处有期徒刑10年以上不得假释的暴力性犯罪等为参照标准，设置危险累犯的成立条件，并将其升格为应当加重处罚。④ 按照此种观点，特殊累犯的适用范围是以“严重危害人身安全的暴力性犯罪”为界，相比限制范围说，特殊累犯的适用范围已大为缩小，只是有关“暴力性犯罪”的概念与内涵尚需加以具体明确。

第三，十类犯罪说认为，在规定特殊累犯时，应结合犯罪种类和犯罪性质予以规定，将那些严重危害广大人民群众生命财产安全、犯罪后果严重、社会危害

① 参见张勇虹：《对〈刑法修正案（八）〉累犯规定的解析与完善》，载《昆明理工大学学报（社会科学版）》2011年第3期。

② 参见赵秉志、杜邈：《关于刑法修正案（八）特殊累犯规定的解读》，载《法制日报》2011年5月4日。

③ 苏彩霞：《现行累犯制度的不足及其完善》，载《法学》2002年第4期。

④ 于志刚：《论累犯制度的立法完善》，载《国家检察官学院学报》2003年第2期。

性大、重新犯罪率高的犯罪规定为可构成特殊累犯的犯罪。当前及今后一段时期内，社会危害性大、重新犯罪率高的犯罪主要是故意杀人、绑架、故意伤害致人重伤或者死亡、抢劫、贩卖毒品、盗窃等十类犯罪，因此，应将这些犯罪规定为构成特殊累犯之罪。[①] 按照此种观点，特殊累犯的适用范围将增加故意杀人、绑架等十类犯罪。此种十类犯罪说的特殊累犯，比上述限制范围说与暴力性犯罪说的观点又进一步缩小了特殊累犯的适用范围。

第四，五类犯罪说认为，根据我国目前的犯罪形势和司法实践，需要并且适合纳入到特殊累犯范围的犯罪，主要有盗窃罪、抢劫罪、强奸罪和《刑法》分则第六章第七节规定的毒品犯罪。因此，应将《刑法》第66条关于特殊累犯的条文设计为：因犯危害国家安全犯罪、盗窃罪、抢劫罪、强奸罪和本法分则第六章第七节规定之罪被判刑的犯罪分子，在刑罚执行完毕或赦免以后，在任何时候再犯前述相应之罪，都以累犯论处。[②] 其中，《刑法》分则第六章第七节规定的是走私、贩卖、运输、制造毒品罪的一类罪，共计12个罪名。按照此种观点，特殊累犯适用范围仅增加盗窃罪、抢劫罪等五类犯罪。[③]

特殊累犯是在一般累犯构成的基础上，规定了更严格的构成条件。1979年《刑法》规定的特殊累犯，由于指向当时的《刑法》分则第一章反革命罪，故称为反革命罪累犯。1997年《刑法》将反革命罪改为危害国家安全罪，反革命罪累犯的名称也相应地改为危害国家安全罪累犯。从罪名规定来看，反革命罪特殊累犯涵盖的罪名更少，其适用范围也就更狭窄。然而，随着国际和国内形势，特别是犯罪形势的变化，1997年《刑法》所规定的危害国家安全罪特殊累犯的范围显得过于狭窄，已经无法满足打击犯罪的需要。首先，改革开放以来，我国的经济、政治、文化发生了极大的变化，国际关系日趋紧密，国家治理稳定和谐，阶级斗争已不再是社会主要矛盾，在社会形势变化之下，危害国家安全犯罪在整个犯罪中所占比重大幅下降并处于很低的水平，因此，特殊累犯专为危害国家安全犯罪设置，实际意义大打折扣。其次，改革开放以后，我国犯罪形势日趋严峻，严重危害社会的犯罪不断发生，特别是恐怖活动犯罪、黑社会性质的组织犯罪，涉及人数众多、影响恶劣、范围广泛，因其属团伙犯罪，犯罪分子易受其他成员影响，重新勾结实施犯罪，犯罪复发率较高，严重危害公共安全和妨害社会

---

① 魏竹梅：《论刑事累犯制度的修改与完善》，载《安徽警官职业学院学报》2008年第5期。

② 谢应霞：《略论我国累犯制度的立法完善》，载《新乡师范高等专科学校学报》2007年第1期。

③ 转引自孟庆华：《特殊累犯的适用范围及其立法重构问题探讨》，载《河南省政法管理干部学院学报》2011年第6期。

管理秩序，对于这样的犯罪分子需要从重处罚以实现特殊预防的目的。因此，《刑法修正案（八）》扩大了特殊累犯的范围，增加了“恐怖活动犯罪、黑社会性质的组织犯罪的犯罪分子”作为特殊累犯的适用对象。

但是，也有学者反对在刑事立法上扩大特殊累犯的适用范围，而认为危险累犯概念的提出，虽然有益于法官细化一般累犯的类型和层次，但立法意义却相对较小，因为要对被判处 10 年以上有期徒刑的累犯加重处罚，至少相对于现有法定刑模式而言几乎是没有空间的。退一步说，对两罪具有前重后轻特点的累犯不加区别地加重处罚，刑罚评价也未必准确。可见，在司法裁量中由法官去划分累犯类型，对应从重处罚的层次会显得更有效和更合理。① 这种观点实质上是将在立法上解决累犯问题与在司法上解决累犯问题混为一谈，更明确地说，就是认为不应采用在立法上解决累犯而应采用在司法上解决累犯；换言之，就是想用以司法上解决累犯而取代以立法上解决累犯的方式。故此，反对扩大特殊累犯适用范围的观点显然不可取。因为在累犯的种类划分问题上，不从立法上对累犯的种类作出具体而明确的规定，而单纯在司法裁量中由法官去划分累犯类型，难以从根本上解决处罚原则问题。相反，有关扩大特殊累犯范围的建设性观点则值得肯定。如果将来在立法修改中得以采纳，不仅在立法上完善了累犯的种类划分，而且对司法实践也具有极为重要的作用。事实上，1998 年最高人民法院《关于审理盗窃案件具体应用法律若干问题的解释》中第 6 条第 3 款规定的盗窃罪累犯，就是支持扩大特殊累犯适用范围的明显例证，尤其是《刑法修正案（八）》第 7 条将《刑法》第 66 条规定的“危害国家安全犯罪的特殊累犯”，扩展至恐怖活动犯罪、黑社会性质的组织犯罪的特殊累犯，更加突出表明了立法机关完全赞同扩大特殊累犯适用范围的倾向性意见。

三、特殊累犯所涉罪名的理解问题

《刑法修正案（八）》将特殊累犯的范围由危害国家安全犯罪的犯罪分子扩大到恐怖活动犯罪、黑社会性质的组织犯罪的犯罪分子，对于新增的两类犯罪需要对所涉罪名进行认定。由于危害国家安全罪是我国《刑法》分则中的一类犯罪，其所包含的具体罪名十分清晰，无须讨论。以下重点对恐怖活动犯罪和黑社会性质的组织犯罪进行界定。

（一）恐怖活动犯罪的认定

1. 学界各种主张

对于何谓恐怖活动犯罪，由于《刑法》及相关修正案均未进行具体界定，

① 王利荣：《一般累犯制度的法律解析》，载《中国刑事法杂志》2005 年第 6 期。

我国刑法学界有不同的主张。

有学者认为，恐怖活动犯罪，是指个人或单位基于意识形态方面的政治目的，针对不特定对象或某些具有政治、民族、宗教等象征意义的特定对象，以足以引起极大的社会恐慌的手段实施的危害行为。还有学者认为，恐怖活动犯罪，是指以制造社会恐慌为目的，严重威胁公民人身安全和重大公私财产安全的犯罪行为。这两种观点对恐怖活动犯罪的理解有一定指导意义，但由于均未明确究竟哪些犯罪属于恐怖活动犯罪，也没有提出认定的指导性规则，必将导致在司法实践中认定恐怖活动犯罪时各执一词。

另有观点认为，所谓恐怖活动犯罪，是指组织或个人基于某种社会原因的性质和背景，为了恐吓居民、破坏公共安全或者强制政权机关或国际组织以实施某种行为，采取极端手段，制造恐怖事件，殃及无辜平民，危害公共安全、人身安全以及公共秩序的行为。同时认为，根据我国关于惩治恐怖活动犯罪的刑法规范，我国刑法规定的涉及恐怖活动犯罪的各种具体犯罪是：其一，故意以危险方法实施恐怖活动的犯罪，包括放火罪、决水罪、爆炸罪、投放危险物质罪、以危险方法危害公共安全罪。其二，以破坏公共设备、设施实施恐怖活动的犯罪，包括破坏交通工具罪、破坏交通设施罪、破坏易燃易爆设备罪、破坏电力设备罪。其三，以劫持交通工具，危及飞行和运输安全的方式，实施恐怖活动的犯罪，包括劫持航空器罪，劫持船只、汽车罪，暴力危及飞行安全罪。其四，以危害他人的人身安全和制造公众心理恐慌的方式，实施恐怖活动的犯罪，包括故意杀人罪，故意伤害罪，绑架罪，投放虚假危险物质罪，编造、故意传播虚假恐怖信息罪。其五，在计算机网络领域实施的恐怖活动犯罪，包括非法侵入计算机信息系统罪、破坏计算机信息系统罪。其六，准备和资助恐怖活动的犯罪，包括组织、领导、参加恐怖组织罪，资助恐怖活动罪，非法制造、买卖、运输、邮寄、储存枪支、弹药、爆炸物罪，非法制造、买卖、运输、储存危险物质罪，盗窃、抢夺枪支、弹药、爆炸物、危险物质罪，抢劫枪支、弹药、爆炸物、危险物质罪。这一观点中所采用的方式具有明显的优势，即不仅将何谓恐怖活动犯罪进行了界定，而且通过列举的方式使得恐怖活动犯罪包括的具体罪名得以明确，对司法实践有着较强的指导意义。但这种方式也有其缺陷：首先，恐怖活动犯罪并不属于我国《刑法》分则中明确规定的一类罪，在未抽象出恐怖活动犯罪认定基本规则的情形下，对恐怖活动犯罪进行列举，可能挂一漏万。比如，恐怖活动组织为了筹措资金而实施的针对个别被害人的盗窃、诈骗、抢劫等行为，从《刑法》第 120 条第 2 款的规定中可以推断出，这些行为也应当纳入恐怖活动犯罪之中，但在前述列举中并未涉及。其次，恐怖活动犯罪既可能完全由恐怖活动组织的成员实施，也可能由恐怖活动组织成员和恐怖活动组织成员以外的其他人共同实施，未考虑恐怖活动犯罪在具体实施时的复杂情形，有导致错误打击的可能。

2. 认定恐怖活动犯罪需把握的方面

第一，恐怖活动犯罪特有的犯罪目的是“制造社会恐怖”。不论恐怖活动组织或者实施恐怖活动的个人最终追求的目标是什么，造成这种效果首先是他们要努力实现的目标。所以，“制造社会恐怖”的目的不仅是一切恐怖活动犯罪所共有的特征，同时也是恐怖活动犯罪区别于一般刑事犯罪所独有的特征。所谓社会恐怖，是指由恐怖活动犯罪所造成的，在犯罪行为直接受害人以外的一般社会公众中普遍存在的，以严重担心、害怕类似的犯罪会继续发生为主要内容的恐怖心理。对恐怖活动犯罪的行为人来说，直接加害或者威胁被害人，都只具有犯罪手段的意义；在恐怖活动犯罪被害人以外的其他社会成员中，造成担心自己或者其他社会成员会受到同样侵害的恐惧心理，才是恐怖分子实施恐怖活动犯罪希望实现的直接目的。①

第二，支配行为人实施恐怖活动犯罪的罪过形式应包括以下三方面内容：一是追求某种具体的犯罪结果发生的直接故意。二是追求实现特定社会价值的最终目的。这里的“社会价值”，不是行为人所在国家或者所处社会普遍认同的主流价值，而是某些社会群体追求的政治、经济等社会地位，或者某些特定的社会群体在政治理想、宗教信仰或者伦理道德等方面追求的价值观念。三是恐怖活动犯罪动机的社会性。这里的“社会性”，是指行为人实施恐怖活动犯罪的主要动因一般都是基于维护自己所属的社会群体的团体利益或者实现自己所追求的某种“社会理想”，而不像一般的刑事犯罪主要是为了满足某种纯个人的利己性需要。恐怖活动犯罪的“社会性”动机，既是恐怖活动犯罪追求实现特定社会价值这一最终目的的产生源泉，也是认定恐怖活动犯罪最终目的的重要依据。②

第三，恐怖活动犯罪对象有两个典型特征：一是犯罪对象与犯罪行为相分离。恐怖活动犯罪一般都具有两个相互独立的对象，即恐怖活动犯罪直接加害的对象和恐怖活动犯罪企图影响的对象。前者是直接受到恐怖活动犯罪侵害的被害人，后者是因前者受害而感到自己的安全受到威胁的其他社会成员。也可以说，前者是恐怖活动犯罪的行为对象，后者是恐怖活动犯罪的犯罪对象。二是犯罪行为的直接受害人与犯罪分子之间一般不具有个人利害冲突。故此，若查明犯罪行为所要影响的主要目标不是直接的受害人，而是其他与恐怖组织或者个人无个人利害冲突的社会组织或者一般的社会成员，通常也是认定某暴力性犯罪具有制造

---

① 张军主编：《〈刑法修正案（八）〉条文及配套司法解释理解与适用》，人民法院出版社2011年版，第68页。

② 张军主编：《〈刑法修正案（八）〉条文及配套司法解释理解与适用》，人民法院出版社2011年版，第68～69页。

社会恐怖目的的有力证据。[①]

第四，恐怖活动犯罪在客观方面有以下四个典型特征：一是犯罪行为的暴力性。恐怖活动犯罪的暴力性，是指作为恐怖活动犯罪的客观方面应该具有使用暴力或者以使用暴力相威胁的内容。二是犯罪行为的持续性。恐怖活动犯罪一般具有长期或者打算长期多次实施足以造成社会恐怖效果的暴力犯罪的特点。三是犯罪发展阶段的延展性。恐怖活动犯罪一般都要经过完整的犯罪预备、实行、既遂等故意犯罪的发展阶段，而且还有许多围绕恐怖行为展开的其他活动。四是犯罪行为对一般社会成员的威胁性。这里的“威胁”，是指恐怖活动犯罪对直接受害人以外的其他社会成员中产生的担心自己或者自己亲友也可能成为恐怖活动犯罪侵害对象，自己或者自己亲友的人身、重大财产的安全面临现实危险的感觉。[②]

3. 特殊累犯中恐怖活动犯罪的范围

我国《刑法》中并没有规定恐怖活动犯罪的专门章节，因此，准确界定恐怖活动犯罪的范围，在司法实践中正确适用特殊累犯制度具有重要意义。

第一，我国《刑法》中与恐怖活动犯罪有关的罪名主要有三个，分别是第120条规定的“组织、领导、参加恐怖组织罪”、第120条之一规定的“资助恐怖活动罪”和第291条之一规定的“编造、故意传播虚假恐怖信息罪”。对于资助恐怖活动罪和编造、故意传播虚假恐怖信息罪是否可以认定为恐怖活动犯罪，学界有肯定论和否定论两种观点。肯定论认为，资助恐怖活动罪是恐怖活动犯罪的共犯形式，编造、故意传播虚假恐怖信息罪也部分实现了制造社会恐怖的效果，可以认定为恐怖活动犯罪。否定论认为，资助恐怖活动罪中的资助行为本身就不是恐怖活动，仅是恐怖活动的帮助行为，只能称其为恐怖活动的关联罪，而编造、故意传播虚假恐怖信息罪本身也与恐怖活动犯罪有较大区别，社会危害程度也不同，故此两罪不能简单地因为其罪名中含有“恐怖”二字就将其认定为恐怖活动犯罪，从而不当地扩大打击面。

对此争论，最高人民法院是这样解释的：“经研究初步认为，刑法之所以将恐怖活动犯罪规定为特殊累犯，其原因主要在于恐怖活动犯罪往往是暴力性犯罪，具有极大的社会危害性，故有必要予以特别严厉打击，而资助恐怖活动罪和编造、故意传播虚假恐怖信息罪的社会危害性远远不如恐怖活动犯罪本身，且其人身危险性也远远不如组织、实施恐怖活动的犯罪分子，因此，目前似无必要将其纳入特殊累犯的范围。当然，如果以后的司法解释明确规定资助恐怖活动罪和

---

① 张军主编：《〈刑法修正案（八）〉条文及配套司法解释理解与适用》，人民法院出版社2011年版，第69~70页。

② 张军主编：《〈刑法修正案（八）〉条文及配套司法解释理解与适用》，人民法院出版社2011年版，第70~71页

编造、故意传播虚假恐怖信息罪都属于恐怖活动犯罪，则遵照其规定。”①

第二，对于以制造社会恐怖为目的而实施的故意杀人、爆炸、绑架等犯罪，是否可以认定为特殊累犯中的恐怖活动犯罪，对此仍有争议。肯定论认为，以制造社会恐怖为目的而实施的故意杀人、爆炸、绑架等犯罪行为，正是恐怖活动犯罪的典型形式，理应纳入特殊累犯的范围。否定论认为，以制造社会恐怖为目的而实施的故意杀人、爆炸、绑架等犯罪行为，在犯罪认定和罪名表述上与普通犯罪无异，比如在罪名中都不含“恐怖”二字，仅从罪名上无法辨认，在是否构成特殊累犯的认定上存在现实困难，因此，不宜纳入特殊累犯的范围。

对此，最高人民法院给出的解释是：“特殊累犯中使用的是‘恐怖活动犯罪’，而不是‘恐怖活动的组织犯罪’，说明不要求必须是组织、领导、参加恐怖活动罪或者必须是恐怖组织及其成员实施的恐怖活动犯罪才构成特殊累犯，只要有确凿证据证实是以制造社会恐怖为目的而实施的故意杀人、爆炸、绑架等犯罪，不管是由恐怖组织及其成员实施，还是由其他人实施，均宜认定为特殊累犯中的‘恐怖活动犯罪’。当然，是否以制造社会恐怖为目的，必须从严掌握，特别是对于恐怖组织及其成员以外的其他人实施的犯罪，必须有确凿的证据，充分的理由和十足的把握才能认定，否则不宜轻易认定为恐怖活动犯罪，以免不当地扩大打击面。至于否定论提出的仅从罪名无从判定是否属于恐怖活动犯罪的问题，确实存在，必须高度重视，设法解决。初步考虑，修正后刑法实施后，可以在罪名之后用括号注明恐怖二字，如‘故意杀人罪（恐怖）’、‘爆炸罪（恐怖）’等，以示跟普通刑事犯罪的区别。如果以后的司法解释有明确规定的，遵照其规定。”“为此，恐怖活动犯罪不仅包括组织、领导、参加恐怖组织罪，还应当包括由恐怖活动组织及其成员或者其他人实施的，以制造社会恐怖为目的的危害公共安全、危害公民人身或者财产权利、危害社会管理秩序等犯罪，例如放火、决水、爆炸、投放危险物质，非法制造、买卖、运输、储存危险物质，故意杀人、故意伤害、绑架等犯罪。”② 由此可见，构成特殊累犯的恐怖活动犯罪所涉罪名是比较广泛的，这与国际上严厉打击恐怖犯罪的趋势一致。

（二）黑社会性质的组织犯罪的认定

黑社会性质组织是我国法律特有的概念，具体是指某些犯罪集团已经具有黑社会组织的性质和主要特征，但在组织规模和程度上又未完全达到黑社会组织的标准，可以说是黑社会组织的初级形态。

---

① 张军主编：《〈刑法修正案（八）〉条文及配套司法解释理解与适用》，人民法院出版社 2011 年版，第 72 页。

② 张军主编：《〈刑法修正案（八）〉条文及配套司法解释理解与适用》，人民法院出版社 2011 年版，第 72 ~ 73 页。

1. 黑社会性质的组织犯罪的特征

对于黑社会性质的组织犯罪，根据《刑法》第294条第5款的规定，应当同时具备以下特征：一是形成较稳定的犯罪组织，人数较多，有明确的组织者、领导者，骨干成员基本固定；二是有组织地通过违法犯罪活动或者其他手段获取经济利益，具有一定的经济实力，以支持该组织的活动；三是以暴力、威胁或者其他手段，有组织地多次进行违法犯罪活动，为非作恶，欺压、残害群众；四是通过实施违法犯罪活动，或者利用国家机关工作人员的包庇或者纵容，称霸一方，在一定区域或者行业内，形成非法控制或者重大影响，严重破坏经济、社会生活秩序。这一规定对于正确理解黑社会性质的组织犯罪有着很强的指导意义，但对于黑社会性质的组织犯罪究竟应当包括哪些具体罪名，其具体规则还有待明确。

2. 黑社会性质的组织犯罪罪名的认定

第一，《刑法》第294条规定了三种犯罪，即“组织、领导、参加黑社会性质组织罪”、“入境发展黑社会组织罪”和“包庇、纵容黑社会性质组织罪”。其中，对于将前两种犯罪纳入特殊累犯范围学界尚无异议，而包庇、纵容黑社会性质组织罪是否属于黑社会性质的组织犯罪则有争议。

对此，最高人民法院的意见是：“经研究初步认为，包庇、纵容黑社会性质组织罪虽然与黑社会性质组织有着密切的联系，但从其行为主体和行为性质来看，显然不是典型的黑社会性质组织犯罪，只能成为涉及黑社会性质组织犯罪。……如果实施包庇、纵容的行为人事前与黑社会性质组织有同谋的故意，则不构成包庇、纵容黑社会性质组织罪，而按后者的共犯处理……当然，如果司法解释明确此类犯罪亦属于黑社会性质的组织犯罪，则另当别论。”①

第二，对于黑社会性质组织实施的故意伤害、敲诈勒索、强迫交易等其他犯罪行为，是否认定为黑社会性质的组织犯罪，学界也有分歧。肯定论认为，黑社会性质组织实施的所有犯罪，均应纳入特殊累犯的范围。否定论认为，特殊累犯中使用的是“黑社会性质的组织犯罪”，而非“黑社会性质组织的犯罪”，说明刑罚强调的是组织、领导、参加黑社会性质组织的犯罪，而不是黑社会性质组织实施的所有犯罪，否则会扩大特殊累犯的认定范围，将会影响特殊累犯的打击重点。

对此，最高人民法院的意见是：“初步研究认为，‘黑社会性质组织实施的犯罪’一般是指行为人组织、领导、参加黑社会性质组织后，又实施了其他犯罪行为，此时依法应当依照数罪并罚的规定处罚。如果行为人未犯组织、领导、

① 张军主编：《〈刑法修正案（八）〉条文及配套司法解释理解与适用》，人民法院出版社2011年版，第75页。

参加黑社会性质组织罪，而是被黑社会性质组织临时雇用，或者受蒙蔽参与实施了某些涉黑犯罪，普遍认为该情形不宜纳入特殊累犯范围。”①

（三）恐怖活动犯罪、黑社会性质的组织犯罪的认定规则

第一，对于属于恐怖活动犯罪组织、黑社会性质组织成员的犯罪分子，只要其实施的犯罪行为与该组织的整体活动有关联，均应认定为恐怖活动犯罪或者黑社会性质的组织犯罪，也即要坚持“整体”原则。只要是行为人代表恐怖活动犯罪组织或者黑社会性质组织整体实施的行为，即便该犯罪行为本身不具有恐怖活动犯罪的特征或者黑社会性质的组织犯罪的特征，也应当认定为这两类犯罪。例如，行为人接受恐怖活动犯罪组织或者黑社会性质组织的安排，针对特定的个别被害人实施的故意伤害或者盗窃犯罪，也应当认定为这两类犯罪。因为即便是针对个别被害人实施的侵害行为，这些行为也可以纳入恐怖活动犯罪组织或者黑社会性质组织犯罪活动的整体。与此相反，如果行为人虽然具有恐怖活动犯罪组织或者黑社会性质组织成员的身份，但其实施的行为与这两类组织的整体活动不相关联的，如为了个人目的单独实施的盗窃、伤害等行为，不能认定为这两类犯罪，当然其具备这两类组织成员的身份，其组织、领导或者参加行为本身也属于这两类犯罪。

第二，对于不属于恐怖活动犯罪组织、黑社会性质组织成员的犯罪分子，只有在其实施的行为与恐怖活动犯罪组织或者黑社会性质组织的成立、维系、发展等有关联，或者实施这两类组织实施的具有恐怖活动犯罪特征或者黑社会性质的组织犯罪特征的犯罪行为时，才能认定为这两类犯罪，也即要坚持“关联”原则。如果行为人虽然参与了这两类组织的某一单个行为，该行为也属于这两类组织的整体活动，但如果该单个具体行为本身不具有恐怖活动犯罪的特征或者黑社会性质的组织犯罪的特征，就不能认定为这两类犯罪。

四、是否存在毒品犯罪特殊累犯

我国《刑法》第356条规定：“因走私、贩卖、运输、制造、非法持有毒品罪被判过刑，又犯本节规定之罪的，从重处罚。”根据这一规定，关于毒品犯罪是否属于特殊累犯，刑法学界存在不同观点。第一种观点认为，毒品犯罪的再犯应视为一种特殊累犯，因为从毒品再犯的规定看，与危害国家安全罪累犯是完全相同的，因而在性质上应当视为相同的特殊累犯。② 第二种观点认为，《刑法》第356条不是毒品犯罪特殊累犯的规定，而是针对毒品犯罪所采取的一种特殊的

---

① 张军主编：《〈刑法修正案（八）〉条文及配套司法解释理解与适用》，人民法院出版社2011年版，第75页。

② 参见陈兴良著：《刑法适用总论（下卷）》，法律出版社1999年版，第437页。

刑事政策，严格地讲是一种再犯制度，是再犯从重制度的法律化。

我们同意第二种观点，理由如下：

第一，从累犯规定的法条设置上看。《刑法》第356条规定源于1990年12月28日全国人大常委会颁布的《关于禁毒的决定》第11条第2款规定，即“因走私、贩卖、运输、制造、非法持有毒品罪被判过刑，又犯本决定规定之罪的，从重处罚”。其制定背景是由于受国内外大环境影响，20世纪80年代末，我国毒品犯罪活动日益猖獗，屡禁不止，反而愈演愈烈，为了有效地遏制毒品犯罪活动泛滥的趋势，威慑毒品犯罪分子以及从严惩处毒品犯罪的需要而制定的，其实质是一种根据与毒品犯罪作斗争之形势需要而对毒品犯罪从严、从重处罚思想的体现，是对毒品犯罪从重处罚情节的法律化。我国《刑法》总则在第四章第二节专门规定了累犯制度，在该节中既设置了一般累犯制度的规范性条文(第65条)，又为分则中社会危害性严重的危害国家安全犯罪、恐怖活动犯罪、黑社会性质的组织犯罪所独有的特殊累犯设置了专门性条文（第66条）。我国《刑法》有关累犯的条文设置方式已经清楚地表明，关于累犯制度的规范性条文已经全部被规定于《刑法》总则之中，即累犯制度应属于总则制度。如果《刑法》第356条规定的是毒品累犯，则毒品犯罪也应该规定在《刑法》总则中，或者将《刑法》第66条的规定仿照第356条的规定，把危害国家安全犯罪、恐怖活动犯罪、黑社会性质的组织犯罪累犯规定于分则之中。综上所述，如果执法者擅自理解和推断法律，牵强地认为《刑法》第356条规定的是毒品累犯，会形成刑法整体逻辑上的混乱。①

第二，从法条规定的具体内容上看。《刑法》第66条规定的特殊累犯，其后罪必须在前罪刑罚执行完毕或者赦免以后，该规定与一般累犯的构成要件规定本质上是完全一致的。而《刑法》第356条规定的是前罪被判过刑，至于前罪是否执行在所不论。上述两个法条规定的不同，直接导致在司法实践中产生不同的法律后果。例如，甲因贩卖毒品罪被判刑，在服刑期间，又犯运输毒品罪，则甲应适用《刑法》第356条的规定从重处罚；而若乙因危害国家安全罪被判刑，在服刑期间，又犯危害国家安全罪，则乙不能根据《刑法》第66条的规定以累犯论处，只能依照《刑法》第71条的规定实行数罪并罚。②

第三，从累犯制度的整体构成上看。累犯制度作为我国刑法总则制度之一，有其一定的体系构成。由于累犯本身就是屡教不改的明证，基于累犯者有着较大

---

① 参见于焕庆：《关于累犯制度的几点思考》，载《天津市政法管理干部学院学报》2009年第S1期。

② 参见于焕庆：《关于累犯制度的几点思考》，载《天津市政法管理干部学院学报》2009年第S1期。

的社会危害性和人身危险性，因此，世界各国刑法都规定了累犯制度，普遍规定了对于累犯应当“从重处罚”或者“应当加重处罚”的处罚原则。我国刑法对于累犯的处罚同样体现“应当从重处罚”的原则，该原则不仅规定于《刑法》第65条中，还表现在《刑法》第74条规定对于累犯不适用缓刑和《刑法》第81条规定对于累犯不适用假释。上述规定均归属于我国刑法的累犯制度体系范畴。而《刑法》第356条因为不是毒品累犯的规定，在司法实践中也就不受“累犯不适用缓刑”与“累犯不适用假释”这两个准则的约束。如果认为《刑法》第356条规定的是毒品累犯，则对于符合《刑法》第356条规定且又不是累犯的犯罪分子，不适用缓刑和假释，显然违背了罪刑法定的基本原则。将《刑法》第356条理解为毒品累犯的规定必将造成《刑法》自身条文之间的逻辑冲突和适用上的自相矛盾。①

实际上，2000年4月4日最高人民法院印发的《全国法院审理毒品犯罪案件工作座谈会纪要》规定，对依法同时构成再犯和累犯的被告人，今后一律适用《刑法》第356条规定的再犯条款从重处罚，不再援引《刑法》关于累犯的条款。对于该规定存在较大诟病，给司法实践带来很大困惑，即意味着对符合累犯条件的毒品犯罪嫌疑人可以适用缓刑、假释，而其他犯罪的累犯则不得适用缓刑与假释，这虽然在学界引起了争议，但却清楚地表明了最高人民法院的态度：一是《刑法》第356条规定的是再犯条款；二是对依法同时构成再犯和累犯的被告人在处罚上不再援引累犯条款，这说明最高人民法院理解《刑法》第356条与累犯条款还是有所区别的。

第四节　单位累犯问题

一、单位累犯的界定

我国1997年修订《刑法》以前，在当时占据主流的观点是“单位犯罪主体否定论”。② 从何秉松教授首先在其《法人犯罪与刑事责任》一书中提出“法人人格化社会系统责任论”时起，法人能否犯罪就成为学界争论的热点问题。1997年《刑法》第30条明确规定了单位犯罪，从而在立法上结束了我国20世

① 参见于焕庆：《关于累犯制度的几点思考》，载《天津市政法管理干部学院学报》2009年第S1期。

② 参见高铭暄著：《刑法总则要义》，天津人民出版社1986年版，第112页；赵秉志：《关于法人不应成为犯罪主体的思考》，载《法学研究》1989年第5期；高铭暄、姜伟：《关于“法人犯罪”的若干问题》，载《中国法学》1986年第6期。

纪80年代中期那场关于法人（单位）能否成为犯罪主体的大讨论。随着单位犯罪在现行刑法中得到肯定，单位可以成为犯罪主体这个问题逐渐成为共识，但单位能否成立累犯的问题又成为学者争论的焦点之一，即单位主体有没有构成累犯的理论基础？我国现行刑法中究竟有没有单位累犯的相关规定？单位累犯在刑法理论中究竟能不能存在？学者们依据《刑法》第65条以及第356条得出了不同的结论，主要有肯定说、否定说和部分肯定说三种不同观点。

（一）单位累犯存在之肯定说

肯定论者认为，我国现行刑法规定了单位累犯，其主要理由在于：

1. 刑法为单位累犯的存在提供了法律根据

《刑法》第30条规定："公司、企业、事业单位、机关、团体实施的危害社会的行为，法律规定为单位犯罪的，应当负刑事责任。"肯定论者认为，该条规定包含了对单位一般累犯的规定。首先，该条所规定的犯罪行为，不仅包括各有关单位一次实施的危害社会的行为，而且包括各有关单位两次或者两次以上实施的危害社会的行为。其次，该条中的"法律规定"虽然不是指刑法的所有规定，但绝不限于《刑法》总则第30条的规定，而是还包括《刑法》总则中除第30条之外的有关条文的规定、《刑法》分则中有关条文的规定以及特别刑法中有关条文的规定。再次，该条所规定之单位犯罪，不仅在刑法理论上一般被认为包括单位共同犯罪，而且在司法实践中也被认为包括单位共同犯罪，因而无论在刑法理论上还是在司法实践中，也同样可以认为其包括单位累犯。最后，该条中的"应当负刑事责任"不仅仅限于单位初犯应当负刑事责任，而且也包括单位累犯应当负刑事责任。①

2. 刑法中关于毒品犯罪的规定为单位累犯的存在提供了理论依据

1990年12月28日全国人大常委会颁布的《关于禁毒的决定》是我国首例规定单位也可构成毒品累犯的刑事立法。根据该决定第5条第3款、第10条第3款的规定，单位可以作为毒品犯罪的主体，而该决定第11条第2款规定："因走私、贩卖、运输、制造、非法持有毒品罪被判过刑，又犯本决定规定之罪的，从重处罚。"由于毒品累犯并未对前罪与新罪的刑罚有所特别限制，因而单位犯罪的刑罚虽为单一罚金，但当单位所犯前罪为走私、贩卖、运输、制造、非法持有毒品罪被判过刑，又犯新罪为该决定中有单位犯罪规定的各毒品犯罪时，符合毒品累犯构成，构成毒品累犯，应从重处罚。1997年《刑法》修订后，该决定的规定体现于《刑法》分则第六章第七节中，尤其是第356条规定："因走私、贩卖、运输、制造、非法持有毒品罪被判过刑，又犯本节规定之罪的，从重处

① 杨凯：《单位一般累犯理性研究》，载《浙江社会科学》2001年第6期。

罚。”这一规定在立法上的继承，似乎更进一步说明刑法对单位累犯的确认。对此，有学者进一步论证，推定毒品累犯中存在单位累犯，认为单位累犯虽然从《刑法》总则及有关司法解释中找不到直接的法律依据，但是《刑法》分则关于毒品累犯的规定却能为创制单位累犯制度提供法律依据。因为从毒品累犯的规定上看，与危害国家安全罪累犯是完全相同的，因而在性质上应当视为相同的特殊累犯。

1996 年 8 月，全国人大常委会法制工作委员会在《中华人民共和国刑法(总则修改稿)》第 65 条第 3 款规定：“危害国家安全的犯罪分子和毒品犯罪分子在刑罚执行完毕或赦免以后，任何时候再犯危害国家安全罪和毒品罪的都是累犯。”但是，后来又被移到《刑法》分则毒品犯罪一节中，从立法精神上看，也是要把毒品犯罪规定为特殊累犯的。现行《刑法》总则规定了单位犯罪，分则第 347 条第 5 款规定了单位能够成为走私、贩卖、运输、制造毒品罪的主体，且分则第 356 条并没有把单位犯罪排除在外，自然人可以构成毒品累犯，单位同样也可以构成毒品累犯。[①] 毒品累犯的法条规定成为我国首例确认单位也可以构成累犯的立法设置。

（二）单位累犯存在之否定说

目前，绝大多数学者否认我国现行刑法中的累犯制度适用于单位犯罪，认为我国现行刑法中并无相关单位累犯的规定。[②] 其主要理由在于：

1. 单位能否成为累犯主体，应当以刑法的明文规定为准

《刑法》第 65 条第 1 款规定：“被判处有期徒刑以上刑罚的犯罪分子，刑罚执行完毕或者赦免以后，在五年以内再犯应当判处有期徒刑以上刑罚之罪的，是累犯，应当从重处罚，但是过失犯罪和不满十八周岁的人犯罪的除外。”被判处有期徒刑以上刑罚，显然是针对自然人犯罪而言的，因为对于犯罪的单位，仅能处以罚金刑，不可能处以有期徒刑以上刑罚等自由刑，如果把仅指自然人的“犯罪分子”这一概念扩大到也包括单位，就等于变相地扩大了单位犯罪的刑罚范围，也就是说，对单位这一犯罪主体也可以适用有期徒刑，这与刑法中所规定的单位刑罚原则明显是相违背的。

2.《刑法》第 356 条之规定不是毒品特殊累犯之规定

《刑法》第 356 条规定：“因走私、贩卖、运输、制造、非法持有毒品罪被判过刑，又犯本节规定之罪的，从重处罚。”从该条规定来看，毒品再犯确实符

---

① 陈国兴：《创制单位累犯制度的构想》，载《河北法学》2000 年第 3 期。

② 参见赵炳寿、贺元骅：《单位累犯问题》，载杨敦先等主编：《新刑法施行疑难问题研究与适用》，中国检察出版社 1999 年版，第 329 ~ 333 页；马荣春：《论单位累犯》，载《河北法学》1999 年第 1 期。

合对累犯的处罚原则，但是，从重处罚只是累犯的结果，并不是所有的从重处罚结果都是因累犯所致。刑法中规定的从重处罚情节有很多，累犯是其中之一，另外还有教唆不满18周岁的人犯罪的教唆犯、奸淫不满14周岁的幼女、索贿、武装掩护走私等情节，我们是否也应将这些法定情节视为累犯呢?

另外，《刑法》第356条只要求“被判过刑”，至于被判处的刑种、刑度以及刑罚执行情况如何并无要求，《刑法》总则中对一般累犯或特殊累犯都要求把“刑罚执行完毕或者赦免以后”作为累犯的构成要件之一，显然《刑法》第356条规定的犯罪不是毒品特殊累犯。

（三）单位累犯存在之部分肯定说

一些学者认为，就我国现行刑法所确定的某些特殊累犯而言，单位是可以作为累犯的主体出现的。其法条依据是《刑法》第356条“因走私、贩卖、运输、制造、非法持有毒品罪被判过刑，又犯本节规定之罪的，从重处罚”的规定。由于前后罪均可以由单位构成，并且法条对于前后罪在刑度上均不存在“有期徒刑以上刑罚”的限制，因而认为无论是自由刑、资格刑还是财产刑，也无论是实刑还是缓刑，均符合“被判过刑”的规定。因此，单位因走私、贩卖、运输、制造、非法持有毒品罪被判过罚金的，再犯毒品犯罪的，理应构成毒品罪的累犯。①

我们认为，上述关于单位累犯能否成立的争论，实际上并不是在同一个层次上展开的。对于持单位累犯肯定说的学者而言，他们是从单位累犯应当成立的角度上肯定单位累犯的，即他们认为单位累犯的存在是应然性的，但是回到《刑法》第65条规定的实然层面上，也认为在《刑法》第65条的规定之下，单位累犯没有存在的空间，故认为在修订《刑法》时，应当增加单位累犯的规定。对于持单位累犯否定说的学者而言，他们主要是从在《刑法》第65条的规定之下，单位屡次犯罪不符合累犯的法定构成要件因而不能构成单位累犯的实然角度否定单位累犯的。

二、应增设单位累犯

我们认为，从我国《刑法》第65条第1款“被判处有期徒刑以上刑罚的犯罪分子，刑罚执行完毕或者赦免以后，在五年以内再犯应当判处有期徒刑以上刑罚之罪的，是累犯，应当从重处罚，但是过失犯罪和不满十八周岁的人犯罪的除外”的规定不难看出，该条款规定的只是自然人累犯制度，而不是单位累犯制

---

① 参见于志刚：《论累犯构成的主体要件》，载《新疆公安司法管理干部学院学报》2001年第2期。

度。换言之，我国现行刑法虽然承认了单位犯罪，但却将单位累犯排除在累犯制度之外，即现行刑法没有规定单位累犯。我国现行刑法中尚无单位累犯的规定，但应增设单位累犯。理由如下：①

（一）对单位犯罪明确承认和规定累犯制度符合刑法适用平等原则

自然人再次犯罪符合一定条件的成立累犯，法律规定对其从重处罚，以弥补前次刑罚特殊预防功能在量上的不足。那么，正如我们不能杜绝自然人初次犯罪后再次犯罪一样，我们也不能杜绝单位初次犯罪之后再次进行犯罪。事实上，对于单位再次犯罪是否也应当从重处罚，法律没有明文规定。《刑法》第30条明确承认和规定了单位犯罪，既然我国刑法将自然人和单位同视为适格的犯罪主体，平等原则自然要求对自然人犯罪和单位犯罪给予平等的处遇。因此，确立单位累犯制度，使得接受刑罚处罚后再次犯罪符合一定条件的单位得到应有的严惩，就成为单位犯罪法典化后贯彻刑法适用平等原则的必然逻辑结论。

（二）单位再次犯罪的大量事实是刑法确立单位累犯制度的现实基础

改革开放以来，随着我国市场经济的发展，法人（单位）数量迅速增加，法人犯罪也日益严重。由于法律上没有关于单位再次犯罪如何处罚的规定，许多单位在缴纳完因其犯罪而被判处的罚金后，又继续实施牟利犯罪或经济犯罪，他们甚至把判处的罚金视为不过是为自己犯罪行为所缴纳的正常税收而已。因此，单位再次犯罪的现实存在且多发为增设单位累犯制度提供了针对的对象和预防的目标，从而使增设的单位累犯制度有的放矢，具有现实意义。

（三）预防单位再次犯罪，保障市场经济健康发展需要刑法确立单位累犯制度

首先，单位已被刑法理论界普遍认为存在独特的意志活动，故与自然人一样，犯罪单位在被判处刑罚后的一定时期内再犯新罪，表明其主观恶性深、“单位人格”危险性大。其次，单位作为社会组织，拥有或掌握的大量人力、财力、物力为其再次犯罪提供了雄厚的物质基础，并且单位的犯罪意志一旦形成就较为顽固，转轨不易。因为单位意志的形成、贯彻有其固有的程序和模式，一经确立，团体的惯性和惰性往往是一发而不可收拾。可见，单位受到刑罚处罚后再次犯罪的可能性极大，其再犯造成的危害也极大。因此，需要确立单位累犯制度，对符合条件的犯罪单位从重处罚，以打击和预防单位再次犯罪，否则对再次犯罪的单位只能按初犯一样处理，势必不能更好地打击和预防单位犯罪，从而影响甚至阻碍我国社会的稳定和经济的发展。

---

① 参见贾宇、舒洪水：《累犯制度研究》，载《山东警察学院学报》2005年第5期。

三、单位累犯的定义

在解决了应否承认单位累犯的问题后，我们继而要厘定单位累犯的概念。对单位累犯的概念作出准确定义，既要充分考虑单位犯罪和累犯的概念，又要考虑学界对此所作的种种研究，并不拘泥于此。在当今刑法学界，学者们从不同角度对单位累犯的概念进行了表述，主要观点如下：

"单位累犯，是指因犯罪被判处一定刑罚，经人民法院正式判决生效后，在法定期限内再犯应判一定刑罚之罪的犯罪单位。"

"单位累犯，是指因犯罪受过一定刑罚处罚，在刑罚执行完毕或者赦免以后，在法定期限内又犯一定之罪的犯罪单位。"

"单位累犯，是指被判处一定刑罚的犯罪法人，在刑罚执行完毕或赦免以后，在法定期限内再犯应判一定刑罚之罪的犯罪法人。"

"单位因为故意犯罪，被判处一定数额以上罚金刑，在刑罚执行完毕，被赦免或者免除以后法定期限内，再犯应被判处一定数额以上罚金刑的故意犯罪，从而应当对单位从重处罚的刑罚制度。"①

然而，这些概念并不能勾勒出单位累犯的全貌。由于我国现行刑法对自然人累犯从一般累犯和特殊累犯两个方面进行了规定。故此，单位累犯理应包含一般单位累犯和特殊单位累犯。从单位累犯定义的范围来看，上述单位累犯的概念都是从一般单位累犯出发对单位累犯进行定义，或多或少地犯了以偏概全的错误。为了保持立法的统一性和稳定性，对于单位累犯，在其概念和构成要件上应以自然人累犯为基本模式，并针对单位犯罪的特殊性，灵活结合二者的特征而作一定的变通，以增加司法的可操作性。研究单位累犯的根本就是要解决单位能否构成累犯、单位构成累犯的要件以及单位构成累犯时如何承担刑事责任（即如何处罚）的问题。有鉴于此，我们将单位累犯的概念定义为：因犯罪被判处一定刑罚的单位，在单位的罚金刑执行完毕或者赦免以后，在法定期间内（特殊情形在任何时间）再犯应当判处一定刑罚之罪的，是单位累犯，应当从重处罚，但是单位过失犯罪除外。

四、单位累犯的立法构想

自然人累犯也好，单位累犯也好，只是累犯制度针对不同主体所作的规定，归根结底都是累犯。基于我国已有累犯的立法规定，为了保持立法的统一性，对于单位累犯，在具体法律条文的构建上仍应以自然人一般累犯及自然人特殊累犯

① 王玉杰：《单位累犯制度之提倡及立法建议》，载《甘肃政法学院学报》2004 年第 2 期。

的构成要件为基本的模板，针对单位犯罪的特殊性而作一定的改革，以增加其可操作性。

（一）一般单位累犯的认定

1. 一般单位累犯的刑度要件

所谓刑度要件，是指单位所犯前罪被判处的刑罚与单位所犯后罪应当判处的刑罚满足一定的要求。那么，单位累犯的刑度要件究竟如何设置才更为科学合理？现有刑法理论对单位累犯刑度要件的设置包括以下三种：

第一，以内部责任人员前后罪均被判处有期徒刑为条件。有学者提出，认定单位一般累犯在刑罚上的限制条件，应当是“因犯前罪，单位直接负责的主管人员或者其他直接责任人员必须是被判处有期徒刑以上刑罚，对所犯后罪，单位直接负责的主管人员或者其他直接责任人员必须是应当被判处有期徒刑以上刑罚”①。持同样观点的学者也认为：“前罪和后罪必须都是被判处有期徒刑以上刑罚的罪。这是指犯罪法人中的特定自然人，在法人意志的支配下，为法人利益而实施的行为，前后均构成有期徒刑以上刑罚之罪。”②

之所以得出如此结论，还是出于对认定“刑罚执行完毕”的考虑，排除了单位的罚金刑，适用与自然人累犯相同的有期徒刑以上刑罚，便于操作。但是，这样不考虑其他构成条件，就混淆了单位累犯与自然人累犯，使二者并无区别，对于单位累犯的双罚制而言，单位的罚金刑在此就形同虚设。单位累犯的成立与否仅仅取决于自然人的刑罚，这显然与单位犯罪应受刑罚决定了单位内部责任人员所应当承受刑罚的理论相悖逆。另外，如果有两个以上直接负责的主管人员和其他直接责任人员都被判处刑罚，有的被处以有期徒刑以上之刑罚，而有的只被处以管制或拘役，以哪位的刑罚作为是否构成单位累犯的条件，在实践中亦是难以选择。因此，我们并不赞同此种观点。

第二，以前后罪均被判处罚金刑为条件。有学者提出，单位累犯的刑度要件是单位前后罪都应被判处罚金 50 万元以上。在肯定单位犯罪双罚制的前提下，单位累犯的前后罪应以单位受到的刑罚处遇为准，不应以直接责任人员所受到的刑罚处遇为准。因为用来作为单位累犯的刑度要件最低要求的刑罚应是犯罪单位刑罚的整体，而非作为其组成部分的直接责任人员的刑罚。如果把单位受到的刑罚处遇和直接责任人员所受的刑罚处遇作为单位累犯的刑度要件，则无异于把单位累犯等同于自然人累犯，这对再犯单位是不公平的，违背了罪刑相适应原则，也不符合人格化社会系统责任论。我们同意此种观点，应以犯罪单位所应判处的

---

① 杨凯：《新刑法中单位累犯之认定》，载《云南大学学报（法学版）》2001 年第 3 期。

② 参见薛伟宏、辛文主编：《法人犯罪办案实务 432 问》，人民法院出版社 1996 年版，第 72 页。

罚金数额为准。因为犯罪的毕竟是单位，若把直接责任人员所受的刑罚作为刑度要件，则与自然人累犯无异。

第三，以犯罪单位的刑罚整体为条件。此种观点认为，用来作为单位累犯刑度要件最低要求的刑罚应是犯罪单位刑罚的整体，而非作为其组成部分的直接责任人员的刑罚。由于犯罪单位的刑罚整体是由直接责任人员分担的那部分刑罚和犯罪单位自担的那部分刑罚组成，故单位累犯的刑度要件应是同时对这两个部分都提出要求，如直接责任人员在单位所犯前后罪中都应承担有期徒刑以上刑罚，且犯罪单位在前后罪中都应承担一定数额以上的罚金刑或某种自由刑以上的刑罚。[①]

另有学者提出，法人累犯的罪质条件，是指法人初犯与再犯之罪都是重罪。一方面，对于犯罪法人中的特定自然人，其前罪与后罪必须都是判处有期徒刑以上刑罚的罪；另一方面，对法人本身而言，法人累犯的罪质条件是法人所犯的前罪与后罪都必须是判处较重的罚金刑的罪，[②] 也即构成单位累犯的刑度要件应该以单位的整体性为基础加以规定。这其中又包括如下几种情况：

其一，前后罪都适用双罚制的单位犯罪。在这种情况下，宜结合单位被判处的罚金刑与单位内部责任人员被判处的刑罚来认定单位是否构成累犯。单位中的自然人负担刑事责任，并不是作为一个独立的受刑主体，而是作为单位受刑主体的一个组成部分去分担单位犯罪所应受全部刑事责任的一部分而受刑罚的。之所以称为“双罚”，是因为对于单位犯罪来说，单位组织体承担全部刑事责任的一部分，而其中作为刑罚载体的那部分自然人作为单位的组成部分而分担单位应承担的全部刑事责任的剩余部分，这些自然人作为刑罚载体受罚并不因此取得独立于单位成为一个刑罚主体的资格和地位。[③] 单位犯罪的刑罚也因此具有整体性。单位所受的刑罚与其内部成员所受的刑罚的结合组成了单位犯罪的刑罚，二者的分割是内部分担刑罚的相对性的分割，在对外时是不可分割的。所以，在认定单位累犯时，应以单位犯罪所受到的刑罚整体作为刑度要件，即应结合单位的罚金刑与其内部责任人员被判处的刑罚来认定。

其二，前后罪都适用单罚制的单位犯罪。按照 1997 年《刑法》第 31 条的规定，“本法分则和其他法律另有规定的，依照规定”，分则部分条文对于八种单位犯罪规定只处罚直接责任人员，即采取单罚制。例如，《刑法》第 161 条规定：“依法负有信息披露义务的公司、企业向股东和社会公众提供虚假的或者隐

---

① 马荣春：《论单位累犯》，载《河北法学》1999 年第 1 期。

② 沙君俊、刘孟骐：《论法人累犯》，载《人民检察》1997 年第 4 期。

③ 杨春洗、丁洋芸：《试论单位犯罪的刑事责任》，载《国家检察官学院学报》1998 年第 1 期。

瞒重要事实的财务会计报告，或者对依法应当披露的其他重要信息不按照规定披露，严重损害股东或者其他人利益，或者有其他严重情节的，对其直接负责的主管人员和其他直接责任人员，处三年以下有期徒刑或者拘役，并处或者单处二万元以上二十万元以下罚金。”之所以作此例外规定，主要是对不是为本单位谋取利益，又是以单位名义实施的犯罪，不实行双罚而只处罚直接责任人员，如《刑法》第396条规定的私分国有资产罪、私分罚没财物罪便是如此；或者虽然是单位犯罪，但因处罚单位会损害无辜者的利益，因而不实行双罚而只处罚直接责任人员，如《刑法》第161条规定的违规披露、不披露重要信息罪，只处罚直接责任人员，因为该行为已经损害了股东的利益，如果再对公司判处罚金，会进一步损害股东的利益。[①] 对此，我们认为，这是立法明确规定的将单位犯罪的刑罚完全交由内部责任人员来承受。也就是说，单罚制下的单位犯罪，犯罪主体仍然是单位，但是，法律规定单位本身不承担刑罚，刑罚处遇完全归于内部责任人员身上。因此，在单罚制下，我们只需要考虑也只能考虑的是所有直接责任人员的刑罚。当直接责任人员只有一人或为多人时，其所受的刑罚即是单位犯罪所应承受的刑罚，只要其中一人所被判处的刑罚达到有期徒刑以上，单位累犯的刑度要件也就具备了。

其三，前后罪适用不同的刑罚原则的单位犯罪。当前后罪为根据不同的处罚原则承担刑事责任的单位犯罪时，只要前后罪各自满足了双罚制或单罚制的单位犯罪下所应满足的刑度要件即可。当前罪为单罚制的单位犯罪时，只要其至少有一个直接责任人员被判处有期徒刑以上之刑罚；而后罪为双罚制的单位犯罪，只要单位被判处达到一定数额的罚金刑且单位内部责任人员至少有一人因单位犯罪被判处有期徒刑以上之刑罚的，单位累犯的刑度要件即满足，反之亦然。

成立单位一般累犯的刑度要件，也应以前后罪所判处的刑罚或所应判处的刑罚来确定。那么，是以犯罪单位所受的刑罚为准，还是以单位直接责任人员所受的刑罚为准，抑或同时以二者所受的刑罚为准？我们认为，应以犯罪单位所应判处的罚金数额为准。因为犯罪的毕竟是单位，若把直接责任人员所受的刑罚作为刑度要件，则与自然人累犯无异。但以多大数额的罚金作为构成单位一般累犯的刑度要件呢？有学者认为，符合单位一般累犯刑度要件的罚金数额，应结合经济发展水平和单位犯罪的特点来确定。我国刑法中规定的单位犯罪，都是经济犯罪和牟利性犯罪，单位一旦犯罪，其涉案数额一般都比较大。刑法对自然人犯罪规定的罚金数额方式有三种，包括倍比罚金制、限额罚金制和无限额罚金制，其中限额罚金制又有三种情形，即1万元以上10万元以下、2万元以上20万元以下、5万元以上50万元以下，但刑法对单位犯罪所采用的罚金数额却没有规定。

① 张明楷著：《刑法学（上）》，法律出版社1997年版，第186页。

因此，在确定构成单位累犯的罚金数额时，可以参照现行刑法对自然人犯罪规定的罚金数额，主张以自然人犯罪限额罚金制的最高限额50万元作为单位犯罪成立累犯的刑度要件。我们赞同这种观点。因为单位一旦犯罪，其涉案数额远远大于自然人犯罪，因而所判处的罚金额也应高于自然人犯罪。仅仅以10万元或以下作为单位成立累犯的刑度要件，似乎偏低，而且可能导致不适当地扩大单位累犯的范围，进而可能使处罚单位累犯的立法进退失据。而以50万元作为单位犯罪成立累犯的刑度要件，则比较适合我国目前单位犯罪的特点和经济现状，也有利于达到累犯设立之目的。

2. 一般单位累犯的主观要件

一般单位累犯的主观要件，也就是一般单位累犯的罪过形式是否要求所犯前后两罪必须皆为故意犯罪。有学者认为，单位累犯的罪过条件不应该仅限于故意，还可以是过失。[①] 其理由是：首先，从人身危险性来看，单位犯罪的意识和意志是单位成员意识和意志“集成”的结果，是多个自然人意识和意志相加而成的，单位犯罪的人身危险性，即多个自然人意识和意志相加的危险性，显然要远远大于单个自然人犯同种之罪并具有同种罪过的人身危险性，故无论故意或过失，若单位再次犯罪，则证明其人身危险性更大，理应受到严惩。其次，单位过失犯罪的社会危害性未必小于自然人故意犯罪，也未必小于单位故意犯罪。任何一种犯罪的社会危害性如何，除了考察犯罪主体的主观方面，还要考察犯罪客体和业已造成的客观危害。例如，单位生产、销售伪劣产品罪是单位故意犯罪，单位污染环境罪是单位过失犯罪，自然环境是人类生存的基本条件，在人类生存环境日益严峻的今天，谁能说单位污染环境罪的危害性小于单位生产、销售伪劣产品罪呢？为预防犯罪和实现刑罚目的，对此类危害性严重的过失犯罪的再犯，非常有必要加大惩罚力度。最后，我国第一部《刑法》颁行至今已经二十余年，我国的经济、社会发生了翻天覆地的变化，但我们对自然人累犯的主观条件一直是要求故意犯罪。这种长期不变的要求与当前变化无穷的社会犯罪现象相比，显得过于呆板、机械。而且，现行刑法对打击个别单位过失犯罪明显不利。用刑法发展的眼光来看，不排除将来我国刑法允许累犯的罪过条件可以是过失犯罪，故单位累犯也应包括过失犯罪在内。

我们认为，成立单位累犯的主观要件，在目前对单位犯罪的研究还不是很成熟的情况下，应持较为审慎的态度，可规定为与自然人一般累犯相同的规格和条件，即单位所犯的前后罪都是故意犯罪。这是因为，首先，我国刑法规定累犯制度的初衷是因为“犯罪人在一定时间内又犯性质比较严重的罪行，表明其主观恶性深、人身危险性大，应当判处较重的刑罚，才能有效地对犯罪分子实施惩罚

① 马荣春:《论单位累犯》，载《河北法学》1999年第1期。

和改造，以达到预防犯罪的目的，这就是刑法确立累犯制度的理由所在”①。所以，累犯制度“实质上是对犯罪者的反社会的危险性程度的评定问题，因一犯、再犯，说明犯罪者的人身危险性或反社会性的顽固性，缺乏悔悟性，应判重刑”②。另外，“过失犯罪反映的主观恶性，轻于故意犯罪所反映的主观恶性，过失犯罪人再犯罪的可能性比较小，过失犯罪事实上也比故意犯罪少得多，而累犯制度的设立是以控制犯罪人再次犯罪为目的，故不应当也没有必要对过失犯罪设立累犯制度”。③ 将主观罪过形式限定为故意犯罪，“体现了我国惩办与宽大相结合的刑事政策，体现了故意犯罪与过失犯罪的区别对待，因而是具有科学根据的”④，也是对刑法基本原则和累犯制度立法精神的遵从。其次，我国刑法规定自然人累犯的罪过是前后两罪都是故意犯罪，把单位累犯限定为故意犯罪有利于两类累犯制度的相互协调和统一。同时，笔者也不否认有些单位再次过失犯罪的社会危害性要大于自然人再犯，甚至大于单位故意再犯。但是，这些细致的观察是对刑法单个犯罪间所作的比较，如果结论是刑法对个罪的不平等对待，那么理应建议全国人大及其常委会对个罪的罪刑作出修改，提高个别单位过失犯罪的法定刑以求刑法上的平等对待，如提高单位污染环境罪的法定刑，以保护人类共同居住的家园。而累犯制度是从纵的方面对犯罪分子进行改造，经过法定期间后仍不知悔改、主观恶性深而再次犯罪，对其从重处罚的制度。累犯制度是对犯罪分子在时间段上有无改造成功进行比较，它在个罪间或是前后罪之间不具有可比性，前后罪是重罪或是轻罪不影响对累犯的从重处罚。最后，犯罪分子主观恶性深是对其从重处罚的依据。单位过失犯罪不是单位在故意的罪过心理支配下实施的，很难说其具有严重的主观恶性，也就谈不上对主观恶性的改造和消除，更谈不上从重处罚。因此，在对单位犯罪的研究还不是很成熟的情况下，应持较为审慎的态度，可规定为与自然人一般累犯相同的条件，即前后罪必须都是故意犯罪。

3. 一般单位累犯的时间要件

一般单位累犯的时间要件，即单位前罪与后罪之间的时间间隔及构成单位累犯的时间从何时起算。如果承认单位累犯，由于单位犯罪多为双罚制，就可能存在较多的不一致现象，目前，学界对此尚无较为统一的定论。关于构成普通单位累犯的时间要件，有的学者建议为前罪刑罚执行完毕或者赦免以后，且应长于自然人累犯的 5 年以内。因为单位犯罪的社会危害性远远大于自然人犯同种罪，单

---

① 高铭暄著：《刑法学》，法律出版社 1985 年版，第 261 页。

② 甘雨沛、何鹏编：《外国刑法学》，北京大学出版社 1984 年版，第 467 页。

③ 张明楷著：《刑法学（上）》，法律出版社 1997 年版，第 448 页。

④ 陈兴良著：《刑法适用总论（上卷）》，法律出版社 1999 年版，第 423 页。

位累犯的社会危害性也远远大于同种犯罪的自然人累犯，同时，社会危害性也决定了对预防单位再犯的需要更为迫切。如果说累犯的时间要件之要求与累犯的社会危害性大小及预防犯罪需要的程度成正比，那么自然人累犯的时间要件是5年以内，则单位累犯的时间要件应当长于5年以内，如7年以内。①

另有观点认为，将单位累犯的刑度要件建立在对直接负责的人员前后所判处的刑罚之上，对单位累犯的时间要件要求是与自然人累犯相同，即在直接责任人员因前罪被判处的刑罚执行完毕或者赦免以后5年以内。还有学者提出以单位前后罪都被判处一定金额的罚金刑为刑度要件的观点，主张在单位罚金刑执行完毕或者赦免以后5年以内为时间要件。前罪起算的时间，应从罚金刑执行完毕或者免除后次日起开始计算。具体来讲，即在法定期间内缴纳的，从期限届满次日起计算；分期缴纳的，从最后一期缴纳的期限届满次日起计算；强制缴纳的，从强制执行结束后次日起计算；不能全部缴纳的，从追缴完毕次日起计算；免除缴纳的，从作出免除决定的次日起计算。②

至于成立一般单位累犯的时间要件，考虑到单位犯罪的社会危害性远远大于自然人犯同种罪，单位累犯的社会危害性也远远大于同种犯罪的自然人累犯，同时考虑到单位作为一个群体，其本身实力、活动能量远非单个人所能比拟，这就在客观上加大了预防、惩治单位再犯的难度。考虑到单位累犯的社会危害性及预防单位犯罪的现实难度，如果说累犯的时间要件之要求应与累犯的社会危害性大小及预防犯罪的难度成正比的话，那么，基于自然人累犯的时间要件是“5年以内”，则单位累犯的时间要件应在稍长于“5年以内”的时间段考虑。

（二）特殊单位累犯的认定

至于能否增设特殊单位累犯，我们认为，由于我国现行特殊累犯的规定本身就不完善，应将特殊累犯之罪由危害国家安全罪、恐怖活动犯罪、黑社会性质的组织犯罪扩大到盗窃罪、抢劫罪、强奸罪、走私罪和《刑法》分则第六章第七节规定的犯罪。如此一来，由于我国现行刑法规定单位可以成为《刑法》分则第六章第七节规定之罪的犯罪主体，那么，如果单位犯该节规定之罪受到处罚后再犯该节规定之罪，自然就应成立特殊累犯。因此，我们进一步认为，特殊单位累犯的成立要件是：单位前后均犯特定之罪，后罪发生在前罪之刑罚执行完毕或者赦免以后的任何时间内；单位前后罪所受的刑罚不作要求，前后罪均为故意犯罪。

① 马荣春：《论单位累犯》，载《河北法学》1999年第1期。

② 陈国兴：《创制单位累犯制度的构想》，载《河北法学》2000年第3期。

1. 特殊单位累犯的沿革

我国1979年《刑法》规定的特殊累犯是指反革命罪累犯，1997年《刑法》将反革命罪改为危害国家安全罪，反革命罪累犯的名称自然也就改为危害国家安全罪累犯。《刑法修正案（八）》第7条将《刑法》第66条修改为："危害国家安全犯罪、恐怖活动犯罪、黑社会性质的组织犯罪的犯罪分子，在刑罚执行完毕或者赦免以后，在任何时候再犯上述任一类罪的，都以累犯论处。"根据这一规定，特殊累犯，是指曾犯危害国家安全犯罪、恐怖活动犯罪、黑社会性质的组织犯罪三类犯罪中任意一罪被判处刑罚，刑罚执行完毕或者赦免以后，又重犯上述三类罪之一的犯罪分子。所以，特别单位累犯就包括了上述三种特定罪名的累犯。

2. 特殊单位累犯的构成要件

特殊单位累犯是一般单位累犯的特殊形式，二者存在许多共同之处，对其构成要件中的相同部分不再赘述，仅就其不同方面进行说明：

第一，特殊单位累犯的罪质要件。特殊单位累犯的罪质要件要求必须是特定之罪，这是特殊单位累犯区别于一般单位累犯之关键。根据我国刑法的规定，特殊累犯前后两罪的犯罪性质是特定、一致的，仅限于危害国家安全犯罪、恐怖活动犯罪或黑社会性质的组织犯罪。其中，危害国家安全犯罪属于《刑法》分则规定的类罪名，具体包括背叛国家罪、分裂国家罪、煽动分裂国家罪、间谍罪等12个具体罪名，与我国《刑法》分则的章节是一致的。黑社会性质的组织犯罪属于特殊的类罪名，需要司法机关参照相关的立法予以确认。在我国刑法中，恐怖活动犯罪的概念和范围还是较为模糊的。尽管2001年《打击恐怖主义、分裂主义和极端主义上海公约》对"恐怖主义"进行了界定，但这还是属于社会政治意义上的概念，并不是一个具有准确内涵和外延的刑法概念。司法机关在处理相关案件时，仍然存在诸多立法上与理论上的困惑。据此，立法机关应结合我国现行刑法的规定，科学分析恐怖活动犯罪必须具备的法律特征，尽快界定恐怖活动犯罪的概念和特征。①

第二，特殊单位累犯的刑罚要件和时间要件。《刑法》对自然人构成特殊累犯的所处刑罚和刑罚执行完毕或者赦免后时间未作任何要求，为与自然人特殊累犯相一致，我们对特殊单位累犯的刑罚要件和时间要件也不应作过多限制，只要犯罪单位犯有特定之罪，并被判处罚金刑，在罚金刑执行完毕或者赦免后的任何时间再犯该特定之罪，就构成特殊单位累犯。

---

① 参见赵秉志、杜邈：《关于刑法修正案（八）特别累犯规定的解读》，载《法制日报》2011年5月4日。

3. 单位累犯的处罚

对于单位累犯应当如何处罚，《法国刑法典》的规定堪称经典。《法国刑法典》用4个条文的篇幅规定了法人累犯，其规定的法人累犯，是指前罪为法人所犯，相当于自然人犯罪应处70万法郎以上罚金的重罪或轻罪，后罪也为法人所犯重罪的累犯。对于法人累犯，可以适用的罚金刑最高额为后罪最高法定罚金额的10倍，并且可以并罚最高为5年的禁止营业或者强制解散的处罚。但对犯罪法人予以解散，主要限于法人设立即为犯罪或设立之后主要从事犯罪活动的情形，且不适用于公法法人、政党、政治团体、行业工会组织。在我国，早在对1979年《刑法》进行修订的过程中，就有学者提出，对法人（单位）犯罪应当增加刑罚种类，如对特别严重的犯罪法人可以采取解散的刑罚方法，对犯罪行为较轻或具有特殊权力的犯罪法人可以采取5年内关闭或彻底关闭其一个或几个部门的刑罚方法，对所有犯罪法人都剥夺其荣誉称号等。我们认为，对于单位初次犯罪仍以仅判处罚金为宜。因为对初次犯罪的单位就采取解散的刑罚方法，有失严苛。但对于单位累犯，可以规定营业禁止、解散等其他刑罚方法。①

（三）单位累犯的立法建议

综上所述，我们将单位累犯的条文初步设计为：被判处50万元以上罚金的犯罪单位，刑罚执行完毕或者赦免以后，在5年内再犯应当判处50万元以上罚金之刑罚之罪的，是单位累犯，罚金从重，但是过失犯罪除外。单位累犯的，可以予以禁止营业或者解散，但该款不适用于国家机关、人民团体。因犯走私罪、《刑法》分则第六章第七节规定之罪被判刑的犯罪单位，在刑罚执行完毕或者赦免以后，在任何时候再犯走私罪、《刑法》分则第六章第七节规定之罪的，都以累犯论处。②

五、单位累犯在司法实践中的困境及其解决

（一）单位罚金刑执行方式的困惑及解决

罚金刑的执行方式，分为一次缴纳、分期缴纳、强制缴纳、减少或免除缴纳。从大陆法系各国的执行方式来看，主要有立即缴纳、分期或定期缴纳、延期缴纳、强制缴纳、罚金刑易科。有学者认为，多种执行方式的存在会出现这样一个问题，即由于在实践中罚金刑很可能在一个短期内不能执行完毕，那么，单位累犯的时间如何起算？而且，在单位逃避罚金刑的情况下，其人身危险性显然比再次犯罪还大，这时却不能认定为累犯，这是不是单位累犯制度的自我否定呢？

---

① 参见贾宇、舒洪水：《累犯制度研究》，载《山东警察学院学报》2005年第5期。

② 参见贾宇、舒洪水：《累犯制度研究》，载《山东警察学院学报》2005年第5期。

我们认为，在实践中这样的问题出现的可能性不大，并不能借此来否定单位累犯制度。因为自然人行刑与单位行刑是不一样的，自然人可以通过隐匿财产来达到逃避刑罚惩罚的目的，但是，只要是合法成立的单位则不大可能会有这样的情形存在。因为每一合法单位都有自己的固定场所，有固定的办公设施和人员，有自己的注册资金等，这些决定了单位不可能为了一部分罚金而逃脱罚金刑。立法上之所以规定罚金刑的多种执行方式，都是针对自然人而言的，并不是针对单位的。①

另外需要考虑的是，并不是说只要人身危险性大就必然构成累犯。因为在行为人（包括单位）多次犯罪（如连续犯），或者行为人在服刑期间又犯新罪，或者再犯的情形下，毫无疑问人身危险性较之一般犯罪更大，但并不以累犯论处。因为累犯是一项制度设计，有明确的条件限制，行为人人身危险性大是累犯成立的基础，但并不是只要人身危险性有增大的趋势就一定是累犯，即人身危险性只是累犯的必要条件，而不是充分条件。所以，若单位逃避罚金刑，能证明人身危险性大，也不能因此证明单位累犯制度本身存在自相矛盾的情况。

（二）国家机关符合累犯条件的仍然可以构成单位累犯

有学者认为，“单位累犯的，并予以解散。但该款不适用于国家机关、人民团体”②。在我国，涉及国家机关、人民团体的累犯问题很复杂。国家机关能否成立累犯主要的困惑不是理论层面的，而是实践操作和现实环境影响层面的。其实国家机关能否构成累犯，应从两方面来考虑：其一，单位累犯对单位加重罚金刑的处罚，但国家机关的经费是由国库拨款支出的，这无异于是从国家左口袋转到右口袋的“刑罚”，本身便失去了刑罚意义；其二，把国家机关作为累犯，有损国家机关的威信。

对于第一个问题，我们认为，在司法实践中是完全可以解决的。由于有国家为其不法行为产生的后果“买单”，国家机关在犯罪前和犯罪后就根本不可能有后顾之忧，因为对其采用罚金刑根本没有产生实质影响，这种刑罚方式可以说是一种纵容，带来的社会负面效应是巨大的。为了不把国家机关罚金刑的刑罚流于形式，那么罚金刑的支付就不能由国库来为国家机关代劳。当前，大多数国家机关都拥有自己可以灵活支配的资金，这是单位资产的一部分，完全可以用来缴纳罚金。在个别国家机关实在无法缴纳罚金的情况下，可以考虑采用延长其为社会服务的时间来充抵罚金，这也不失为一条行之有效的措施。

对于第二个问题，有学者认为，“在机关被形式上强制犯罪时，宣布机关犯

---

① 参见陈伟：《一般累犯制度若干问题研究》，西南政法大学 2006 年 4 月硕士论文。

② 苏彩霞著：《累犯制度比较研究》，中国人民公安大学出版社 2002 年版，第 218 页。

了罪并对机关判处罚金，正好是有效证明了机关的人格同一性，从而保障着机关有资格并以崇高的威信对外执行公共职能”①。这种人格同一性，是从规范主义的角度来论述的，即认为单位是没有犯罪能力的，对于外在的强制形式强加给单位的犯罪，必须证明不是单位在犯罪，而单位本身不可能实现这种证明，只有通过在刑法上把强加给单位的犯罪评价为单位本身的犯罪并对单位处以罚金，才可能实现一种符合目的的规范证明。② 至于该学者强调的“规范论”而非“存在论”的理论立场，且又认为单位没有犯罪能力这一点上，笔者不敢苟同。笔者认为，对国家机关犯罪的累犯论处，同样是为了确立法制秩序，宣扬法律权威，彰显司法机关秉公办事、依法断案的法治精神。公平和正义理念只会逐步在群众心中深入人心，法律面前人人平等的精神只会使民众更加信服，司法机关的独立性的审判结果也只会使得广大群众感到司法的严谨。如果真正做到这些，国家机关的守法自觉性会越来越好。因为“民众对国家的信任，社会成员对执政党的信任，往往在一个法官身上体现出来。法官对法律的亵读更会加速其他公务人员从事谋取个人利益，欺压无辜社会成员的合法性工具。”③ 如果对机关犯罪的成立是“通过法律的外在强制来实现对单位人格同一性的证明”的话，那么国家机关累犯的成立则是在初次犯罪证明力度不够，或者说在没有达到证明目的的情况下的再次证明，实际上也是为了树立更有效的威信，因此，国家机关同样可以成立累犯。

（三）单位变更后的累犯认定

由于单位的机构、人员具有可变性，使得在司法实践中对单位累犯的认定与处罚会出现许多复杂的疑难问题。

1. 对于单位本身的变更

单位在初次犯罪后，发生合并或分立，之后再次实施犯罪，变更后的单位犯罪是否能够构成单位累犯呢？单位合并可分为新设合并和吸收合并，单位分立可分为新设分立和派生分立。对于新设合并（分立），前罪的犯罪主体因新设行为已不复存在，前后罪的犯罪主体是两个完全不同的单位，单位再次犯罪的人身危险性无法衡量，所以在这种情况下，无从成立单位累犯。对于吸收合并，作为吸收方的单位，既是前罪的犯罪主体，又是后罪的犯罪主体，在符合累犯的相应构

---

① 冯军：《新刑法中的单位累犯》，载高铭暄、赵秉志主编：《刑法论丛（第9卷）》，法律出版社2005年版，第132页。

② 冯军：《新刑法中的单位累犯》，载高铭暄、赵秉志主编：《刑法论丛（第9卷）》，法律出版社2005年版，第120页。

③ ［德］乌尔斯·金德霍伊泽尔著，刘国良译：《安全刑法：风险社会的刑法危险》，载《马克思主义与现实》2005年第3期。

成要件的情况下，可以成立单位累犯；作为被吸收方的单位，在合并后，其主体资格已灭失，不是后罪的犯罪主体，则不构成单位累犯。同理，对于派生分立，被保留的单位可以构成单位累犯，而分立出的单位则不能构成单位累犯。以公司为例，根据《中华人民共和国公司法》的规定，公司的变更有合并、分立、解散、破产等。就后两种情况而言，由于作为犯罪主体的单位本身已不复存在，自然不存在累犯的问题。这里讨论的是在合并、分立两种情况下单位累犯的认定。以合并来说，有吸收合并和新设合并两种形式。吸收合并，是指一个公司吸收其他公司后存续，被吸收的公司解散。在这种情况下，吸收公司本身并未发生变化，因此，仍有成立单位累犯的可能，而被吸收公司因吸收行为而解散，所以不可能成立单位累犯。在新设合并中，两个或两个以上的公司合并成立为一个新的公司，该公司在法律上被认为是不同于合并前各方的一个全新的主体，合并前各方的犯罪行为与其行为不具有连带性。所以，如果合并后的公司实施了犯罪，则不能因为合并前各方的犯罪而构成单位累犯。就分立而言，有派生分立和新设分立两种形式。派生分立，是指公司以其部分资产另设一个或数个新的公司，原公司存续。因此，原公司就有成立单位累犯之可能，而派生出的公司如果实施了犯罪，则不能因为原公司的犯罪行为构成累犯，因为它们与原公司并非同一个法律上的主体。在新设分立中，原公司的全部资产分别划归两个或两个以上的新公司，原公司解散。这就是说，新成立的公司具有新的法律人格，原公司的犯罪行为不能成为认定新公司的犯罪构成单位累犯的依据。

但这样会不会促使单位犯罪后马上解散，以逃避惩罚，或者新设合并或分立，换个“壳子”继续生存，谋求下一次犯罪呢？我们认为，这样的担心并无必要。首先，若因为单位累犯的设置，迫使犯罪单位为了下一次犯罪逃避单位累犯制度的追究而换壳生存，则可以推定此单位是以犯罪为目的而设立的单位，其所实施的犯罪行为，按照最高人民法院 1999 年 6 月 25 日公布的《关于审理单位犯罪案件具体应用法律有关问题的解释》第 2 条的规定：“个人为进行违法犯罪活动而设立的公司、企业、事业单位实施犯罪的，或者公司、企业、事业单位设立后，以实施犯罪为主要活动的，不以单位犯罪论处。”相对来讲，自然人与单位犯同种罪时，对自然人的处罚要重于对单位内部责任人员的处罚，这样一来，也迫使想要实施犯罪行为的人不得不考虑可能要承受的刑罚。其次，对于犯罪后解散的，相当于自然人的死亡，单位不再存在，因此，不能再追究其刑事责任，如果这样能使犯罪人洗心革面，不再犯罪，又何尝不比动用刑罚惩罚更有效、更经济呢？刑罚的目的在于预防犯罪，而不在于惩罚犯罪，能防微杜渐，将犯罪扼杀在萌芽中就是刑罚的成功之处。单位累犯的设立如果能迫使犯罪单位不得不变更本体，就说明其已经起到了一定的预防作用，就算没能完全阻止单位再犯罪，也在一定程度上延缓了单位再犯罪，对其再犯罪增设了障碍。当然，这只是从单位累犯制度设立所要达到的预防再犯罪的目的的角度进行的说明。单位累犯制度的设立，即便没有对单位后罪的惩罚，同样也起到了一定的预防作用，虽然这并不能满足整个刑罚制度的要求，因为对于变更了的犯罪单位的前罪并没能予以惩罚。为此，如果要实现有罪必究，就要求我们适当地辅以其他立法，规定或限制犯罪单位的合并、分立、解散，以从源头上减少甚至避免漏洞。这已经不完全是刑法的任务了。

2. 单位不变更而内部责任人员变更后的认定

单位的直接责任人员的变动，并不会影响单位本身的性质与地位，单位本身并没有发生改变，故单位累犯的认定不应因此受影响。当单位多次实施犯罪，并满足刑法规定的一定条件时就构成单位累犯，应当从重处罚。单位的直接责任人员承担刑事责任的基础前提是单位构成犯罪，其刑事责任的大小也取决于单位犯罪的情节。既然单位后罪被认定为累犯，相应地对直接责任人员的处罚就应当从重。那些认为后罪直接责任人员没有参与前罪，故不应当对其从重处罚的观点，实际是混淆了单位犯罪与自然人犯罪。

因此，"有前科的单位并不因为它的具体意志表达者和行为实施者的改变而不能构成累犯"①。如果单位再次犯罪，表明其主观恶性和人身危险性并没有随着刑事制裁而消除，不知悔改理应受到从重处罚。

3. 自然人为前后两罪的责任人，单位仅与其中一罪有关的认定

单位直接责任人员因单位犯罪被判处有期徒刑以上刑罚之后，又故意犯应当被判处有期徒刑以上刑罚的犯罪，以及自然人因故意犯罪被判处有期徒刑以上刑罚，又作为单位犯罪直接责任人员被判处了有期徒刑以上刑罚，在这两种情形下，自然人的行为性质应如何认定？我们认为，在这两种情形下，自然人是前后两罪的责任人，单位仅与其中一罪有关，不可能构成单位累犯，倘若满足刑法规定的累犯要件，只能认定为自然人累犯，对该自然人从重处罚。

（四）在国外受到刑事处罚的单位又重新犯罪构成单位累犯的问题

由于世界经济的全球化趋势，越来越多的单位在国外设有分支机构或者有经营活动，单位在国外因犯罪受到刑事处罚的情况会越来越多。针对单位在国外因犯罪受到刑事处罚后又在我国境内犯一定之罪符合累犯构成要件的是否以单位累犯论处的问题，笔者认为，应当根据我国刑法对国外的判决有条件承认的精神，区分不同情况处理：一是单位在国外实施的犯罪行为我国刑法不认为是犯罪的，不得作为单位累犯的成立要件。二是单位在国外受到刑法处罚的犯罪行为我国刑法也认为是犯罪的，该外国的刑事宣判应当作为在我国再次犯罪构成单位累犯的

① 沙君俊著：《单位犯罪的定罪与量刑》，人民法院出版社 2002 年版，第 141 页。

条件，从重处罚。

（五）单位累犯的处罚

1. 单位累犯的处罚原则

对累犯从重或者加重处罚是任何累犯制度的应然归属，无论是自然人累犯制度还是单位累犯制度，无论是国外的累犯立法实践还是我国的累犯立法实践，都要通过从重或者加重处罚的手段达到刑罚上预防再次犯罪的目的，不同的只是从重或者加重的幅度而已。我国刑法对自然人累犯的处罚原则是从重处罚，理论界也普遍趋向于从重处罚原则。虽然也有少数学者主张加重处罚，亦有学者主张对一般累犯从重处罚，而对特殊累犯应该加重处罚，以适应二者的社会危害性差异，① 但是在我国，对单位累犯的处罚仍然要坚持从重处罚原则。对单位累犯的从重处罚是坚持刑法的统一性和系统性的要求。首先，我国现行刑法对自然人累犯的处罚原则是从重处罚，假如对单位累犯实行加重处罚的话，就等于刑法对单位累犯提出了更高的要求，对不同的刑法主体有不同的态度，违背了刑法面前人人平等原则。其次，尽管单位累犯在社会危害性和人身危险性方面较单位初犯要严重，但累犯制度仅仅是刑法中的量刑情节，不足以使单位累犯的社会危害性突破我国刑法根据该犯罪行为所规定的法定最高刑，加重处罚有违法定刑的配置依据和罪刑相当原则。

参照《刑法》第 65 条对自然人累犯的处罚原则，对单位累犯应当从重处罚还应注意以下几个方面：其一，是“应当”从重处罚，也就是说，单位再次实施犯罪后，不因单位的性质、规模、经济实力的差异，只要符合累犯构成要件并成立累犯的，必须一律对犯罪单位在法定刑的幅度内处较重的刑罚，审判人员没有自由裁量的余地。其二，对单位累犯量刑的“从重”，应当是在法定刑的幅度内从重处罚，即在不考虑单位所犯前罪的前提下，对单位所犯后罪按照罪责刑相适应的原则予以量刑，然后在此刑罚所对应的法定刑的幅度内再从重。

2. 单位累犯从重处罚的范围

对于单位累犯从重处罚的范围，即在单位构成累犯的情形下，对单位从重处罚是仅对单位适用较重的罚金刑，还是既对单位适用较重的罚金刑，又对其直接负责的主管人员和其他直接责任人员适用较重的刑罚，学者们存有异议。有的学者主张，单位累犯中的直接负责的主管人员和其他直接责任人员以前未曾犯罪，根据罪责自负原则，他们并未构成累犯，只能按一般初犯处罚。② 如前文所述，有学者提出，对法人（单位）犯罪应当增加刑罚种类。我们认为，对于单位初

① 苏彩霞著：《累犯制度比较研究》，中国人民公安大学出版社 2002 年版，第 154 页。

② 黄骏：《单位累犯初探》，载《广西经济管理干部学院学报》2000 年第 S1 期。

次犯罪仍以仅判处罚金为宜，但对于单位累犯可以规定营业禁止、解散等其他刑罚方法。

3. 单位累犯从重处罚方法

单位累犯以单位再次犯罪为基础。对单位累犯从重处罚，即以单位再次犯罪对单位自身应判处的刑罚为基础，在法定刑幅度内处以较重的罚金刑，也就意味着罚金数额从起点数额出发向顶点数额靠近乃至抵达顶点数额。[①] 我国《刑法》第 31 条规定，“单位犯罪的，对单位判处罚金……”说明目前我国刑法适用于单位自身的刑罚只有罚金刑一种。我国刑法对罚金数额的适用规定了三种方式：

第一种是限额罚金制，即刑法规定罚金的一定数额，由人民法院根据案件的具体情况，在法定数额幅度内作出裁量的罚金制度。例如，《刑法》第 176 条规定：“非法吸收公众存款或者变相吸收公众存款，扰乱金融秩序的，处三年以下有期徒刑或者拘役，并处或者单处二万元以上二十万元以下罚金；数额巨大或者有其他严重情节的，处三年以上十年以下有期徒刑，并处五万元以上五十万元以下罚金。单位犯前款罪的，对单位判处罚金，并对其直接负责的主管人员和其他直接责任人员，依照前款的规定处罚。”

第二种是倍比罚金制，即刑法规定以某个与犯罪有关的数额为基础，然后以其一定的倍数或比例来确定罚金数额。例如，《刑法》第 180 条第 1 款和第 2 款规定：“证券、期货交易内幕信息的知情人员或者非法获取证券、期货交易内幕信息的人员，在涉及证券的发行，证券、期货交易或者其他对证券、期货交易价格有重大影响的信息尚未公开前，买入或者卖出该证券，或者从事与该内幕信息有关的期货交易，或者泄露该信息，或者明示、暗示他人从事上述交易活动，情节严重的，处五年以下有期徒刑或者拘役，并处或者单处违法所得一倍以上五倍以下罚金；情节特别严重的，处五年以上十年以下有期徒刑，并处违法所得一倍以上五倍以下罚金。单位犯前款罪的，对单位判处罚金，并对其直接负责的主管人员和其他直接责任人员，处五年以下有期徒刑或者拘役。”《刑法》第 159 条规定：“公司发起人、股东违反公司法的规定未交付货币、实物或者未转移财产权，虚假出资，或者在公司成立后又抽逃其出资，数额巨大、后果严重或者有其他严重情节的，处五年以下有期徒刑或者拘役，并处或者单处虚假出资金额或者抽逃出资金额百分之二以上百分之十以下罚金。单位犯前款罪的，对单位判处罚金，并对其直接负责的主管人员和其他直接责任人员，处五年以下有期徒刑或者拘役。”

第三种是无限额罚金制，即刑法不规定罚金的数额或者幅度，而由人民法院根据案情，自由裁量罚金数额。例如，《刑法》第 169 条之一规定：“上市公司

① 马荣春：《论单位累犯》，载《河北法学》1999 年第 1 期。

的董事、监事、高级管理人员违背对公司的忠实义务，利用职务便利，操纵上市公司从事下列行为之一，致使上市公司利益遭受重大损失的，处三年以下有期徒刑或者拘役，并处或者单处罚金；致使上市公司利益遭受特别重大损失的，处三年以上七年以下有期徒刑，并处罚金……犯前款罪的上市公司的控股股东或者实际控制人是单位的，对单位判处罚金，并对其直接负责的主管人员和其他直接责任人员，依照第一款的规定处罚。”

由此，在适用罚金刑对单位累犯本身处罚时，应根据刑法之规定对上述三种情形区别对待：对于单位犯刑法中规定的限额罚金之罪而构成累犯的，对该单位累犯从重处罚时，应在法定罚金数额幅度内判处较重的罚金数额；单位犯刑法中有倍比罚金规定之罪而构成累犯的，对该单位从重处罚时，应判处较大倍数或比例的罚金数额，但不能超过法定倍数或比例；单位犯刑法中规定的无限额罚金之罪而构成累犯的，应根据具体案件情况，按照单位非累犯确定应适用的罚金数额，然后再根据累犯情节从重判处而最终确定应适用的罚金数额。

第五节　未成年累犯相关问题

未成年人是一个非常特殊的群体，各国都从刑事实体法律和刑事程序法律对未成年人保护给予了特殊的规定。我国刑法中的未成年人，是指犯罪时已满 14 周岁不满 18 周岁的人。

一、国外立法的规定

国外对于未成年人能否构成累犯的立法例表明，未成年人不构成累犯作为一项原则已经为许多国家所采纳。总的来看，保护未成年人的累犯例外情况，可以分为两种类型：一是前罪发生时犯罪人未成年的，不构成累犯。例如，《泰国刑法典》第一章第八节对累犯作了专节规定，其中第 94 条特别规定：“过失犯、轻罪犯及未满 17 岁之人其所犯之罪，无论系前罪和后罪，均不将之视为本节加重之罪。”《俄罗斯联邦刑法典》第 18 条第 4 款规定：“一个人在年满 18 岁之前实施犯罪的前科，以及其前科依照本法典第 86 条规定的程序被撤销时，在认定累犯时不得计算在内。”[①] 二是无论前后罪发生于何时，未成年人根本不构成累犯。例如，《埃及刑法典》规定不满 15 周岁的人不构成累犯，《英国刑法典》规定不满 22 周岁的人不构成累犯。[②] 这样说来，行为人在实施犯罪时只要不满一

---

① 参见黄道秀等译：《俄罗斯联邦刑法典》，中国法制出版社 1996 年版，第 10 页。

② 糜耀喜、徐建宏：《有关累犯的几个问题研究》，载赵秉志主编：《新刑法施行疑难问题研究与适用》，中国检察出版社 1999 年版，第 326 页。

定的年龄，即使符合累犯其他成立条件也不构成累犯。如果行为人实施前罪时不满一定年龄，但实施后罪时已经超出了一定的年龄，此时只要符合累犯其他成立条件也可以构成累犯。[①] 相对来说，上述第一种立法例对于未成年人的保护范围更为宽泛，对于未成年人的健康成长更为有利。

二、未成年人不应该作为累犯主体的解析

（一）有利于保护未成年人健康成长

为了更好地保护未成年人的健康成长，我国现行刑法对于未成年人的保护给予了极大的关注，具体体现在以下四个方面：一是严厉打击以未成年人为犯罪对象的犯罪，如拐骗儿童罪；二是严厉打击以未成年人为犯罪工具的犯罪，如对教唆未成年人犯罪的行为人要从重处罚；三是犯罪的时候不满 18 周岁的人应当从轻或者减轻处罚；四是犯罪的时候不满 18 周岁的人不适用死刑。刑法这样规定，是为了在更大程度上保护未成年人的合法权益和在最大程度上挽救未成年人。由于未成年人的生理、心理发育不是很成熟，世界观、人生观还未形成，社会经验不足，辨别是非的能力较差，自我控制能力有限，在性格和心理上的可塑性强，主观恶性不是很深，人身危险性不是很大，因此，即使符合累犯构成的条件，也要与成年人构成累犯加以区别，对于他们仍要坚持教育为主、惩罚为辅的方针。

首先，从未成年人犯罪的特点来看。未成年人在接受刑罚处罚后再次犯罪，其主观上的可谴责性和人身危险性较未成年人初犯固然要大。但其毕竟还是未成年人，生理和心理发育尚未成熟，认识世界、辨别是非和控制自我的能力毕竟有限，在性格和心理上的可塑性强。因此，即使未成年人再犯符合累犯条件，由于其改造的可能性依然大于成年人再犯，所以不应以累犯处罚，而仍应坚持教育为主、惩罚为辅的方针。如果把未成年人像成年人一样作为累犯的适格主体，只要符合条件的，就从重处罚，并剥夺其适用缓刑和假释的机会，是不利于未成年罪犯的改造的。

其次，从我国一向对未成年人给予特殊保护的立法精神来看。未成年人作为一个特殊的社会群体，长期以来都是我国法律强调保护的对象。《中华人民共和国未成年人保护法》第 54 条第 1 款规定，对违法犯罪的未成年人，实行教育、感化、挽救的方针，坚持教育为主、惩罚为辅的原则。我国《刑法》就是一部充分体现保护未成年人合法权益精神的刑法典，如规定未成年人犯罪的，应当从轻或者减轻处罚；对未成年人不适用死刑等。而把未成年人作为累犯的适格主体，让未成年人再犯承受从重处罚、不适用缓刑和假释等一系列累犯严厉的法律

---

① 苏彩霞著：《累犯制度比较研究》，中国人民公安大学出版社 2002 年版，第 220 页。

后果，显然是与上述精神相违背的。①

最后，从我国设立累犯制度的初衷和目的来看。设立累犯制度，主要是针对那些主观恶性深、人身危险性大的再犯，通过规定较为严厉的法律后果予以打击，并预防其再次犯罪。累犯的范围应宽严适度，过于狭小，则不能很好地实现打击和预防犯罪的目的；过于宽泛，则一方面使那些主观恶性不太深、人身危险性不太大的再犯承受了不应有的严厉处罚，另一方面不利于集中力量打击主观恶性深、人身危险性大的再犯。然而，未成年人再犯，并不能说明其主观恶性和人身危险性达到了应以累犯处理的程度。所以，未成年人在刑罚执行完毕或赦免后5年内，又故意犯罪的，其主观恶性和人身危险性固然比其他未成年罪犯要大，但由于未成年人可改造性强、可塑性大，尚不致屡教不改，所以不适合适用累犯处罚。如果按累犯处理，就不得适用缓刑和假释，这样一来，对于未成年人的改造是很不利的。并且，与成年人再犯相比，其主观恶性和人身危险性显然要小得多，将主观恶性和人身危险性不那么大的未成年人再犯与主观恶性和人身危险性较大的成年人再犯一同纳入累犯的范围，不但不适当地扩大了我国累犯的范围，同时也违背了集中力量打击和预防主观恶性深、人身危险性大的罪犯的立法目的。

（二）符合各国立法设立累犯制度的初衷

纵观当今世界各国立法，可以看出，设立累犯制度的目的是为了惩罚主观恶性和人身危险性较大的罪犯。而未成年人再犯，并不一定就是主观恶性和人身危险性大。同时，从未成年人保护的角度出发，由于未成年累犯年龄较轻，可塑性强，因而改造归善的几率也较大，应当在立法和司法实践中对未成年罪犯采取教育、挽救、感化为主的方针。确立未成年人不构成累犯这一原则，既充分体现了对未成年人保护的精神，同时也符合各国立法设立累犯制度的初衷和目的。

（三）保障未成年人人权，顺应国际人权保护发展趋势

刑法是公民自由的大宪章，这一思想既是现代法治国家刑法的精神支柱，也是现代刑法与以往专制刑法的最根本区别之一。“单纯社会保障工具”已经不再是刑法唯一的价值观念，取而代之的是，刑法被看做是社会保障与人权保护的共同武器。作为刑法价值之一的人权保护，不仅仅是指普通公民的人权保护，更重要的是未成年人的人权保护，然而未成年人在刑法意义上的“人权保护”却最容易受到忽视。诚然，基于其行为的实际危害后果，未成年罪犯需要承担一定的刑罚，但我们并不能因为未成年人生理、心理的发育不成熟导致的一次“偶然性失足”，而让其终生身负“前科记录”，这既不是立法主旨本意所在，也与现

① 苏彩霞：《现行累犯制度的不足及其完善》，载《法学》2002年第4期。

代法治精神南辕北辙，更同当今国际人权保护发展的大趋势背道而驰。①

三、《刑法修正案（八）》对未成年累犯问题的修正

《刑法修正案（八）》第6条将《刑法》第65条第1款修改为："被判处有期徒刑以上刑罚的犯罪分子，刑罚执行完毕或者赦免以后，在五年以内再犯应当判处有期徒刑以上刑罚之罪的，是累犯，应当从重处罚，但是过失犯罪和不满十八周岁的人犯罪的除外。"不满18周岁的人犯罪不构成累犯的直接法律后果是：未成年罪犯即使再有犯罪行为也不作为法定从重处罚的情节。这主要考虑到未成年人身心发育尚未成熟，对犯罪的未成年人更好地体现以教育为主的方针，便于他们以后顺利地融入社会，成为服务社会的有用之材，是国家给予未成年人的一个特殊宽宥待遇。也有学者提出不同观点，认为现在未成年人心智发育成熟较早，犯罪率逐年增高，犯罪恶性程度也越来越大，对于未成年人犯罪，刑法已规定了从宽处理，这些未成年罪犯没有悔改并再次犯罪应该作为累犯，但该意见最终没有被立法机关采纳。对于上述条文规定，具体包括两种情况：一是指已满14周岁不满16周岁的人，犯《刑法》第17条第2款规定的故意杀人、故意伤害致人重伤或者死亡、强奸、抢劫、贩卖毒品、放火、爆炸、投毒（《刑法修正案（三）》将"投毒"改为"投放毒害性、放射性、传染病病原体等物质"）等八种犯罪行为之外罪行的，是不承担刑事责任的。这一年龄段的人，也称限制刑事责任年龄人。二是指已满16周岁不满18周岁的人，犯《刑法》分则规定之罪的，如果犯前罪时不满18周岁，即使犯后罪时已满18周岁，也不构成累犯。如果行为人在年满18周岁前后实施了数个行为，构成一罪或数罪，因判决时其已满18周岁，应以累犯论处。不满18周岁的人犯罪不构成累犯的规定应理解为，只要行为人前罪是发生在未成年时，则后罪无论发生在未成年时还是成年时，都不构成累犯。这样理解，不但使《刑法修正案（八）》第6条的规定切合了未成年人自身的特点，有利于有悔改表现或决心的未成年罪犯轻装上阵，以恢复他们重新做人的信心，引导其顺利地回归社会，也与《刑法修正案（八）》第19条②的修改目的相符合，体现了法条设计的一致性和协调性。

此外，《刑法修正案（八）》规定不满18周岁的人犯罪不构成累犯，具有积极的进步意义，但却未将特殊累犯与毒品再犯中不满18周岁的人排除在外。不管是一般累犯、特殊累犯，还是毒品再犯，性质是一样的，都是为了加强社会控

---

① 参见崔志鑫、王兆星：《未成年人累犯问题研究》，载《河北青年管理干部学院学报》2009年第6期。

② 《刑法修正案（八）》第19条规定："在刑法第一百条中增加一款作为第二款：'犯罪的时候不满十八周岁被判处五年有期徒刑以下刑罚的人，免除前款规定的报告义务。'"

制与管理，而对重新故意犯罪的人予以从重惩治。故此，不满 18 周岁的人犯罪不构成累犯应当包括《刑法》第 66 条规定的特殊累犯及第 356 条规定的毒品再犯。其实，可以将不满 18 周岁的人犯罪不构成累犯的规定在今后修正时以单个条款列出，作为特别条款——“某条之一”予以规定，这里所说的累犯，应包括《刑法》第 65 条规定的一般累犯和第 66 条规定的特殊累犯及第 356 条规定的毒品再犯。但由于不满 18 周岁的人犯罪不构成累犯的规定被修正在《刑法》第 65 条的一般累犯中，且以“被判处有期徒刑以上刑罚的犯罪分子，刑罚执行完毕或者赦免以后，在五年以内再犯应当判处有期徒刑以上刑罚之罪”为前提，并没有涵盖《刑法》第 66 条规定的特殊累犯及第 356 条规定的毒品再犯，给司法实践带来困惑。一般而言，在实务中，未成年人参与危害国家安全犯罪、恐怖活动犯罪的概率几乎为零，但在黑社会性质的组织犯罪和毒品犯罪中仍然有未成年人参与的可能。故按现行修正后的法条解释，不满 18 周岁的人犯《刑法》第 66 条和第 356 条中规定的犯罪行为依然构成特殊累犯和毒品再犯，其中，已满 14 周岁不满 16 周岁的人贩卖毒品的，之后再犯毒品犯罪的，应当构成再犯；已满 16 周岁不满 18 周岁的人因为是限制刑事责任年龄人，更应当构成《刑法》第 66 条规定的特殊累犯及第 356 条规定的毒品再犯。那么，在实务中就会产生这样的困惑：已满 14 周岁不满 16 周岁的人犯故意杀人罪被处罚，刑罚执行完毕或赦免以后，5 年之内再犯罪不能构成累犯，而如果同样一个人贩卖 1 克海洛因被判过刑，又犯《刑法》分则第六章第七节规定的毒品犯罪，即使情节轻微，也要构成毒品再犯，这未免有所失衡，且如果该未成年人被从轻处罚，在缓刑、假释或暂予监外执行期间又犯前述毒品犯罪的，除依法数罪并罚外，还应适用《刑法》第 356 条认定为毒品再犯。

事实上，对于“判过刑”，应当是指前罪判决已生效，而不论是否已经服刑完毕，包括刑罚未执行或者未执行完毕的情形。毒品再犯不要求前罪的刑罚已经执行完毕或赦免，也不要求本次犯罪与前次犯罪之间有确定的时间间隔。如果不将未成年人排除在毒品再犯之外，还会受刑法“不得适用缓刑”和“不得适用假释”规定的制约。

上述问题似乎与审理未成年人犯罪案件须贯彻“教育为主、惩罚为辅”原则和“教育、感化、挽救”方针相悖。因此，我们建议将未成年人也排除于特殊累犯和毒品再犯的适用范围之外。

第六节　累犯的法律后果

一、累犯从重处罚

累犯，是指曾因犯罪而受过一定的刑罚处罚，刑罚执行完毕或者赦免以后，在法定期限内又犯一定之罪的犯罪人。作为“少部分的人，犯大部分的罪”的累犯，成为制造最大犯罪恐惧感的人。[①] 如何对累犯进行刑事处罚，直接关系到我国的刑罚目的和刑事政策的趋向。

日本、韩国、法国等国家的刑法均规定对累犯应加重处罚，并且一般是加重至两倍以下。[②] “这反映了西方国家累犯的严重情况和需要严厉打击的客观要求。”[③]《俄罗斯联邦刑法典》第 68 条规定：“（1）在对累犯、危险的累犯或特别危险的累犯处刑时，应考虑以前所犯罪行的数量、性质和社会危害性程度、考虑致使以前的刑罚不足以对罪犯进行改造的情节，以及考虑所犯新罪的性质和社会危害程度。（2）对累犯所处的刑罚不得低于法定刑最重刑种最高刑期的 1/2，而对危险的累犯不得低于其 2/3，而对特别危险的累犯，不得低于法定最重刑种最高刑期的 3/4。（3）如果本法典分则的条（款）已将犯罪人的前科规定为犯罪的必要要件，以及在具有本法典第 64 条规定的特殊情节的条件下，对累犯、危险的累犯或特别危险的累犯处刑时不得考虑本条第 2 款规定的规则。”[④]《俄罗斯联邦刑法典》的规定表明，其对累犯的处罚既不受前罪处刑的限制，也不受后罪处刑和犯罪时间的限制，只要再犯新罪就要加重处罚，按一般累犯、危险的累犯、特别危险的累犯的排序而递增。

我国现行刑法规定，对于累犯，应当从重处罚。对于从重处罚的含义，有学者对此进行了分析，认为应从三个方面来把握：一是“应当”从重处罚。也就是说，犯罪人再次实施犯罪之后，只要符合累犯条件并构成累犯的，审判人员就必须对犯罪人在法定刑的幅度内处以较重的刑罚。二是比照初犯从重处罚，即对累犯的从重不是无原则的从重，而是以初犯为参照系。当累犯所实施的犯罪行为与某一初犯实施的犯罪行为相似时，比照对该初犯应判的刑罚再从重一些。三是

---

① 沈玉忠：《累犯“三振出局”制度之探讨》，载《贵州大学学报（社会科学版）》2007 年第 3 期。

② 《法国刑法典》规定，对累犯的处罚在个别情况下可以变通。

③ 马克昌著：《比较刑法原理》，武汉大学出版社 2002 年版，第 907 页。

④ 转引自周其华著：《中国刑法总则原理释考》，中国方正出版社 2001 年版，第 319 页。

对累犯从重处罚并非一律“判处法定最高刑”。虽然可以对累犯处以法定最高刑，而且这也是从重处罚原则所允许的，但不能一律“判满贯”，是否判处法定最高刑，要根据具体案情综合考虑。① 以上观点符合理论上和实践中对“应当从重处罚”规定的认识，无疑是正确的。在确定累犯的刑事责任时，对于构成累犯的犯罪人，都必须对其在后罪法定刑的限度内判处相对较重的刑罚，即适用较重的刑种或较长的刑期。所以，作为犯罪人的一种类型，现实中的累犯所表现出的主观恶性和人身危险性有较大的差异，从重处罚的原则与具有较深主观恶性和较大人身危险性的累犯的刑事责任是相适应的。但是，对于部分具有更深主观恶性和更大人身危险性的累犯来说，从重处罚原则所产生的威慑力及适用所产生的刑罚之量，则不足以起到惩罚和遏制犯罪的作用。②

二、累犯不得适用缓刑

我国刑法明确规定，累犯不适用缓刑。这是因为缓刑是附条件地不执行原判刑罚，以犯罪人没有再犯罪的危险为前提，而累犯本身就是屡教不改的明证，二者之间是存在矛盾的。对累犯适用缓刑，可能对社会带来严重的危害。国外的立法也大都是这样规定的，如《瑞士刑法典》第 41 条规定：“作为前 5 年内，如因故意犯重罪或轻罪而受 3 个月以上重惩自由刑或轻惩自由刑之执行者，不得缓刑。”

近来有学者提出，通常情况下，对累犯不能够适用缓刑，但有特别值得宽宥的情节并确有必要的除外。③ 这里的“特别值得宽宥的情节”，是指正当防卫、受害人有重大过错等说明犯罪人并无人身危险性的情节。例如，甲为刑满释放犯，靠卖猪肉维持一家人的生活，因不能忍受欺行霸市者乙的一再欺压而于某日将乙砍伤，构成累犯。甲案发后自首，认罪态度好，一家人又指望他提供生活来源。在这种情况下，就应当对其宣告缓刑。笔者倾向于这种主张，因为设立累犯制度的目的是打击那些屡教不改、人身危险性较大的犯罪分子，而对于如正当防卫、受害人有重大过错等并无人身危险性的犯罪人，对其适用缓刑将会对社会产生良好的影响并对其家庭具有重要意义。

三、累犯不得适用假释

累犯不适用假释是我国 1997 年《刑法》增设的处遇措施。立法之所以规定

---

① 参见高铭暄主编：《刑法学原理（第二卷）》，中国人民大学出版社 1993 年版，第 197～198页。

② 韩轶：《我国累犯制度立法之完善》，载《法商研究》2006 年第 3 期。

③ 参见李文燕、左坚卫：《论我国缓刑适用制度的立法完善》，载《山东公安专科学校学报》2003 年第 5 期。

对累犯不适用假释，主要是考虑到这些罪犯罪行严重，攻击性强，主观恶性深，社会危害性大，将他们提前释放到社会上，还有继续危害社会的可能，所以不宜适用假释。[①]

但1997年修订《刑法》后，一些学者提出疑义，主要观点有：该规定忽视了刑罚的教育改造功能；采取“一刀切”的办法，忽视了罪犯人身危险性程度的差异；在刑释人员中往往有长刑犯的重犯率低于短刑犯的特点；从重打击可在判刑中体现而不必限制假释；限制假释将增加中长刑犯的服刑时间，不符合刑罚的经济性原则；限制假释不符合假释制度设计的价值取向；与行刑个别化的理论不符，等等。[②] 但上述观点也指出不能矫枉过正，累犯与其他类型犯罪人相比，其主观恶性和人身危险性毕竟要大，需要通过更长一段时间的教育改造，方能判断其是否确有悔改表现，是否假释后没有再犯罪的危险。因此，主张在适用假释的时间条件上，对累犯作更严的要求。[③] 还有学者指出，在刑法中规定对于累犯和被判处10年以上徒刑的暴力性罪犯不得假释却可以减刑是刑事立法中的一个缺陷。[④] 这是一种不正常的状况，减刑就性质上来说是一种比假释更高的奖励。因为经过减刑，被减的刑期就绝对不用执行，罪犯因减刑而提前释放后，不必再对其进行监督。而假释期间的刑期是附条件地不予执行，假释后要对罪犯进行监督，这就造成所谓社会危险性较大的罪犯不可给予有条件的释放（假释），却可给予无条件的释放（减刑）的逻辑错误。这种做法严重破坏了行刑制度的统一和协调。

我国立法未给予累犯假释的机会，主要是考虑到累犯的社会危害性和人身危险性较初犯大之故。假释是一种附条件的提前释放制度，其适用的最关键、最实质性的条件是刑罚执行一部分后受刑人的表现。而累犯虽然表明犯罪人人身危险

---

① 参见李淳、王尚新主编：《中国刑法修订的背景与适用》，法律出版社1998年版，第80页。

② 参见赵秉志、苏彩霞：《现行累犯制度的不足及其立法完善》，载《法制日报》2003年4月25日；李绍春：《新刑法第八十一条与司法实践（假释）》，载《中国监狱学刊》1997年第5期；韦华：《论假释制度及其执行》，载《中国监狱学刊》1998年第2期；杜菊：《关于假释禁止性规定的思考》，载《中国监狱学刊》1998年第4期；李和平：《对刑法修改关于累犯及暴力犯不得假释规定之我见》，载《犯罪与改造研究》1998年第8期；冯军：《罪犯假释制度之检讨》，载《中国监狱学刊》1999年第2期；张全仁、解玉敏：《我国的假释制度及其完善》，载《上海市政法管理干部学院学报》1999年第6期。

③ 参见赵秉志、苏彩霞：《现行累犯制度的不足及其立法完善》，载《法制日报》2003年4月25日。

④ 参见刘强：《我国应当适当放宽对假释的限制》，载《上海政法学院学报》2000年第4期；邓宇琼：《论假释的条件》，载《北京市政法管理干部学院学报》1999年第3期。

性较大，但毕竟只是犯罪时的情况，不足以说明刑罚执行一部分后犯罪人的情况，规定累犯不得假释，显然不妥。例如，有学者曾到某监狱对累犯和被判处10年以上徒刑的暴力性罪犯（杀人、抢劫、伤害）进行了调查，其结果表明：被调查对象中80%是因为内部矛盾激化而犯罪的，被伤害对象中大部分是亲友或熟人。他们中的多数在入监后为自己的一时冲动而造成的重判后果感到得不偿失，希望能通过在监服刑时自己的主观努力而争取早日出狱。这些人中的一部分人在狱内确实表现较好，已获得百分考核的奖励分，有的已获得了常规减刑（指通过奖励分的积累而获得的减刑）的奖励。①

由上述调查可知，这里并非所有的罪犯都主观恶性深，而且一部分罪犯在狱中确有悔改表现，经人民法院审定已予以减刑。那么，既然可以获得减刑为什么就不能获得假释呢？当然，累犯毕竟是比初犯人身危险性更大的犯罪人，对累犯规定与初犯相同的假释条件，不免又忽视了累犯的人身特点以及累犯与初犯的区别。对于这种顾虑，可以通过采用对累犯适用较初犯更严的假释条件的方法来解决。国外立法对初犯和累犯的假释条件有不同规定，但没有一个国家规定累犯不能假释，而是对“已经执行一部分刑罚”这个条件有明确的规定。《巴西刑法典》第60条的累进制规定，如果犯罪人是初犯但已服刑一半以上，符合其他条件的，就可假释；但如果是累犯，则必须已服刑四分之三以上，符合其他条件的，才可假释。意大利规定必须已执行原判刑期四分之三，且至少是3年；荷兰规定必须已执行原判刑期四分之三，且余刑不超过3年；日本、英国则规定为原判刑期的三分之一。执行更多的已判刑罚，这既发挥了假释制度促进累犯者改造的功能，又考虑了累犯者人身危险性大于初犯者的特点，更为公允可取。故此，假释应是一项一般的、正常的制度，而不应将其作为一个例外制度。它应当对所有的犯罪人适用。我国对累犯不得适用假释的规定，与我国刑法长期以来报应刑色彩浓重有很大关系，刑法应当体现公平、公正的原则，这更有利于我国刑罚目的的实现。

四、死缓累犯减刑限制

《刑法修正案（八）》第4条将《刑法》第50条修改为两款，修改后的《刑法》第50条第2款规定：“对被判处死刑缓期执行的累犯以及因故意杀人、强奸、抢劫、绑架、放火、爆炸、投放危险物质或者有组织的暴力性犯罪被判处死刑缓期执行的犯罪分子，人民法院根据犯罪情节等情况可以同时决定对其限制减刑。”《刑法修正案（八）》第15条又将《刑法》第78条第2款修改为：“减

① 参见刘强：《我国应当适当放宽对假释的限制》，载《上海政法学院学报》2000年第4期。

刑以后实际执行的刑期不能少于下列期限：……（三）人民法院依照本法第五十条第二款规定限制减刑的死刑缓期执行的犯罪分子，缓期执行期满后依法减为无期徒刑的，不能少于二十五年，缓期执行期满后依法减为二十五年有期徒刑的，不能少于二十年。”

对死缓累犯限制减刑的正确理解包括以下几个方面：（1）针对对象。在这种情形下被限制减刑的对象是死缓累犯。所谓死缓累犯，是指被判处死刑缓期执行的累犯。具体而言，是指故意犯罪者刑罚执行完毕或者被赦免后重新故意犯罪，被判处死刑缓期执行。这里的“累犯”，既包括一般累犯，也包括特殊累犯。（2）作出主体。对死缓累犯作出限制减刑决定的是人民法院，具体是指对犯罪分子作出死刑缓期执行判决的人民法院。（3）权限范围。人民法院对被判处死刑缓期执行的累犯可以视犯罪情节等情况作出限制减刑的决定，即人民法院有自由裁量权。（4）作出依据。人民法院对死缓累犯作出限制减刑决定的依据是“犯罪情节等情况”，“犯罪情节”一般是指贯穿于犯罪构成要件中或与犯罪有关，而直接影响对犯罪人定罪、量刑轻重、适用刑种和刑罚幅度的事实或情况。（5）程序条件。人民法院对死缓累犯限制减刑决定的程序条件是“同时决定”，此处的“同时”应是指对犯罪分子作出死刑缓期执行判决的同时。

对死缓累犯限制减刑体现了对这种罪犯从严惩处的立场。严厉惩处累犯是当今世界各国重要的刑罚裁量制度之一。上述修改实际上是加重了累犯的法律后果，体现了对累犯从严惩处的一面。司法实践中的实际情况是，被判处刑罚的多数犯罪分子能够认罪悔罪，刑满释放或者被赦免后能够回归社会成为守法公民，然而，也有少数被判处刑罚的犯罪分子，不思悔改，刑罚执行完毕或者被赦免后重新实施故意犯罪，严重危害社会。故意犯罪者刑罚执行完毕或者被赦免后重新故意犯罪，表明其并未真正接受改造、认罪服法，而常常是公然向社会和法律挑衅，具有更深的主观恶性和更大的人身危险性，因而社会危害性更为严重。设立累犯制度的目的就在于从重严惩这类犯罪人。只有如此，才能有效地保证刑罚的特殊预防和一般预防目的的实现，增强惩罚犯罪、改造罪犯的实际效果。对于被判处死刑缓期执行的累犯而言，他们的主观恶性更深、人身危险性更大，其实施犯罪的严重性、犯罪所造成的社会危害性是不言而喻的。根据刑法罪刑相适应的原则，应当严格限制对某些判处死刑缓期执行的罪行严重的罪犯的减刑，延长其实际服刑期。基于这样的理由，《刑法修正案（八）》规定对其限制减刑。

对死缓累犯限制减刑，在一定程度上缓和了过多适用减刑而损害国家法律的严肃性和人民法院判决的权威性的矛盾冲突问题。被判处死刑缓期执行的罪犯，尽管其不是必须立即执行死刑的罪犯，但也属罪大恶极，其犯罪的社会危害性极大，主观恶性极强，同时构成累犯的，更进一步说明其具有更深的主观恶性、人身危险性以及社会危害性，对于这样的罪犯限制减刑，体现了罪刑相适应原则和刑罚个别化原则。但人民法院在作出死刑缓期执行判决的同时决定对累犯限制减刑，对犯罪人的改造效果会有一定的负面影响。减刑制度，一般是指对被判处管制、拘役、有期徒刑、无期徒刑的犯罪分子，根据其在刑罚执行期间的悔改或者立功表现，而适当减轻其原判刑罚的制度，这是一般意义上的减刑。而广义的减刑还应该包括被判处死刑缓期 2 年执行的犯罪分子，在死刑缓期执行期间，如果没有故意犯罪或者确有重大立功表现，2 年期满以后被减为无期徒刑或者一定期限的有期徒刑的情形。减刑制度是我国的一项重要的刑罚执行制度，它是在肯定原判决的前提下，根据犯罪分子在刑罚执行期间的表现，按照法定的条件和程序，依法对原判刑罚予以适当减轻。对于犯罪分子来说，实施了犯罪行为，就应当受到刑罚的制裁，但是，犯罪分子的犯罪性质、情节、社会危害性以及主观恶性程度各不相同，且在刑罚执行期间的改造情况也存在较大差异。对于确有悔改和立功表现，人身危险性明显减弱的犯罪分子，在不损害国家法律的严肃性和人民法院判决的权威性的前提下，适当减轻原判刑罚，对于鼓励犯罪分子积极改造，减少监禁刑的弊端，让其争取早日回归社会有极大的积极意义。减刑制度的必要性和合理性根据就在于区别对待的原则和刑罚经济性的原则，它的目的在于实现刑罚的特殊预防。《刑法修正案（八）》规定在对死刑缓期执行累犯判决的同时决定对其限制减刑，这在一定程度上不利于对犯罪人的改造和实现特殊预防的目的。因为，我国《刑法》第 81 条第 2 款已规定对累犯不得假释，如果再对死缓累犯限制减刑，即其刑期在缓期执行期满后依法减为无期徒刑的情况下，不能少于 25 年，在缓期执行期满后依法减为 25 年有期徒刑的情况下，不能少于 20 年，这就意味着即使死缓累犯在刑罚执行期间确有悔改和立功表现，人身危险性明显减弱，积极改造，也不能突破在判处死刑缓期执行的同时对累犯所作出的限制减刑的决定而适当减少其刑期。这对犯罪人有过于严苛之嫌，也将影响对犯罪人的改造效果。《刑法修正案（八）》显然更多的是站在对死缓累犯从严惩处的立场上，但是，对死缓累犯既限制减刑又不得假释，对其一味从严，从整个刑罚执行制度上“堵死”死缓累犯的出路，对不同表现的犯罪人未体现区别对待原则，是值得反思的。

第四章　累犯适用之疑难问题

第一节　累犯适用的一般问题

一、一般累犯之时间要件的认定

《刑法》第65条第1款规定："被判处有期徒刑以上刑罚的犯罪分子，刑罚执行完毕或者赦免以后，在五年以内再犯应当判处有期徒刑以上刑罚之罪的，是累犯，应当从重处罚，但是过失犯罪和不满十八周岁的人犯罪的除外。"这是我国刑法对一般累犯下的定义，从该定义看，一般累犯构成必须符合累犯构成的时间要件，即后罪发生在前罪刑罚执行完毕或赦免以后的5年以内。这就意味着，如果后罪发生在前罪刑罚执行完毕之前，不能构成累犯而要进行数罪并罚，只能根据漏罪或执行过程中的新罪进行数罪并罚；如果后罪发生在前罪的刑罚执行完毕或赦免5年之后，也不构成一般累犯。因此，正确把握累犯构成的时间条件，是准确适用累犯规定的重要内容。

（一）一般累犯的时间上限条件之认定

我国刑法将刑罚执行完毕或赦免以后5年内再犯罪，作为成立累犯的时间条件，其中，一般累犯的时间上限，即累犯构成中的后罪发生时间上限，刑法条款规定为前罪刑罚执行完毕或者赦免之日。关于这一问题，在司法实践中存在以下研讨之处。

1. 现行累犯时间上限条件的设定

关于一般累犯的时间上限问题，具体而言，究竟应当从前罪刑罚执行完毕开始计算，还是从判决宣告时抑或从开始执行刑罚时开始计算，刑法理论上曾有观点各异的多种学说。[①]

刑之宣告说，也被称为"主法派"学说，是指法国的一些刑法学家提出的

① 参见高铭暄主编：《刑法学原理（第三卷）》，中国人民大学出版社1994年版，第283～284页；王作富主编：《刑事实体法学》，群众出版社2000年版，第240页。

主张。他们认为，构成累犯无须以前罪刑罚已经执行为前提，只看后罪发生在前罪判决宣告后，即可构成累犯。此种观点得到了法国、意大利、巴西等国的支持，并在这些国家的刑法典中得到体现。刑之执行说认为，应当以刑之执行之时作为累犯后罪发生的起始时间，至于刑罚本身是否已经执行完毕，则在所不问，《瑞士刑法典》支持此说。刑罚执行完毕或者赦免说，也被称为“主德派”学说，该学说是德国的一些刑法学者提出的观点。他们主张以前罪刑罚执行完毕或者赦免后再犯新罪为累犯的构成条件。如果后罪仅仅是发生在前罪刑罚宣告以后或者执行期间，则不属于累犯，而应当以数罪并罚的原则处理。德国、日本等国的刑法典支持和体现了这种观点。“折中派”认为单采“主法派”或者“主德派”皆有失妥当，认为无论在前罪刑罚宣告后，还是在执行期间，抑或刑罚执行完毕或者赦免后再犯罪，均构成累犯。“折中派”尽管设定的范围过于宽泛，但是仍然得到相当多国家的支持，如墨西哥、西班牙、泰国等国家的刑法典均采此说。①

按照《刑法》第65条的规定，显然，我国采取的是“主德派”的观点。但是，有的学者对这一上限条件的合理性持怀疑态度，他们认为，把累犯中后罪的上限时间规定为前罪刑罚执行完毕或者赦免之时，未免有减少初次宣告的功效之嫌，因为宣告后再犯罪还不能认为是累犯，犯人对于刑之宣告就可以不加顾虑而再犯罪了。②

笔者认为，将累犯的时间上限限于刑罚执行完毕或者赦免之时，是相对合理的。因为累犯的设立初衷，一方面在于震慑那些已经犯过罪的人不再犯罪，另一方面是对那些再次犯罪的人给予刑法上的严厉评价，以彰显刑法对这类犯罪的否定和谴责，实现刑罚的预防功能。可以说，累犯和初犯在行为的社会危害性上并没有太大差别，而刑法之所以给予其如此严厉的惩罚就在于经过一次或者数次刑罚后，犯罪人对于刑罚的反应效果不佳，因此，要给予更为严厉的惩罚以使犯罪人得到进一步的改造。而犯罪人只有在经过刑罚的实际执行之后，才能判断出前次刑罚对犯罪人的实际效果如何，从而对犯罪人的人身危险性大小作出评价。但是，如果所判处的刑罚并没有实际执行，就对犯罪人的人身危险性作出评判，将其纳入累犯之列，给予如此严厉的惩罚，显然是违背刑法的精神的。而这三种立法例中，显然只有“主德派”的观点最能凸显犯罪人严重的人身危险性。人身危险性本身具有任意性和难预测性，其针对的是人将来的行为，而将来的行为除

① 于志刚主编：《刑罚制度适用中的疑难问题研究》，吉林人民出版社2001年版，第122页。

② 转引自王晨：《累犯比较研究》，载喻伟主编：《刑法学专题研究》，武汉大学出版社1992年版，第341~342页。

了借助预测无从知晓，而人身危险性更是难以准确预测的，理论上一般认为，人身危险性是刑罚个别化的核心。[①] 日本学者大塚仁指出："行为人本身所具有的犯罪危险性，今日要想确实地把握尚有许多困难，而且从与罪刑法定主义相结合的保障的观点来看，极端地把行为人的人性作为可罚的对象是有疑问的。"因此，我们必须借助一些条件来评价犯罪人的人身危险性，而刑罚的承受显然是可以显现出犯罪人的人身危险性较深的。并且，在判决宣告后或者刑罚开始执行之时，对于犯罪人的很多情况还不甚了解，其人身危险性只有在刑罚的执行过程中进行各方面的评判和预测，才能作出较为合理的评价。所以，将累犯的时间上限限定在前罪刑罚执行完毕或者赦免之后是合理的。

但是，这里要指出的是，《刑法》第356条规定，只要因走私、贩卖、运输、制造、非法持有毒品罪被判过刑，不论是在刑罚执行完毕后，还是在缓刑、假释或者暂予监外执行期间，又犯《刑法》分则第六章第七节规定的犯罪的，都是毒品再犯，应当从重处罚。那是否意味着累犯的时间上限已经突破了刑罚执行完毕或者赦免这一条件了呢？根据2008年12月1日最高人民法院印发的《全国部分法院审理毒品犯罪案件工作座谈会纪要》的规定，因走私、贩卖、运输、制造、非法持有毒品罪被判刑的犯罪分子，在缓刑、假释或者暂予监外执行期间又犯《刑法》分则第六章第七节规定的犯罪的，应当在对其所犯新的毒品犯罪适用《刑法》第356条从重处罚的规定确定刑罚后，再依法数罪并罚。可见，对于毒品再犯，只有符合《刑法》第65条之一般累犯要件的情况下，才属于累犯的范畴，而对于刑罚未执行完毕的情形仍是作为数罪并罚处理的，而不是以累犯论处的。所以，一般累犯的时间上限条件均为"刑罚执行完毕或者赦免后"。

2. 刑罚执行完毕或者赦免的理解问题

对于"刑罚执行完毕或者赦免"这一时间上限中的"赦免"一词，一般争议不大。在刑法理论中，一般将赦免分为大赦和特赦两种。所谓大赦，通常是对某一时期内犯有一定罪行的不特定的犯罪人免于追诉或者免除其刑罚执行，其效力在于罪灭刑灭。特赦，通常是指对受罪刑宣告的特定犯罪人免除其罪或刑，其效力一般只及于刑，而不及于罪。[②] 现代各国的赦免制度一般由宪法或者行政法（如恩赦法）所规定，而不在刑法中规定。根据我国宪法的规定，这里的赦免实际上就是特赦。但是，对于"刑罚执行完毕"，现行刑事立法中并没有明确其含义，在司法实践中也出现了很多疑难问题。

---

① 张柏胜、宋伟卫：《论刑法学中的人身危险性》，载《吉林公安高等专科学校学报》2005年第4期。

② 参见马克昌主编：《刑罚通论》，武汉大学出版社2006年版，第693～699页。

第一，在服刑期间再犯新罪的是否构成累犯。

【案例 1】①

被告人杨某，于 1997 年 3 月 7 日因犯诈骗罪被判处有期徒刑 2 年，1997 年 3 月 24 日，因病被暂予监外执行，1999 年 1 月 14 日刑罚执行完毕。经查，1998 年 7 月的一天，还处于暂予监外执行期间的杨某在某自由市场碰上彭某，以借其摩托车接人为名，将彭某的“野狼 125”摩托车骗走卖掉，价值 8000 元，但直至杨某暂予监外执行期满且刑罚执行完毕后才案发。

【案例 2】

被告人张某，于 2003 年 5 月 1 日因犯盗窃罪被判处有期徒刑 3 年，2003 年 7 月 14 日在监狱服刑期间因与同监室服刑人员李某发生口角，而将李某打成重伤，经法院查明，认定张某犯故意伤害罪，判处有期徒刑 4 年。

【案例分析】

在案例 1 中，被告人杨某前后所犯之罪都是故意犯罪，前罪为诈骗罪，后罪仍为诈骗罪，后罪距离前罪没有超过 5 年，因其后罪数额巨大，也有可能被判处有期徒刑以上刑罚，这些条件均符合一般累犯的主观要件和罪质构成条件。但杨某是在监外执行期间犯后罪，这不符合累犯所要求的前罪刑罚执行完毕这一条件。根据《刑事诉讼法》第 254 条之规定，所谓监外执行，是指被判处有期徒刑或者拘役的罪犯，有严重疾病需要保外就医，或者是怀孕或者正在哺乳自己婴儿的妇女，或者生活不能自理，适用暂予监外执行不致危害社会的，以及被判处无期徒刑，但是是怀孕或者正在哺乳自己婴儿的妇女，不适宜在监狱或其他劳动改造场所执行刑罚，而由社区矫正机构负责执行的一种特殊刑罚执行方法。暂予监外执行是一种变通的刑罚执行方式，只是由于某些特殊情况导致其不能在监狱或者其他劳动改造场所服刑，实际上行为人仍处于服刑阶段，其所判刑罚尚未执行完毕，因而案例 1 中杨某的行为不构成累犯，应依照《刑法》第 71 条之规定进行数罪并罚处理。而案例 2 中的张某虽然不构成累犯，但是由于其在服刑期间又犯新罪，按照 1994 年通过的《中华人民共和国监狱法》第 59 条之规定，其在服刑期间故意犯罪，依法从重处罚。这也就是说，罪犯在服刑期间再犯新罪的，并非单纯只依照《刑法》第 71 条数罪并罚之规定处理，而是借用了累犯的从重处罚原则，实际上属于一种司法创设的特殊累犯。对于这种情形，首先应对犯罪人所犯新罪从重处罚，然后按照数罪并罚“先减后并”的原则决定应当执行的刑罚，然后再次给予从重的评价。在这里，对于服刑期间又犯新罪的犯罪人，法律给予了双重的否定性评价，这

① 陈兴良主编：《刑法案例教程》，中国法制出版社 2003 年版，第 158 页。

种处罚显然是相当严厉的。这一评价的方式违背了刑法上的“禁止双重评价”原则，是相当不合理的处罚方式。然而在法律未修改之前，我们只得依照这一规定进行处罚。但是应当特别强调的是，这一附属刑法形式的特殊规定并不意味着“刑罚执行完毕”的时间上限要件就可以突破，而将刑罚执行完毕之前犯罪的所有情形都要从重处罚，毕竟“服刑期间故意犯罪”只是刑罚执行完毕之前的一种情形，“刑罚执行完毕”还包括缓刑、假释、暂予监外执行、保外就医等情形，只有对在服刑期间故意犯罪的犯罪人才能适用此条之规定。并且本规定也显然与累犯有着很大的差异，如时间条件和罪质条件上都不满足累犯的要件，仅仅是对其处罚从重而已，并不代表着在服刑期间故意犯罪的就构成累犯。对于此类犯罪人，并不是一律从重处罚，因为规定中并没有“应当”的字眼，而是应当视情况而定，并且还可以对其适用缓刑和假释。

这样的法律特别规定，还有针对刑满释放的犯罪人的。1981 年全国人民代表大会常务委员会《关于处理逃跑或者重新犯罪的劳改犯和劳教人员的决定》在第 2 条第 2 款规定，“刑满释放后又犯罪的，从重处罚”。这里对于刑满释放的人再犯罪的，也引用了累犯从重处罚的规定，那是否意味着对累犯时间上限要件的修改呢？关于这一问题，曾经存在较大争议，较有代表性的理论观点主要有创制说、辅助说和折中说。其中，创制说认为，这一规定是对累犯条件的重新创制，原来的累犯制度已经不再适用；而辅助说则认为，这并不是对累犯条件的修改，而是强调了累犯从重处罚的精神；折中说则认为，二者是新法和旧法的关系，根据新法优于旧法的原则，在处理有关案件时应适用本条之规定而不是一般累犯的规定。① 笔者认为，这一规定并不是说只要刑满释放的犯罪分子，不论何时再犯罪，也不论前后罪之罪质情况，都要从重处罚，而是对累犯条款的再次强调，累犯的时间上限要件并没有修改。并且，从累犯制度的设立意义来看，在于对那些有相当人身危险性的犯罪人给予特定的从重处罚评价，而其人身危险性严重与否就是通过累犯所设立的条件，即行为人虽经刑罚处罚但仍“屡教不改”表现出来的。虽然在刑罚执行期间和刑满释放后再次故意犯罪的行为人（不符合累犯要件的情况下）也具有一定的人身危险性，但是毕竟累犯的法律后果是相当严重的，所以只能针对那些具有严重人身危险性的犯罪人适用。因此，只有那些严格符合累犯要件的犯罪分子才能适用累犯制度，对于不符合累犯要件的犯罪分子则不能认定为累犯。

第二，有期徒刑执行完毕，但是附加刑未执行完毕又犯罪的是否应适用累犯条款。

---

① 参见赵秉志主编：《刑罚总论问题探索》，法律出版社 2003 年版，第 367～368 页。

【案例 3】[①]

被告人赵某，因犯盗窃罪于 2002 年 12 月被判处有期徒刑 2 年，并处罚金人民币 3000 元（未执行完毕），2004 年 9 月 15 日刑满释放。2004 年 11 月 18 日零时许，赵某又因盗窃 5000 元现金被抓捕。

【案例 4】[②]

被告人戴某，因犯盗窃罪于 1995 年 4 月被某市人民法院判处有期徒刑 8 年，剥夺政治权利 2 年，2000 年 12 月 23 日刑满释放。2002 年 1 月上旬，尚在剥夺政治权利执行期间的戴某劣性不改，入室盗窃高某的铝合金材料 110 千克，价值人民币 1980 元。2002 年 11 月 6 日，某市人民检察院以被告人戴某涉嫌盗窃罪向某市人民法院提起公诉。某市人民法院经审理认为：戴某的行为构成盗窃罪，其在刑罚执行完毕后 5 年内再犯应当判处有期徒刑以上刑罚之罪，属累犯，应当从重处罚。据此，某市人民法院于 2002 年 11 月 20 日一审判处被告人戴某有期徒刑 10 个月，罚金人民币 3000 元。

【案例 5】[③]

被告人王某，因犯抢劫罪于 2002 年 7 月被判处有期徒刑 8 年，剥夺政治权利 3 年，2007 年 9 月刑满释放。2009 年 7 月，王某又伙同他人盗窃 3 起，涉案价值人民币 4000 余元。

【案例分析】

人民法院在审理过程中，对应否适用《刑法》第 65 条第 1 款认定被告人为累犯并从重处罚存在分歧意见，这一争议实质上是对“刑罚执行完毕”法律含义的不同理解所造成的。

第一种意见认为，被告人不应认定为累犯。理由如下：其一，根据法律条文统一性原则，《刑法》第 65 条第 1 款中的“刑罚”应当和其他条文中的“刑罚”意思一致。而《刑法》第 32 条明确规定刑罚分为主刑和附加刑，所以《刑法》第 65 条第 1 款中的“刑罚执行完毕”也应当包含主刑和附加刑。其二，如果认为《刑法》第 65 条中的“刑罚执行完毕”单指主刑执行完毕，那么在主刑执行完毕后，在附加刑期间又犯应当判处有期徒刑以上之罪，并且是故意犯罪的就应认定为累犯，应当从重处罚。而最高人民法院在 1994 年 5 月 16 日给上海市高级人民法院的《关于在附加剥夺政治权利执行期间重新犯罪的被告人是否适用数

① 陈敏辉：《未执行前又犯新罪的，应否认定为累犯?》，载江苏法院网 2006 年 3 月 28 日。

② 《刑满释放后又触法是否按累犯处理?》，载亿库教育网。

③ 周勍：《附加刑执行期间犯新罪构成累犯》，载《江苏法制报》2010 年 2 月 1 日。

罪并罚的批复》中明确规定，对被判处有期徒刑的罪犯，主刑已执行完毕，在执行附加剥夺政治权利期间又重新犯罪的，在对被告人所犯新罪作出判决时，将新罪所判处的刑罚和前罪没有执行完毕的附加剥夺政治权利，按照数罪并罚原则，决定执行的刑罚。很显然，认为“刑罚执行完毕”仅指主刑执行完毕的思想是与最高人民法院批复的精神相悖的。其三，为了加大对累犯的打击力度，遏制再犯罪率的上升，维护社会稳定，1997 年《刑法》修改时将 1979 年《刑法》中构成累犯的期限从 3 年改为 5 年。从《刑法》修改的指导思想来看，将附加刑的执行期限计入刑罚执行期限，符合立法原意。因此，“刑罚执行完毕”不仅包括主刑的执行完毕，也应当包括附加刑的执行完毕。①

第二种意见认为，应认定为累犯，“刑罚执行完毕或者赦免以后”中的“刑罚”应当理解为主刑有期徒刑以上，而不包括附加刑。案件中，有期徒刑已执行完毕，尽管附加刑未执行，仍应按照刑罚执行完毕处理，将其认定为累犯。主要理由是：其一，累犯以前罪为有期徒刑以上刑罚为其要件，那么“刑罚执行完毕”的含义应与“判处有期徒刑以上刑罚的犯罪分子”中的“有期徒刑以上刑罚”在同一意义上使用，因此，《刑法》第 65 条中的“刑罚执行完毕”仅是指主刑执行完毕。其二，司法实践中，在附加刑执行期间又犯新罪的犯罪分子屡见不鲜，特别是盗窃案件尤甚。如果把《刑法》第 65 条规定的“刑罚执行完毕”理解为“主刑和附加刑均执行完毕”，那么，严格来说，很多盗窃案都是“刑罚没有执行完毕”。这样一来，许多被判过刑但附加刑没有执行完毕的犯罪分子再故意犯应当判处有期徒刑以上刑罚之罪的，将不能被认定为累犯予以从重处罚。这明显与罪刑相适应原则背道而驰，必然导致重罪轻判，放纵犯罪。其三，根据最高人民法院研究室 1995 年 8 月 3 日《关于如何理解刑法第六十一条中刑罚执行完毕问题的答复》的规定精神，1997 年《刑法》第 65 条中规定的“刑罚执行完毕”，是指所判主刑执行完毕。如果前罪除被判处主刑以外，还被判处附加刑的，在前罪主刑执行完毕以后 5 年内附加刑继续执行期间，被告人又犯应当判处有期徒刑以上刑罚之罪，符合累犯构成条件的，应当以累犯依法从重处罚。

第三种意见则认为，“累犯规定”中的“刑罚”应当包括“附加刑”，但对“罚金刑”应作特别处理。理由是：其一，《刑法》总则第 32 条明确规定：“刑罚分为主刑和附加刑。”其二，《刑法》总则的规定无疑适用于整个刑法。《刑法》分则中大量出现的“处罚”（“判处刑罚”之意）均包括判处附加刑，可见《刑法》中所有提及的刑罚在未作特别限制的情况下均包括附加刑。其三，附加刑中“剥夺政治权利”的刑期容易掌握，“没收财产”刑也基本不会影响“刑罚

① 参见叶军：《如何理解“刑罚执行完毕”》，载《人民检察》2001 年第 5 期。

执行完毕”的起算时间，所以除“罚金刑”外的其他附加刑不会给“累犯规定”的适用造成困难。其四，《刑法》规定“累犯”的目的是从重打击短期内的重新犯罪，如果在“累犯规定”中不将附加刑纳入“刑罚”范围考虑，有违创设“累犯”的立法精神；但如果因为“罚金刑”不能及时执行完毕而影响了对累犯的认定也不符合立法精神。①

笔者认为，这三种意见都有所偏颇。

首先，对于应否认定为累犯的问题。一般累犯必须具备前罪被判处的刑罚与后罪应当判处的刑罚都是“有期徒刑以上刑罚”这一刑种条件，没有这一条件或者具备这一条件而该刑罚没有执行完毕的，均不能构成累犯。因此，《刑法》第65条中规定的“刑罚”应当理解为“有期徒刑以上刑罚”，不能扩大理解为包括“主刑和附加刑”。如将“刑罚执行完毕”理解为包括“主刑和附加刑”，那么主刑执行完毕以后，附加刑执行期间又犯新罪的，不能认定为累犯从重处罚；同时由于主刑已执行完毕，也不能在主刑上对行为人实行数罪并罚。这就造成行为人在主刑执行完毕后，附加刑执行期间再犯新罪的情形，其主观恶性应大于主刑执行完毕，附加刑亦执行完毕以后再犯新罪的情形，但由于后者能构成累犯，前者却因此不构成累犯，而导致前者得到的刑罚轻于后者，这显然不符合立法本意。由此可见，被判处有期徒刑以上刑罚的犯罪分子，在主刑有期徒刑执行完毕或者赦免以后，附加刑罚金或者没收财产或者剥夺政治权利未执行完毕以前，又在5年以内再犯应当判处有期徒刑以上刑罚之罪的，亦应认定为累犯。

其次，对于附加刑数罪并罚的问题，其并非与累犯认定相矛盾。2009年6月10日起施行的最高人民法院《关于在执行附加刑剥夺政治权利期间犯新罪应如何处理的批复》规定：（1）对判处有期徒刑并处剥夺政治权利的罪犯，主刑已执行完毕，在执行附加刑剥夺政治权利期间又犯新罪，如果所犯新罪无须附加剥夺政治权利的，依照《刑法》第71条的规定数罪并罚。（2）前罪尚未执行完毕的附加刑剥夺政治权利的刑期从新罪的主刑有期徒刑执行之日起停止计算，并依照《刑法》第58条规定从新罪的主刑有期徒刑执行完毕之日或者假释之日起继续计算；附加刑剥夺政治权利的效力施用于新罪的主刑执行期间。（3）对判处有期徒刑的罪犯，主刑已执行完毕，在执行附加刑剥夺政治权利期间又犯新罪，如果所犯新罪也剥夺政治权利的，依照《刑法》第55条、第57条、第71条的规定并罚。显然，这一批复中对《刑法》第71条中的“刑罚执行完毕”与《刑法》第65条第1款中的“刑罚执行完毕”理解是不同的。《刑法》第71条中的“刑罚执行完毕”不仅指主刑执行完毕，也包括剥夺政治权利的附加刑执行完毕，而累犯成立条件中的“刑罚执行完毕”是指主刑执行完毕。而根据此

① 参见段兴金：《关于累犯的规定亟待司法解释》，载《检察实践》2004年第1期。

批复的规定，对于主刑已执行完毕，在执行附加刑剥夺政治权利期间重新犯罪的，应同时适用《刑法》第69条第2款、第71条的数罪并罚规定和第65条的累犯规定。易言之，犯罪分子因前罪被判处刑罚的主刑已执行完毕后，在执行附加刑剥夺政治权利期间又重新犯罪的，在对其新罪的处理中，不仅要考虑考察其是否符合累犯的构成，还应当同时适用数罪并罚的规定。并且，这一批复是针对上海市高级人民法院的一个具体案件所作的答复，批复的内容具有针对性，因此，在解读时不能随意地扩大理解；而且，当时批复的主要目的是要解决当事人尚未执行的附加剥夺政治权利如何继续执行的问题，因为主刑已经执行完毕，所以并罚解决的是附加刑的执行。基于此，如果把这一批复进行扩大解释的话，其实是将解读者的主观目的强加给了批复。① 那种认为"刑罚执行完毕"既包括主刑和附加刑的观点是对批复的错误解读。

第三，对于超期羁押的被告人刑期折抵后，应如何认定累犯的时间上限。

【案例6】②

2002年12月16日，被告人王甲因故意伤害罪被刑事拘留，同月20日被逮捕。因退回补充侦查、同案犯并案处理等原因，该案于2003年9月19日提起公诉。2003年10月27日，被告人王甲以故意伤害罪被判处有期徒刑6个月，宣判后被立即释放。2008年10月15日中午，被告人王甲在某饭店就餐后，以餐费过高为由要求少付200元未获准许。被告人王甲怀恨在心，于当日下午纠集多人进入该饭店，砸坏电视机一台、窗户玻璃和餐具若干，并将前来阻拦的饭店老板李甲打成轻伤。

【案例分析】

对于王甲是否构成累犯，存在两种分歧意见：

第一种意见认为，从王甲2003年10月27日因故意伤害罪被判处有期徒刑6个月并立即释放之日到犯寻衅滋事罪的2008年10月15日不满5年，且两次犯罪均为故意犯罪，被告人王甲系累犯，应予从重处罚。

第二种意见认为，王甲2003年10月27日因故意伤害罪被判处的6个月有期徒刑，在2003年6月16日已执行完毕，王甲寻衅滋事的行为不构成累犯。

我们同意第二种意见，理由如下：其一，王甲因故意伤害罪被判处有期徒刑6个月，2003年10月27日宣判时才被释放，司法机关所导致的超期羁押，不应由王甲承担累犯的从重处罚后果。其二，根据刑期折抵原则，王甲犯故意伤害罪

① 于志刚：《关于"刑罚执行完毕"之内涵的思考——以累犯与数罪并罚制度的适用为视角》，载《法学杂志》2009年第7期。

② 张继明：《本案被告人是否构成累犯》，载《山东法制报》2010年6月4日。

时被多羁押4个多月，已超过了其应承受的刑罚限度，如果再对其适用累犯之规定则违背了罪行相适应原则。其三，累犯的设立在于对解决“刑罚不足”，而在本案中刑罚并非不足而是过量了，如果再对被告人适用累犯则相悖于累犯精神。其四，“刑罚执行完毕”一般以释放证明为准，但是如果出现执行期与释放证明不一致的情况时，还是应当以实际执行期为准，这符合刑法谦抑精神，有利于对被告人权益的保护。综上所述，对本案被告人王甲不应作为累犯从重处罚。

第四，时间上限之“前罪”应如何理解。

【案例7】①

被告人张某山2005年7月25日，因犯盗窃罪、贩卖毒品罪被某市人民法院判处有期徒刑2年；2007年10月24日因犯贩卖毒品罪被某市人民法院认定为毒品再犯，从重判处有期徒刑1年6个月，罚金人民币4000元；2008年1月22日16时30分许，被告人张某山在服刑期间，又伙同他人将王某江打成轻伤。一审法院认为，被告人张某山故意伤害他人身体，致人轻伤，其行为已构成故意伤害罪，依法应予惩处。鉴于被告人张某山认罪态度较好，简化适用刑事普通程序审理本案，可以酌情从轻处罚。某市人民检察院指控被告人张某山犯故意伤害罪的事实清楚，证据充分，罪名成立。某市人民检察院关于被告人张某山系累犯的意见不妥，某市人民法院不予采纳；被告人张某山在监所服刑期间又犯罪，酌予从重处罚；被告人张某山因犯贩卖毒品罪被某市人民法院判处有期徒刑，刑罚执行完毕以前又犯罪，应将前罪没有执行的刑罚和后罪所判处的刑罚，依照法律规定并罚。依照《刑法》第234条第1款，第25条第1款，第71条，第69条，第61条第1款之规定，判决如下：被告人张某山犯故意伤害罪，判处有期徒刑2年；与某市人民法院刑事判决书判决被告人张某山犯贩卖毒品罪刑罚的余刑有期徒刑11个月，罚金人民币4000元并罚，决定执行有期徒刑2年6个月，罚金人民币4000元。

一审宣判后，被告人张某山没有上诉，某市人民检察院也未提出抗诉，判决现已生效。

【案例分析】

对于被告人张某山是否构成累犯，对此存在以下两种不同意见：

第一种意见认为，被告人张某山的犯罪行为构成累犯。被告人张某山第一次因故意犯罪刑罚执行完毕后，5年之内又犯应当判处有期徒刑以上刑罚之故意犯罪，应当被认定为累犯。被告人张某山2005年7月25日因犯盗窃罪、贩卖毒品

① 欧春光、朱宗帅：《服刑期间又故意犯罪虽在第一次刑满后五年之内仍不构成累犯》，载昌平法院网2009年9月21日。

罪被法院判处有期徒刑 2 年，2006 年 10 月 31 日刑满释放。2008 年 1 月 22 日被告人张某山故意伤害他人身体，致人轻伤，其行为已构成故意伤害罪，依法应予判处有期徒刑以上之刑罚。根据《刑法》第 65 条第 1 款之规定，被告人张某山的行为完全符合累犯的构成条件。因此，被告人张某山的行为构成累犯。

第二种意见认为，被告人张某山的犯罪行为不构成累犯。行为人只有紧邻新罪之前一罪所判处的有期徒刑以上之刑罚执行完毕，5 年之内又犯应当判处有期徒刑以上刑罚之故意犯罪，才能被认定为累犯。被告人张某山 2005 年 7 月 25 日因犯盗窃罪、贩卖毒品罪被某市人民法院判处有期徒刑 2 年。刑满释放后，于 2007 年 10 月 24 日因犯贩卖毒品罪，被认定为再犯并被从重判处有期徒刑 1 年 6 个月。2008 年 1 月 22 日犯故意伤害罪之时尚在服刑，并非刑满释放后再故意犯罪。因此，被告人张某山的行为并不符合《刑法》第 65 条第 1 款的规定，不构成累犯。

笔者同意第二种意见。两种意见的分歧，折射出了累犯时间条件的上限究竟是指前一罪还是指前数罪中的任一罪的问题。我们认为，“刑罚执行完毕”应当指紧邻新罪之前一罪所判处的刑罚执行完毕，而并非指前数罪中的任一罪所判处的刑罚执行完毕。首先，累犯以行为人所犯的后罪为基准，前罪对后罪产生否定评价。如果没有后罪就不会成立累犯，同样，前罪也只能是与后罪紧邻之罪，只有这样才能实现否定评价之效果。如果认为前罪之刑罚执行完毕是指前数罪中任一罪之刑罚执行完毕，则会不适当地扩大累犯成立的范围，否定性评价的辐射范围就人为扩大了。其次，我国的累犯制度针对的是那些屡教不改的再犯人。如果行为人在前罪之刑罚执行完毕或赦免以后不久再次故意犯罪，那么，则是对前次刑罚效果的完全否定，充分说明前次刑罚对行为人未起到改造教育的作用，反映了行为人主观恶性和人身危险性的深重，因此，法律予以从重处罚。而如果刑罚正在执行当中，尚不能完全判断刑罚对行为人的改造教育效果，无法确定其主观恶性和人身危险之深重。假如认为前罪之刑罚执行完毕是指前数罪中的任一罪所判处的刑罚执行完毕，那么有可能导致行为人仍在服刑当中即被认定为累犯，有违累犯制度设立的初衷。最后，根据我国刑法对数罪并罚制度的规定，刑罚执行期间又犯新罪的应适用数罪并罚之规定。因此，行为人在服刑期间再次犯罪，应当适用数罪并罚，而非认定为累犯。如果认为刑罚执行期间又犯新罪也可以认定为累犯，则将累犯制度与数罪并罚制度混淆了。

（二）一般累犯构成中后罪发生时间下限问题

我国刑法规定，累犯的后罪必须发生在前罪刑罚执行完毕或者赦免后的 5 年以内。关于一般累犯的时间下限界定存在以下疑难问题。

1. 后罪的犯罪行为实施于前罪刑罚执行完毕以后的5年之内，而其构成犯罪却发生在5年以后的，是否构成累犯

【案例8】[①]

李某曾因犯盗窃罪被判处有期徒刑5年，1997年7月28日刑满释放。2002年7月28日凌晨1时许，李某骑三轮车到城内新村董某家，跳墙入内，意欲行窃，因未能撬开门离去。2002年7月29日凌晨1时许，李某再次骑三轮车到董某家，跳墙入内，剪断窗户钢筋后进入室内，盗走现金、首饰及部分物品，价值9000元。

【案例分析】

本案中，李某在刑罚执行完毕后5年届满日（即2002年7月28日）所实施的盗窃行为和2002年7月29日所实施的盗窃行为，发生的时间较为特殊。一次在刑罚执行完毕后5年内，一次在刑罚执行完毕后5年外。在认定李某是否构成累犯问题上，存在两种意见：

第一种意见认为，李某不构成累犯。本案中，李某在2002年7月28日实施的盗窃行为属盗窃未遂。最高人民法院《关于审理盗窃案件具体应用法律若干问题的解释》第1条第2项规定："盗窃未遂，情节严重，如以数额巨大的财物或者国家珍贵文物等为盗窃目标的，应当定罪处罚。"李某的盗窃未遂行为不构成情节严重，不应以犯罪论处。虽然满足了累犯的时间要件但是不具备累犯的罪质要件，不以累犯论。而李某在2002年7月29日实施的盗窃行为，虽然应当判处有期徒刑以上刑罚，符合累犯构成的罪质要件，但因盗窃犯罪行为发生在刑罚执行完毕后5年外，不符合累犯构成的时间下限要件，也不能以累犯论。

第二种意见认为，李某在2002年7月28日和7月29日所实施的盗窃行为，是一个犯罪故意和一个犯罪客观过程的具体反映，不应当割裂看待，应当以累犯从重处罚。

笔者倾向第二种意见，理由如下：就本案李某在2002年7月28日和7月29日所连续实施的盗窃行为，不能机械地以时间界限简单地区分为一种盗窃未遂状态和盗窃既遂状态，应当当做一个整体看待。李某2002年7月28日第一次盗窃未得逞只是整个盗窃过程中的一个阶段，在未遂后李某并没有放弃，而是转而于7月29日骑三轮车到董某家再次实施盗窃。李某实施的这"两次"盗窃行为，实质是基于一个概括的犯罪故意而实施的连续的行为，不应区分未遂和既遂。因此，李某在刑罚执行完毕后5年内已开始实施的犯罪行为虽然在刑罚执行完毕后

① 《在刑罚执行完毕后五年期届满日又实施犯罪是否构成累犯》，载法律教育网2004年5月26日。

5 年外的时间内结束，但仍应当视为在刑罚执行完毕后 5 年内发生的犯罪行为，应以盗窃罪从重处罚。

【案例 9】

被告人李某 1996 年因犯盗窃罪被判处有期徒刑 4 年，后减刑 6 个月于 1999 年 8 月 22 日被释放。2004 年 1 月至 2004 年 11 月，李某盗窃作案 22 起，所窃实物价值 2574.30 元。其中，2004 年 1 月，采用扒鸡窝等手段，盗窃作案 7 起，所窃之物价值 500 元；2004 年 10 月至 11 月，盗窃作案 15 起，所窃之物价值 2074.30 元。

【案例分析】

对李某是否构成累犯，有两种截然相反的意见：

第一种意见认为，李某在盗窃罪有期徒刑执行完毕后 5 年内又实施盗窃行为，且其行为最终达到了盗窃罪数额较大的要求，应处有期徒刑以上刑罚，构成累犯。

第二种意见认为，李某达到盗窃数额满足累犯的罪质要件的时间并不在刑罚执行完毕的 5 年内，不符合累犯条件，不构成累犯。

笔者赞同第二种意见，理由如下：其一，本案中，李某 2004 年 1 月实施盗窃行为时虽距其前罪刑罚执行完毕的 1999 年 8 月 22 日未超过 5 年，但 2004 年 1 月，李某盗窃作案 7 起，所窃之物价值 500 元，盗窃数额未达到较大标准，其此时的盗窃行为并未构成犯罪，而李某构成犯罪的盗窃行为发生在 2004 年 10 月至 11 月，距前罪刑罚执行完毕已超过了 5 年。从以上分析可以看出，李某构成后罪时距前罪刑罚执行完毕已超过 5 年。其二，李某盗窃数额累计达到犯罪数额并非因其在前罪刑罚执行完毕后 5 年内实施的行为，而是其在 5 年时间届满后实施的新的行为。其三，后罪的发生在前罪刑罚执行完毕或者赦免以后 5 年以内，也就是要求行为人从其前罪刑罚执行完毕之日至 5 年届满之日期间再次实施的行为构成了犯罪。如果行为人在此期间内实施的行为并不构成犯罪，仅是一般违法行为，就不能认定其构成累犯。李某在其前罪刑罚执行完毕后的 5 年内仅实施了一般违法行为，不符合累犯的要件。其四，之所以在认定李某是否构成累犯问题上产生了争议，是由于数额犯的特点所导致的。数额犯是一个由量变到质变积累的过程，数额犯成立犯罪必须达到数额标准，如果未达到数额标准则不构成犯罪。李某刑满释放后 5 年内实施的盗窃行为，其本身未达到盗窃罪的数额标准。虽然这里存在一个累计数额的问题，但是不能因为其在刑满释放 5 年内实施的行为是数额的一部分就认为时间下限的起算时间要从第一次行为时开始计算，累犯的时间下限还要求后罪之行为必须达到应当判处有期徒刑以上刑罚之罪质要件，如果仅是发生了一般违法行为并未构成犯罪的，即使其在 5 年期限届满前实施了行为，也不能认定其为累犯。

综上所述，我们认为，行为人在其前罪刑罚执行完毕后5年内实施的违法行为尚不构成犯罪，但该行为与其此后实施的行为累加构成了犯罪的，此时行为人不构成累犯。故本案中李某不构成累犯。

2. 累犯时间下限以犯罪发生时间还是以追诉时间为基准

对于犯罪而言，犯罪发生的时间和司法机关予以追诉的时间并不一致，这就使得在累犯的认定上出现了一个问题：累犯的时间下限规定在前罪刑罚执行完毕或者赦免后的5年内，那这里的5年届满日是以犯罪的发生时间还是以追诉时间为基准呢？从《刑法》规定的累犯定义看是属于行为中心论的累犯定义，立法所惩治的重点或累犯制度的刑罚打击方向在于一定时间犯罪人的犯罪行为次数、与此相关的犯罪行为数量、前后犯罪之间的间隔时间、犯罪行为的严重程度、犯罪人的主观罪过等要素，这些要素也因而成为累犯的法定条件。[①] 并且，很多案件的发生时间与追诉时间相差较大，如果以追诉时间为基准的话，那么很多案件都无法认定累犯了。此外，累犯之所以能够反映出行为人较深的主观恶性和人身危险性，是在于行为人在接受刑罚处罚后仍屡教不改，再次实施犯罪行为，因此，对累犯中再犯罪时间应当以犯罪发生时间为基准。

在解决了时间下限的基准问题后，还存在一个问题：犯罪发生的时间是从犯罪预备开始计算还是从犯罪着手开始计算。故意犯罪有一个发展过程，实施犯罪行为的开始时间并不等于犯罪行为开始着手的时间。实行行为的着手原本是指实行行为的开始，实行行为原本是符合犯罪构成要件的行为。[②] 换言之，犯罪行为的成立是以行为人着手实行犯罪开始计算的，但是对于累犯而言，其再犯罪时间的开始，是否包括犯罪预备行为的实施，应当具体考察行为人实施的预备行为是否和以后发生的实行行为具有一致性。如果具有一致性，应当认定犯罪开始的时间从实施预备行为开始，具体来说，包括制造犯罪工具的行为、制造犯罪条件的行为以及为在共同犯罪中进行预谋策划教唆他人犯罪的行为等。但是，如果该预备行为与后续的实行行为不具有一致性，即该预备行为后来处于停止状态，构成犯罪预备，则需要考察该犯罪预备是否具有可罚性，如果依法具备可罚性，则构成累犯；如该犯罪预备不具有可罚性，又缺乏其他构成累犯之再犯罪的新罪的，则不构成累犯。

3. 关于持有型累犯时间要件之确定

【案例10】

2004年2月，被告人李某从他人那里拿来一把手枪，随后一直放在家里，

---

① 赵秉志主编：《刑罚总论问题探索》，法律出版社2003年版，第322页。

② 张明楷著：《未遂犯论》，中国法律出版社、日本成文堂1997年版，第50页。

2008 年 5 月被公安机关查获。据查明，李某在 2004 年 5 月曾因故意伤害罪被判处有期徒刑 1 年，2005 年 4 月刑满释放。

【案例分析】

《刑法》中规定了八种持有型犯罪，分别是第 128 条第 1 款规定的非法持有枪支、弹药罪，第 130 条规定的非法携带枪支、弹药、管制刀具、危险物品危及公共安全罪，第 172 条规定的持有、使用假币罪，第 282 条第 2 款规定的非法持有国家绝密、机密文件、资料、物品罪，第 297 条规定的非法携带武器、管制刀具、爆炸物参加集会、游行、示威罪，第 348 条规定的非法持有毒品罪，第 352 条规定的非法持有毒品原植物种子、幼苗罪，第 395 条第 1 款规定的巨额财产来源不明罪。对于再犯之犯罪行为属于持有型犯罪的，其犯罪时间从何时开始计算，是累犯时间条件适用中的一个疑难问题。有观点认为，李某的持枪行为持续到 2008 年 5 月被发现，应当认定为累犯。还有观点认为，持有行为开始于已决之罪之前，不应认定为累犯。笔者认为，要想解决这一问题必须从持有型犯罪的产生原因和特点进行分析。刑法之所以在作为和不作为犯罪之外又规定了持有型犯罪，首先在于持有型犯罪往往是更为严重的其他犯罪的先行或后续行为，如持有枪支的犯罪嫌疑人很有可能会进行抢劫、杀人等犯罪，但行为人是否真的会实行更为严重的犯罪行为我们无从确定，所以，对这种持有状态也就无法认定为犯罪。但是，持有特定物品或拥有不适当财产的状态又具有相当的社会危害性，对一定的法益构成威胁或重大的危险，不对其进行惩罚则有失正义。所以，立法者将持有特定物品或不适当财产的状态本身予以犯罪化，以消除刑法对法益保护的空白领域。其次，持有型犯罪采取举证责任倒置的证明方式，减轻了公诉机关的证明责任，转而将证明责任让渡给犯罪嫌疑人，由其来说明自己的持有行为并不会对法益造成威胁或者危险。因此，刑法从持有行为开始时就介入了评价，而不是等到发生实际更为严重的犯罪才予以规范。据此，持有型犯罪的成立时间应是持有行为的开始时间，而非被公安机关查获的时间，具体在本案中即为 2004 年 2 月，而该时间显然早于前罪刑罚执行完毕的时间，不符合累犯成立的时间要件。故李某不应认定为累犯。

（三）时间要件上的特殊问题

1. 累犯的溯及力问题

1997 年《刑法》对 1979 年《刑法》中的累犯制度的时间要件进行了重大修改，累犯的时间前后间隔由 3 年扩展为 5 年。这一修订延长了时间跨度，对累犯的惩罚显得更为严厉。这样的修改也必然引发了累犯的溯及力问题。对于这一问题，根据 1997 年 9 月 25 日最高人民法院《关于适用刑法时间效力规定若干问题的解释》的规定，犯罪分子受到过被判处徒刑处罚之罪的，在刑罚执行完毕或赦免以后又犯应判徒刑以上刑罚之罪的，如果后罪是在1997年9月30日以前实施的，应当适用修订前的《刑法》第61条的规定，即是否构成累犯，看前后罪的时间间隔是否在3年之内；如果后罪是在1997年10月1日以后实施的，则应适用修订后《刑法》第65条的规定，即构成累犯的条件是前后罪的时间间隔为5年。但是，有学者指出这一规定违背了“从旧兼从轻”原则，是不利于被告人的。因为行为人如果在1997年10月1日新《刑法》生效之前犯过罪，即使截至1997年10月1日已经4年364天了，按照1979年《刑法》的规定已经远超出了累犯的前后罪时间间隔，不应认定为累犯；但是按照该司法解释之规定，行为人在1997年10月1日当天又犯罪的话，那么依照1997年《刑法》之规定，应当认定为累犯。而1997年《刑法》对累犯的处罚显然要重于1979年《刑法》之规定。[①] 我们认为，要想判断这一规定是否违背刑法溯及力之“从旧兼从轻”原则，首先必须明确溯及力之概念。所谓刑法溯及力，是指刑法生效后，对于其生效以前未经审判或者判决尚未确定的行为是否适用的问题。这也就是说，犯罪行为应当发生于刑法生效之前，才会产生溯及力的问题，如果犯罪行为发生在刑法生效之后，则直接适用新法，也就不存在溯及力的问题。而累犯的溯及力问题则比较特殊，因为存在一个前后罪之间的时间跨度问题。所以在这里就要明确，刑法溯及力中所指的犯罪行为到底是指前罪还是后罪。笔者认为，在累犯制度中，前罪应当被看做是后罪的一种从重量刑情节，如果后罪没有发生的话，也就无所谓累犯的问题。只有发生了后罪，前罪才会对后罪产生累犯之效果，也才会成立累犯。因此，如果行为人在1997年10月1日当天又犯新罪应被判处有期徒刑以上刑罚，即使已经过去了4年364天，但是由于犯罪行为发生在新《刑法》生效之后，因此，就应当直接适用1997年《刑法》之规定，而不涉及溯及力的问题。因此，这一司法解释是正确的，并不像有些学者所说的违背了“从旧兼从轻”原则。

继1997年《刑法》对累犯制度作出了修改之后，2011年2月25日公布、2011年5月1日施行的《刑法修正案（八）》对累犯制度也作出了重大修改。《刑法修正案（八）》将《刑法》第65条第1款修改为：“被判处有期徒刑以上刑罚的犯罪分子，刑罚执行完毕或者赦免以后，在五年以内再犯应当判处有期徒刑以上刑罚之罪的，是累犯，应当从重处罚，但是过失犯罪和不满十八周岁的人犯罪的除外。”将《刑法》第66条修改为：“危害国家安全犯罪、恐怖活动犯罪、黑社会性质的组织犯罪的犯罪分子，在刑罚执行完毕或者赦免以后，在任何时候再犯上述任一类罪的，都以累犯论处。”除了对专门的累犯条款进行修改之外，还将《刑法》第50条第2款修改为：“对被判处死刑缓期执行的累犯以及

① 参见高铭暄主编：《新编中国刑法学》，中国人民大学出版社1998年版，第55页。

因故意杀人、强奸、抢劫、绑架、放火、爆炸、投放危险物质或者有组织的暴力性犯罪被判处死刑缓期执行的犯罪分子，人民法院根据犯罪情节等情况可以同时决定对其限制减刑。”这三处关于累犯条款的修改在刑法的溯及力上也产生了问题。如对于在 2011 年 4 月 30 日以前又犯应当判处有期徒刑以上刑罚之罪的，但犯前罪时不满 18 周岁的人是否也应认定为累犯？曾被判处有期徒刑以上刑罚，或者曾犯危害国家安全犯罪、恐怖活动犯罪、黑社会性质的组织犯罪，在 2011 年 5 月 1 日以后再犯罪的，是否构成累犯？为正确适用《刑法修正案（八）》，正确审理人民法院 2011 年 5 月 1 日以后审理的刑事案件，2011 年 4 月 25 日最高人民法院公布了《关于〈中华人民共和国刑法修正案（八）〉时间效力问题的解释》，自 2011 年 5 月 1 日起施行。其中，第 2 条规定：“2011 年 4 月 30 日以前犯罪，判处死刑缓期执行的，适用修正前刑法第五十条的规定。被告人具有累犯情节，或者所犯之罪是故意杀人、强奸、抢劫、绑架、放火、爆炸、投放危险物质或者有组织的暴力性犯罪，罪行极其严重，根据修正前刑法判处死刑缓期执行不能体现罪刑相适应原则，而根据修正后刑法判处死刑缓期执行同时决定限制减刑可以罚当其罪的，适用修正后刑法第五十条第二款的规定。”第 3 条规定：“被判处有期徒刑以上刑罚，刑罚执行完毕或者赦免以后，在 2011 年 4 月 30 日以前再犯应当判处有期徒刑以上刑罚之罪的，是否构成累犯，适用修正前刑法第六十五条的规定；但是，前罪实施时不满十八周岁的，是否构成累犯，适用修正后刑法第六十五条的规定。曾犯危害国家安全犯罪，刑罚执行完毕或者赦免以后，在 2011 年 4 月 30 日以前再犯危害国家安全犯罪的，是否构成累犯，适用修正前刑法第六十六条的规定。曾被判处有期徒刑以上刑罚，或者曾犯危害国家安全犯罪、恐怖活动犯罪、黑社会性质的组织犯罪，在 2011 年 5 月 1 日以后再犯罪的，是否构成累犯，适用修正后刑法第六十五条、第六十六条的规定。”这一解释的出台很好地解决了新刑法关于累犯在溯及力上的疑难问题，对我们的司法实践具有很好的指导作用。

2. 追诉时效完成后又犯罪的可否构成累犯

所谓追诉时效，是指依照法律规定对犯罪分子追究刑事责任的有效期限。在法定期限内，司法机关有权追究犯罪分子的刑事责任；如果超出了法定期限，除特殊情况外，都不得再追究犯罪人之刑事责任。根据我国《刑法》第 87 条之规定，犯罪经过下列期限不再追诉：（1）法定最高刑为不满 5 年有期徒刑的，经过 5 年；（2）法定最高刑为 5 年以上不满 10 年有期徒刑的，经过 10 年；（3）法定最高刑为 10 年以上有期徒刑的，经过 15 年；（4）法定最高刑为无期徒刑、死刑的，经过 20 年。如果 20 年以后认为必须追诉的，须报请最高人民检察院核准。对于追诉时效制度，理论上有刑罚同一说、证据毁灭说、改过自新说、社会遗忘说等。我国刑法理论一般认为，追诉时效之规定符合我国刑法预防犯罪的目的；有利于司法机关集中力量打击现行犯罪；有利于社会的安定团结。[①]

在累犯制度中也会涉及追诉时效的问题，对于认定累犯有一定的影响。

【案例11】

金某，2002年10月2日因犯抢劫罪被判处3年有期徒刑，在审理过程中查明，其曾于1997年10月1日入室盗窃他人财物构成盗窃罪。金某是否应认定为累犯？

【案例12】

张某，1998年10月1日被释放，2004年10月2日因涉嫌诈骗罪被逮捕。经查明，张某在1999年9月曾入室盗窃他人财物构成盗窃罪。张某是否应认定为累犯？

【案例分析】

在这里出现了漏罪的追诉时效对累犯的影响问题。对于这一问题，存在肯定和否定两种意见：

肯定说认为，如果前罪所应判处刑罚与后罪所应判处刑罚均符合累犯构成条件的要求，且后罪发生在自时效完成后的累犯所要求的有效期间，则对行为人可以累犯认定。理由在于追诉时效的经过并不必然表明行为人的主观恶性的降低或人身危险性的减小。一般情况下，如果行为人在犯罪后经过一定的时期没有受到追诉并没有再犯罪，就说明他已经改恶从善，成为无害于社会的人。若这时再对他进行追诉，从特殊预防的角度来看，已无必要。但是，时效经过后再次实施犯罪的客观事实表明，行为人在追诉时效内未实施犯罪，并非主观恶性的降低或人身危险性的减小，相反，较之于在追诉时效内犯罪而言，行为人具有更为严重的主观恶性和人身危险性。因此，对在追诉时效完成后再次实施犯罪的行为人以累犯论处，完全符合刑法的特殊预防的目的。[②]

否定说认为，对累犯从重处罚的依据，在于累犯具有较之于初犯而言更为严重的主观恶性和人身危险性。而追诉时效的完成，说明犯罪人的积极悔过和自我改造行为已经得到社会的承认，主观恶性大为降低，人身危险性大为减小。这样，再将其前罪视为与后罪构成累犯的条件与立法原意不符。累犯的出现会削弱国家法律的权威，不仅使刑法所固有的权威与尊严为社会公众所怀疑，而且是对

---

① 赵秉志等著：《刑法学》，北京师范大学出版社2010年版，第398页。

② 李凤梅：《累犯制度若干问题研究》，载李希慧、刘宪权主编：《中国刑法学年会文集（2005年度）第一卷：刑罚制度研究（上册）》，中国人民公安大学出版社2005年版，第39～40页、第293～294页。转引自孙平：《累犯制度理论研究述评》，载《山东警察学院学报》2010年第2期。

潜在犯罪人的鼓励，使其进一步产生藐视国家刑法的心理而将犯罪的倾向逐步变为犯罪的行动。而刑罚追诉时效制度所导致的犯罪人不实际承担刑事责任这一免责规范的出现，是以犯罪人积极的自我改造且不再犯新罪为前提的，因此，后罪并不导致对社会公众及潜在犯罪人的负面影响与效应。基于此，不应当认为由于完成刑罚时效而不承担具体刑事责任的前罪与后罪一起构成累犯。①

我们认为，在第11个案例上，实际上并不存在累犯的问题。因为累犯之时间上限条件为前罪刑罚执行完毕或者赦免之日，金某1997年10月1日所犯之罪虽然为前罪，但是其并未受到刑罚处罚，并且在其后罪发生之日即2002年10月2日，诉讼时效已经完成，不应当再追究其刑事责任。因此，金某不构成累犯。而对于第12个案例，虽然盗窃罪发生在前罪刑罚执行完毕的5年内，但是至2004年10月2日已经过了追诉时效，不应再追究其刑事责任。而张某犯诈骗罪被逮捕之时距1998年10月1日即其被释放之日已经超出了5年，所以不应认定为累犯。因此，笔者认为，追诉时效已经完成的前罪不应与后罪构成累犯：首先，基于时效完成而不承担刑事责任的前罪并不具备与后罪构成累犯的要件，即犯罪分子所犯前罪追诉时效的届满，表明犯罪分子根本没有受到司法机关的定罪量刑，也就更谈不上"刑罚执行完毕或者赦免"了，因此，犯罪分子在其所犯前罪追诉时效届满后又再次实施新的犯罪行为，从本质上来说并不符合累犯构成的法定要件。其次，正如有学者指出的，"通常行为人在第一次实施犯罪行为时的紧张和担心，将会随着其受到司法机关的刑罚处罚而逐渐消失。当累犯出现时，百姓将轻易地感觉到国家在惩罚犯罪分子方面还有不完善之处，从而使心理上的不安与恐惧感再度产生并不断加强"②。而追诉时效的根据之一就在于社会遗忘说。换句话说，随着追诉时效的届满，人们对犯罪的恐惧与不安也随之消失，人们遭到前罪破坏的社会心理秩序也随之恢复，犯罪经长时间的淡化已经被人们遗忘了。另外，由于犯罪分子并未因其所犯前罪受到实际的刑罚处罚，也就不存在刑罚不足的问题，并且行为人在较长的时间内没有再犯罪也表明了其人身危险性已经大大降低了，如果再对其认定为累犯的话，就违背了罪责刑相一致原则。

3. 累犯与缓刑的相关疑难问题

第一，缓刑考验期内再次犯罪的，是否成立累犯。

---

① 赵秉志、于志刚：《论澳门刑法中的累犯制度》，载《吉林大学社会科学学报》2001年第2期。

② 高铭暄主编：《刑法学原理（第三卷）》，中国人民大学出版社1994年版，第294页。

【案例13】[①]

2008年4月29日，被告人徐某因犯故意伤害罪被某区人民法院判处有期徒刑3年，宣告缓刑5年。2011年10月1日22时许，被告人徐某在惠农区时代商贸城酷乐2008KTV酒吧喝酒期间，与酒后到该酒吧找朋友回家的牛某发生口角，后被告人徐某对牛某拳打脚踢，致牛某左耳耳膜穿孔。经法医鉴定，牛某的伤情系轻伤。法院认为，被告人徐某无视国家法律，故意伤害他人身体，致人轻伤，其行为已构成故意伤害罪，依法应予惩处。被告人徐某在缓刑考验期内又犯新罪，应依法撤销缓刑，与本次所犯故意伤害罪实行数罪并罚。而且，被告人徐某曾因犯故意伤害罪被判刑教育，在缓刑考验期内，又实施故意犯罪，表明其主观恶性较深，社会危害性较大，对其应酌情从重处罚。

【案例分析】

缓刑并非无条件的不执行刑罚，而是对被告人附条件的不予执行，在对其被判处缓刑的同时还会附加一定时间的考验期。如果被告人在缓刑考验期内认真遵守法律、法规的各项规定，服从监督，并且没有发现漏罪或者再犯新罪的，在缓刑考验期满时，原判的刑罚就不再执行。缓刑考验期是缓刑制度的重要组成部分，设立缓刑考验期的目的，在于考察被缓刑人是否接受改造、改过自新，以使缓刑制度发挥积极的作用。《刑法》第73条第2款规定："有期徒刑的缓刑考验期限为原判刑期以上五年以下，但是不能少于一年。"在司法实践中，经常存在这样的案件，即行为人在缓刑考验期内，还会出现再次犯罪的情形，应否对其认定为累犯呢？本案中就反映出了这一问题。对于这一问题，当前无论是刑法理论界还是实务界，基本都认为，在缓刑考验期内再次犯罪的，不可能构成累犯，只能撤销前罪的缓刑，对前罪和后罪进行数罪并罚。主要的理由在于，缓刑考验期间再次犯罪的不满足累犯的成立条件——"刑罚执行完毕或者赦免之后"。缓刑犯并没有实际执行所判刑罚，即使规定了缓刑考验期也只是对其进行社区矫正，并不存在执行刑罚的问题，也就无所谓刑罚执行完毕。并且，对犯罪人判处缓刑所基于的"不再危害社会"之理由，只是司法机关根据犯罪人的犯罪情节和悔罪表现而作出的主观判断，这种判断并非总准确，即使在宣告缓刑的当时有足够的理由令人相信犯罪人不会再危害社会，也可能因为种种原因而导致其在缓刑考验期内又犯新罪，而这足以表明其人身危险性并未消除，无法令人相信不对其实际执行刑罚也不至于再危害社会，理应撤销所判缓刑。因此，对于本案中徐某在缓刑考验期内又犯应当判处有期徒刑以上刑罚并不构成累犯，而是应当根据

① 《不长记性？一男子缓刑考验期内再犯罪被数罪并罚》，载石嘴山新闻网2012年5月21日。

《刑法》第77条之规定，撤销缓刑，对新犯的罪作出判决，把前罪和后罪所判处的刑罚，依照《刑法》第69条的规定，决定执行的刑罚。法院的判决是正确的

第二，缓刑考验期满后5年内再犯罪的，是否成立累犯。

【案例14】①

被告人季某，因犯故意伤害罪于2002年8月被人民法院判处有期徒刑1年，缓刑2年。缓刑期满后，季某于2006年7月又因盗窃案被捕在案。

【案例分析】

在司法实践中，一些被判处有期徒刑宣告缓刑的犯罪分子，往往在考验期满后5年内又犯新罪。如果再犯之罪依法应当判处有期徒刑以上刑罚，而且前后罪都是故意犯罪的，是否构成累犯呢?

目前，在理论界和司法实践中，对缓刑考验期满后犯罪是否构成累犯的问题，主要有以下几种观点：

持肯定说的学者认为，缓刑考验期满后5年内又犯新罪可以构成累犯。其理由为：其一，根据刑法的有关规定，缓刑是依附于原判刑罚而存在的一种执行刑罚的方法。宣告缓刑必须以判处刑罚为前提，缓刑不能脱离原判刑罚而单独存在。缓刑不是有期徒刑有条件的暂不执行，而是通过宣告缓刑来替代有期徒刑的执行。所谓刑罚的执行，实际上可以理解为对犯罪分子判处刑罚的具体运用。如果因为犯罪分子未经过监狱的劳动改造就认定他没有被执行过刑事处罚的话，就等于否认了缓刑具有刑罚的性质，否认了缓刑制度是我国刑罚具体运用的一种方式。因此，被判处缓刑的犯罪分子，应认定为是受过刑事处罚的。“缓刑的考验期满”也并不能仅从字面上理解为原判刑罚不再执行，而是意味着原判刑罚的执行完毕。其二，从我国刑罚的目的来看，认为缓刑期满后再犯新罪不能构成累犯的观点与我国刑罚的目的相违背。刑法规定累犯制度是为了预防犯罪，对于那些在缓刑考验期满后仍不思悔改、又重新犯罪的人，应认定是有前科的犯罪分子，如果符合累犯其他条件的，则应按累犯从重处罚，只有这样才能有效发挥刑罚教育改造罪犯的目的，否则，就会放纵罪犯。正如有学者指出的，在司法实践中，有一部分人虽然在缓刑考验期内未犯新罪，但缓刑考验期满后又重新犯罪。对于这部分人也应当规定从重处罚以纠正立法上的失衡和实践中的打击不力。②其三，根据《刑法》第70条的规定，缓刑考验期内犯新罪的，应撤销缓刑，将

① 许夕坤：《 缓刑期满后故意犯罪的构成累犯》，载东方法治网2006年11月7日。

② 罗明、齐桂英：《对缓刑期满后重新犯罪者也应从重处罚》，载《人民检察》1997年第1期。

前罪和后罪所判处的刑罚依照数罪并罚的原则，决定实际执行的刑罚。所谓新罪，既包括故意犯罪也包括过失犯罪，这表明现行法律对缓刑考验期内犯新罪的人加大了处罚的力度。相比之下，现行法律对缓刑考验期满后犯新罪的人未规定必须从重处罚，二者在从重处罚问题上轻重不均。其四，犯罪人因罪被判刑罚，如宣告缓刑，在很大的可能上将不执行原判刑罚，不过，要实现不执行原判刑罚，是有着严格条件的，如对被判徒刑宣告缓刑的罪犯，依法实行社区矫正，由社区矫正机构负责执行。在缓刑考验期间，犯罪人应当遵守法律、行政法规，服从监督；按照考察机关的规定报告自己的活动情况；遵守考察机关关于会客的规定；离开所居住的市、县或者迁居，应当报经考察机关批准。这也就是说，犯罪人虽然未被置于监禁机构执行刑罚，但其人身自由等权利仍受到严格的限制。其身份也区别于一般人，是罪犯，和被监禁的罪犯有相同的身份，考验期满后，其人身自由等权利才恢复正常，其身份也恢复为正常状态。缓刑的执行，从实质上来说，是在特定情况下采取的一种特殊的刑罚执行方式，仍是对刑罚的执行。缓刑考验期满，宣告不再执行原判刑罚，即是对其所处刑罚的执行完毕。因与刑罚执行完毕所引起的法律后果是相同的，缓刑考验期满宣告不再执行原判刑罚与刑罚执行完毕只是在说法上有所不同而已。[①] 其五，被判处缓刑的犯罪分子，如果在考验期限内没有违反法律、法规和有关缓刑的监管规定，考验期满后，刑罚即告消灭，因此，缓刑实质上是刑罚赦免，只不过附一定条件罢了。根据累犯的规定，刑罚赦免后5年内再犯罪的，构成累犯，因此，缓刑考验期满后5年内再犯罪构成累犯。

持否定说的学者们认为，在缓刑考验期满以后5年内又犯应当判处有期徒刑以上刑罚之罪，是不符合构成一般累犯条件的，不能以累犯从重处罚，他们的理由是：[②] 其一，缓刑是附条件的不执行原被判刑罚的制度，如果满足了法定条件，则原判刑罚不再执行，但犯罪依然存在，这是一种刑之执行犹豫主义。它不同于罪之宣告犹豫主义，后者一旦满足法定条件，不但原判刑罚不再执行，而且犯罪也不成立。刑罚的运用方式，包括原判刑罚的执行和原判刑罚的缓刑。严格说来，缓刑之考验不是刑罚执行，而是缓刑之执行。缓刑虽然是刑罚运用的一种方式，但并不是刑罚的执行，而是刑罚附条件的不执行。因此，把缓刑看做是刑罚的执行是不正确的。其二，缓刑和假释虽然都是刑罚制度，但是二者在性质上有所不同：缓刑是附条件的刑罚不执行；而假释是刑罚执行一部分后附条件的提前释放。根据我国刑法的规定，假释考验期间遵守法律规定的，原判刑罚就被视

① 张书占、唐大伟、赵霞：《缓刑考验期满后再犯罪可构成累犯》，载《中州大学学报》2000年第2期。

② 参见陈兴良著：《刑法适用总论（上卷）》，法律出版社1999年版，第429～430页。

为执行完毕。既然原判刑罚被视为执行完毕，当然也就具备了累犯的前提条件。缓刑期满是“原判刑罚不再执行”，而假释则是“原判刑罚已经执行完毕”，二者相比较可以看出，二者的法律效果全然不同。其三，规定累犯制度的目的在于严厉打击那些具有较大人身危险性、多次严重危害社会的人。我国刑法之所以将前罪之刑执行完毕作为成立条件之一，主要是考虑到犯罪分子在被判处刑罚并且付诸实际执行以后不思悔改，刑满释放后再犯新罪，因此，犯罪人的人身危险性较大，应当作为累犯从重处罚；而被判处缓刑的犯罪分子，原判刑罚并未实际执行，尚不属于经过刑罚处罚以后再次犯罪的情形，因此，将其排除在累犯的范围之外，体现了我国对累犯从严掌握的立法精神。

要解决缓刑考验期满后再犯罪是否构成累犯这一问题，就必须正确解读《刑法》第 76 条“缓刑考验期满，原判的刑罚就不再执行”的含义，即原判刑罚不再执行是否属于刑罚执行完毕或赦免。首先，原判刑罚不再执行并不是刑罚执行完毕。从词义上分析，刑罚不再执行就是没有执行过刑罚，显然不是刑罚执行完毕。缓刑虽然是刑罚的具体运用，但并非刑罚执行的特殊方法，也非监外执行。刑罚的具体运用与刑罚执行是两个不同的概念，刑罚的具体运用是指累犯、缓刑、自首、立功、数罪并罚等一系列刑罚裁量制度的统称；而刑罚执行，是指依据法院生效的判决或裁定，对犯罪分子执行刑罚。那种认为缓刑是刑罚执行的特殊方法或监外执行方式，缓刑考验期满就是刑罚执行完毕的观点显然是错误的。其次，缓刑并不是累犯制度中所讲的刑罚赦免。累犯制度中的“赦免”，是指有权的国家机关以政令的形式，免除犯罪人刑罚的制度。虽然学界通常将缓刑称为“附条件的刑罚赦免”，但这只是形象的说法，此“赦免”不同于彼“赦免”，缓刑是法院在判决的同时宣告暂缓执行刑罚，而赦免是由国家权力机关以政令的形式作出，通常不附带任何条件，也不需要法定事由，因此，不能将缓刑等同于赦免。故而原判刑罚不再执行并不等同于刑罚执行完毕或赦免，缓刑犯并不符合累犯的时间要件。并且，《刑法》第 77 条第 1 款规定：“被宣告缓刑的犯罪分子，在缓刑考验期限内犯新罪或者发现判决宣告以前还有其他罪没有判决的，应当撤销缓刑，对新犯的罪或者新发现的罪作出判决，把前罪和后罪所判处的刑罚，依照本法第六十九条的规定，决定执行的刑罚。”这也表明如果缓刑犯在考验期内再犯罪的话，适用的是数罪并罚制度而非构成累犯。另外，1989 年 10 月 25 日最高人民法院研究室《关于缓刑考验期满三年内又犯应判处有期徒刑以上刑罚之罪的是否构成累犯问题的电话答复》对这一问题也作出了回应：“根据刑法规定，缓刑是在一定考验期限内，暂缓执行原判刑罚的制度。如果犯罪分子在缓刑考验期内没有再犯新罪，实际上并没有执行过原判的有期徒刑刑罚；加之被判处有期徒刑缓刑的犯罪分子，一般犯罪情节较轻和有悔罪表现，因其不致再危害社会才适用缓刑。所以，对被判处有期徒刑缓刑的犯罪分子，在缓刑考验期满三年内又犯应判处有期徒刑以上刑罚之罪的，可不作累犯对待。”此司法解释虽然在新《刑法》修订之前颁布，但其意思表示与现行刑法并不相抵触。在目前的司法实务中，当遇到曾被判处缓刑的犯罪分子在考验期满5年内再次犯罪，并且新罪依法应判处有期徒刑以上刑罚的，均不按照累犯处罚，而是实行数罪并罚。

第三，缓刑判决生效之前再犯新罪的，是否成立累犯。

【案例15】①

犯罪嫌疑人邓某因盗窃罪被判处缓刑，在判决宣判后但未生效期间其再次实施了抢劫罪。

【案例分析】

在上述案件中，犯罪分子在前罪的缓刑判决刚刚宣告还未生效前又再次犯罪，再犯的新罪是否构成累犯呢？笔者认为，邓某不构成累犯。首先，邓某再犯新罪时，其前罪的缓刑判决尚未生效，并不符合刑法规定的构成累犯的“刑罚执行完毕或者赦免以后”的条件，这在前面的案例中已进行过详细的论述。其次，从累犯制度的设立初衷来看，累犯是对那些已经过实际刑罚执行之后5年内再犯新罪的犯罪分子而言的，以补足前罪的刑罚在量上的不足，从而对后罪从重处罚，以削减行为人较深的主观恶性和人身危险性，实现刑罚特殊预防的效果。因此，在本案中，邓某在缓刑判决尚未生效的情况下，又再次实施了抢劫犯罪行为并不能认定其为累犯，而是应当数罪并罚，将抢劫罪作为漏罪处理。

4. 假释后又故意犯罪的是否构成累犯

【案例16】②

被告人丁立军，男，1951年1月18日出生，农民。1992年8月因犯强奸罪被判处有期徒刑6年，1997年9月5日被假释，假释考验期至1999年5月2日止。因涉嫌犯强奸、抢劫、盗窃犯罪于2001年8月17日被逮捕。

山东省某市人民检察院以被告人丁立军犯强奸、抢劫、盗窃罪，向某市中级人民法院提起公诉。

某市中级人民法院依法经不公开开庭审理查明：

被告人丁立军于1998年6月至2001年4月期间，携带匕首、手电筒等作案工具，先后在某某市所辖的10余处村庄，骑摩托车或自行车于夜间翻墙入院，

---

① 参见于志刚：《缓刑犯再次犯罪制裁规则的体系化思索》，载《河南社会科学》2010年第4期。

② 谢萍：《丁立军强奸、抢劫、盗窃案——在假释考验期间直至期满后连续实施犯罪是否应撤销假释并构成累犯》，载《刑事审判参考》2002年第5辑。

持匕首拨开门栓，或破门、窗入室，采取暴力威胁等手段，入户强奸作案近40起，对代某某、倪某某、姜某某等32名妇女实施强奸。其中，强奸既遂21人，强奸未遂11人。在入户强奸作案的同时，被告人丁立军还抢劫作案5起，盗窃作案1起，劫得金耳环等物品，价值人民币970余元，窃得电视机1台，价值人民币200余元。

被告人丁立军于1999年4月至2001年7月期间，携带匕首、手电筒等作案工具，骑摩托车或自行车先后在某某市所辖的10余处村庄，采取翻墙入院、破门入室等手段，盗窃作案14起。盗窃王某某、郭某某、吕某某等14人的摩托车、电视机、酒、花生油等物品，价值合计人民币16600余元。案发后共追回赃物价值人民币8800余元，其余被其挥霍。

被告人丁立军及其辩护人对公诉机关指控的犯罪事实无异议。其辩护人提出，被告人丁立军有自首情节；所盗窃物品大部分已追回发还失主，且归案后认罪态度较好，要求对其从轻处罚。

某市中级人民法院认为：被告人丁立军数十次以暴力或胁迫的方法入户强奸妇女多人，构成强奸罪，情节恶劣，后果特别严重，社会危害极大，依法必须严惩。在入户强奸犯罪的同时抢劫作案5起，构成抢劫罪；盗窃作案15起，且盗窃数额巨大，构成盗窃罪；被告人丁立军有部分行为系在假释考验期限内重新犯罪，应当撤销假释，将前罪没有执行完的刑罚和后罪所判处的刑罚，实行数罪并罚；被告人丁立军还有部分行为系在假释考验期满后重新犯罪，构成累犯，依法应当从重处罚。公诉机关指控被告人丁立军犯强奸、抢劫、盗窃罪的事实成立，应予支持。关于被告人丁立军的辩护人所提出的，被告人丁立军有自首情节，认罪态度较好，所盗窃物品大部分已追回发还失主，要求对其从轻处罚的辩护意见，经查虽然属实，但被告人丁立军曾因强奸犯罪被判处有期徒刑9年，被假释后又在假释考验期内、期满后大肆连续实施强奸、抢劫、盗窃犯罪，且其强奸犯罪的情节恶劣，造成的后果特别严重，社会危害极大，同时还系累犯，故依法不对其从轻处罚。依照《中华人民共和国刑法》第二百三十六条第三款第（二）项、第二百六十三条第（一）项、第二百六十四条、第五十七条第一款、第五十六条第一款、第八十六条第一款、第六十九条、第七十一条、第六十四条、第六十五条的规定，于2002年1月31日判决如下：

（1）撤销山东省某市中级人民法院对被告人丁立军准予假释的刑事裁定。

（2）被告人丁立军犯强奸罪，判处死刑，剥夺政治权利终身；犯抢劫罪，判处有期徒刑十二年，剥夺政治权利二年，罚金人民币二千元；犯盗窃罪，判处有期徒刑四年；连同以前犯强奸罪没有执行的刑罚一年八个月并罚，决定执行死刑，剥夺政治权利终身，罚金人民币二千元。

一审宣判后，被告人丁立军未上诉。该案依法报请山东省高级人民法院复核。

山东省高级人民法院经复核认为：被告人丁立军在假释考验期间、期满后大肆进行强奸作案，且犯有抢劫罪、盗窃罪，社会危害极大，虽有自首情节，亦不予从轻处罚。原审判决定罪准确，量刑适当，审判程序合法，惟认定累犯不当，应予纠正。依照《中华人民共和国刑事诉讼法》第二百条、《中华人民共和国刑法》第二百二十六条第三款第（二）项、第二百六十三条第三款第（一）项、第二百六十四条、第五十七条第一款、第八十六条第一款、第六十九条、第七十一条、第六十七条的规定，于2002年6月17日核准被告人丁立军死刑。

【案例分析】

本案在审理中，对被告人在假释考验期间、期满后又犯新罪如何处罚意见不一致。一种意见是对被告人撤销假释，将新罪与前罪的余刑并罚。但不应认定为累犯，因为既然撤销假释，就意味着原判刑罚没有执行完毕，从而也就没有构成累犯的前提条件。另一种意见是既要撤销假释，实行并罚，又要认定其为累犯，因为被告人的一部分罪行实际上是发生在前罪刑罚事实上应已执行完毕之后的。

假释是对服刑期间表现较好的罪犯附条件的提前释放。所谓附条件，是指对被假释的罪犯依法设定一定的假释考验期限，被假释的犯罪分子在假释考验期内必须严格遵守有关法律、行政法规以及国务院有关部门关于假释的监督管理规定等。如果被假释的犯罪分子在假释考验期内没有违反法律、行政法规或者国务院有关部门关于假释的监督管理规定的行为，就认为原判刑罚已经执行完毕。反之，就应当对其撤销假释，收监执行原判未执行完毕的刑罚。其中，如果被假释的犯罪分子，在假释考验期内发现漏罪或者又重新犯罪的，则应当撤销假释，对其发现的漏罪或者新犯的罪作出判决并实行数罪并罚。在司法实践中，由于种种原因，犯罪人在假释考验期间又故意犯罪的情况屡见不鲜。具体而言，假释后又故意犯罪的，包含以下两种情形：一种是假释考验期满后又犯罪的，对于这种情形根据《刑法》第85条之规定，假释考验期满，就认为原判刑罚已经执行完毕。因此，如果行为人又故意犯罪的应当认定为累犯，对于这一情形并无争议。另一种情形是在假释考验期内又故意犯罪的，对于这一情形是否构成累犯争议较大。支持说的学者们认为，被判处有期徒刑的犯罪分子在假释考验期内如果再犯新罪，应该以累犯论处。理由是对被宣布假释的犯罪分子，累犯的期限应从假释之日起计算。由于假释的考验期为剩余刑期或10年，这样，某些被假释的罪犯可能5年已满，而假释考验期未满，如果在这时又犯应判处有期徒刑以上刑罚之罪的，就应认定为累犯。因为确定累犯的期限是为了解决是否构成累犯的问题，而且确定假释的考验期限是为了对犯罪分子进行考验，这是不同性质的两个问题。即使二者期限不一致，也不影响赖以确定累犯的期限。另外，假释犯从假释之日起，在社会上过着正常的生活，与刑满释放或赦免出狱的人并无区别。因此，对他们在刑法上应同等看待。[①] 反对说的学者们认为，被判处有期徒刑的犯罪分子在假释考验期内如果再犯新罪，不应该以累犯论处。理由是：其一，《刑法》明确规定，被假释的犯罪分子，在假释考验期内犯新罪，应当撤销假释，把前罪没有执行的刑罚和后罪所判处的刑罚，依照《刑法》第71条的规定，决定执行刑罚。既然《刑法》已经规定犯罪分子在假释考验期内再犯罪的，应按数罪并罚处理，因此，上述看法主张以累犯论，显然与《刑法》的立法原意相违背。其二，作为累犯的构成的前提条件是刑罚已经执行完毕或赦免，即回到社会上来的犯罪分子不存在继续执行前罪刑罚的问题。但是，被宣布假释的犯罪分子，虽然也同刑罚执行完毕或赦免的人一样回归了社会，过上正常的社会生活，但在假释考验期满前，随时有收监继续执行刑罚的可能。可见，被假释的犯罪分子同刑罚执行完毕或赦免的人实质上不同，不能同日而语，更不能认为即使在假释考验期限内再犯罪，也可构成累犯。[②] 这是目前刑法学界的通说。

要解决假释考验期限内又故意犯罪是否成立累犯这一问题，首先必须正确把握假释考验期满是否属于“刑罚执行完毕或者赦免”。被假释的犯罪分子在假释考验期限内必须严格遵守有关法律、行政法规或者国务院有关部门关于假释的监督管理规定等。依照《刑法》第86条之规定，如果被假释的犯罪分子在假释考验期限内没有违反法律、行政法规国务院或者有关部门关于假释的监督管理规定的行为，就认为原判刑罚已经执行完毕。反之，就应当对其撤销假释，收监执行原判未执行完毕的刑罚。如果被假释的犯罪分子，在假释考验期限内又重新犯罪的，则应当撤销假释，对其新犯的罪作出判决并与前罪的余刑实行数罪并罚。从字义上考察，“刑罚执行完毕”，是指犯罪分子已经执行完其所被判决的刑罚，不会再回到监所执行刑罚，而假释虽然犯罪分子也接受了一段时间的刑罚，但是考验期的存在使得犯罪分子还有再回到监所执行刑罚的可能性。换句话说，假释犯其刑罚并未执行完毕。从累犯的设立初衷来看，前罪之刑罚在量上不足，行为人之人身危险性并未得到有效的消减，故要对其从重处罚，以解决犯罪分子刑事责任之认定。而假释其刑罚并未执行完毕，因此无法确定刑罚在量上是否已起到了应有的效果，也就无从确定犯罪分子刑事责任之轻重，如果要将其认定为累犯的话，从重处罚就找不到法律依据，违背了罪刑法定原则和罪责刑相适应之精神。并且，根据《刑法》第65条第2款之规定，对于被假释的犯罪分子，其时间上限应是假释期满之日，而非肯定说所主张的假释之日。因此，对于假释考验

① 参见高铭暄主编：《新中国刑法学研究总述（一九四九——一九八五）》，河南人民出版社1986年版，第448页。

② 参见高铭暄主编：《刑法学原理（第三卷）》，中国人民大学出版社1994年版，第286页。

期内又犯新罪的，应当严格依照《刑法》第 86 条第 1 款之规定，撤销假释，实行数罪并罚，而不应认定为累犯。只有在假释考验期满之后的 5 年内再次犯罪的，我们才能认定为累犯。

其次，从实然性和应然性两个角度对假释考验期间内再犯罪是否构成一般累犯进行解析，也不应将假释考验期限内犯新罪的认定为累犯。从实然性角度解析，有的学者认为被判处有期徒刑的犯罪分子在假释考验期内如果再犯新罪，应该以累犯论处是没有法律根据的。从《刑法》关于假释制度的规定来看依据不足，《刑法》第 86 条第 1 款明文规定，被假释的犯罪分子，在假释考验期限内犯新罪，应当撤销假释，依照《刑法》第 71 条的规定实行数罪并罚。据此我们认为，在假释考验期限内再次犯罪的犯罪分子不以累犯处罚，而是把前后两罪按照数罪并罚的原则进行处理。从《刑法》关于累犯制度的规定来看根据不合理，《刑法》第 65 条第 2 款明文规定："前款规定的期限，对于被假释的犯罪分子，从假释期满之日起计算。"换句话说，构成一般累犯的犯罪分子的前罪与后罪 5 年的期限，应当从假释期满之日起计算。从这条规定我们可以看出在假释考验期限内再次犯罪的犯罪分子是不符合一般累犯的构成条件的，因为对于被假释的犯罪分子来说，只有假释期限届满才被认为原判刑罚已经执行完毕。如果假释期限未满，原判刑罚就没有被执行完毕，而累犯的构成是以前罪的刑罚执行完毕为依据的，显然假释期限内再犯罪不符合一般累犯的前提条件，是不能以累犯论处的。而从应然性角度解析，累犯制度设置的初衷，旨在给予犯罪人的后罪以更为严厉的刑罚惩治，以弥补前罪刑罚效果的不佳和刑法在量上的不足。而处于假释考验期限内的犯罪分子，其前罪刑罚还没有执行完毕，无法根据合理的标准来考虑其前罪所判处和给定的刑罚在量上是否存在不足，也无法评定前罪刑罚的实际执行效果是否不佳，因而此时如果基于累犯制度之刑罚打击立场给予后罪以相对较重的刑罚评价，则理论根据显得不合理。因此，各国刑法典所采取的通行做法，虽然目标也在于给犯罪人之整体刑罚作加重处理，但却是从数罪并罚的角度出发的，并运用"先减后并"的处理原则，在不加重后罪之宣告刑的情况下，通过加重犯罪人之整体实际刑期的方式，给犯罪分子以相对更加严重的否定性评价和刑罚打击。对于假释的犯罪分子来说，在假释考验期满以前，随时有被收监继续执行刑罚的可能。在这种前罪刑罚附条件的不执行的情况下，如果犯罪人再次犯罪的，作为累犯来处理与累犯设置的初衷相违背，还是以数罪并罚为好。

本案中，对于被告人丁立军在假释考验期内所犯的新罪，应当依照法律之规定撤销假释，数罪并罚，在这点上并不存在争议。本案的疑难之处在于，其在假释考验期满之后仍连续作案，如果对于其假释考验期满后的犯罪认定为累犯的话，就会出现对被告人假释期满前后两个阶段按两个同种罪分别定罪量刑的现象。而由于其是连续作案，很多犯罪行为无法确定其发生时间，也就造成了定罪量刑上的困难。可以说，在司法实践中，由于受各种条件的限制和影响，假释监督有时不能真正到位，以致出现假释监督考察机关对假释考验期限内罪犯的违法违规的行为乃至犯罪活动和线索不能及时发现和掌握，甚至在假释考验期限内又犯新罪的罪犯直至假释期满后才被抓获归案的情况。对于假释考验期间又犯新罪的罪犯直至假释期满后才被抓获归案的，是否应当撤销假释，最高人民法院曾于1985年在《关于人民法院审判严重刑事犯罪案件中具体应用法律的若干问题的答复（三）》（以下简称《答复三》）第36条中规定，对于被假释的犯罪分子，如果在假释考验期满后，才发现该罪犯在假释考验期限内又犯新罪，对尚未超过追诉时效期限的，应当依照1979年《刑法》第75条的有关规定，撤销假释，把前罪没有执行的刑罚和后罪所判处的刑罚，按照1979年《刑法》第64条的规定，决定执行的刑罚。但这一规定仅是对期满后发现罪犯在假释考验期限内又犯新罪的情况作了规定，而对罪犯在假释考验期限内直至期满后连续实施新的犯罪行为的，是否撤销假释，并未进一步明确。例如，本案被告人丁立军在假释考验期限内持续大肆强奸妇女，又犯有抢劫罪、盗窃罪，假释期满2年后才被抓获，其间，被告人一直不断地实施新的犯罪。对此有人认为，此种情形应当视为刑罚已经执行完毕，对假释考验期限内又犯新罪这一情况，作为对被告人从重处罚的情节。这种做法并不符合假释制度的立法本意，也有违《答复三》的基本精神。如前所述，假释是附条件的提前释放，罪犯在考验期限内必须严格遵守《刑法》第84条的规定，否则就得按《刑法》第86条的规定撤销假释，以保证假释制度的严肃性。《刑法》及《答复三》的本意是不论行为人的犯罪行为连续与否，也不论其犯罪行为是在何时被发现的，只要有一项罪行是在假释考验期限内实施且依法未超过追诉时效，就应当依法撤销其假释，实行数罪并罚。所以，尽管本案中被告人丁立军的大部分犯罪行为是在假释考验期满后实施的，也不能因为在考验期限内被告人实施的犯罪没有被及时发现这一客观原因，而对其不予撤销假释。相反，应当基于被告人是在假释考验期内就已开始犯新罪这一事实，根据《刑法》第86条对假释考验期间又犯新罪的处理原则，以及《答复三》中第36条的基本精神，对被告人丁立军撤销假释，按照《刑法》第71条实行并罚。丁立军的犯罪行为一直处于连续状态，作为连续犯，对其进行处罚时，从整体上考虑其社会危害性应较为妥当，也不宜分为假释期满前后两个阶段再按两个同种罪分别定罪量刑。同时，按照《刑法》第71条的规定，对其新犯之罪要按"先减后并"的方式进行并罚，这业已体现了从重处罚的精神，无须再按累犯对待。如果对其假释期满后的一部分罪行再认定为累犯，则不可避免地同《刑法》关于假释、数罪并罚等规定发生冲突，并给法律适用造成不必要的困难。

综上，一审法院撤销被告人假释没有错误，但同时又认定累犯不当。山东省高级人民法院在死刑复核程序中，对被告人撤销假释，不认定累犯是正确的。

二、一般累犯之主观要件的认定

【案例 17】①

钱某曾因聚众斗殴罪被判处有期徒刑 5 年，因过失致人重伤罪被判处有期徒刑 1 年，数罪并罚决定执行有期徒刑 6 年，于 2005 年 6 月刑满释放。2010 年 1 月钱某又涉嫌寻衅滋事，被刑事拘留，同年 4 月被审查起诉。

【案例 18】②

被告人周某某，男，1971 年 1 月 20 日出生于山东省某市，汉族，初中文化程度，无业，住某市医药公司家属楼。1999 年 11 月 8 日因犯盗窃罪被某区人民法院判处有期徒刑 4 年。2004 年 4 月 6 日因犯盗窃罪被某县人民法院判处有期徒刑 3 年零 7 个月，2005 年 4 月 26 日被减余刑释放。2006 年 11 月 29 日因涉嫌犯交通肇事罪被刑事拘留，同年 12 月 1 日被取保候审，2007 年 3 月 19 日被某区人民法院以交通肇事罪判处有期徒刑 2 年零 6 个月，缓刑 3 年，缓刑考验期限自 2007 年 3 月 30 日起至 2010 年 3 月 29 日止。2008 年 9 月 19 日因涉嫌犯盗窃罪被刑事拘留，同年 10 月 25 日被逮捕。

某区人民法院经审理查明：2008 年 9 月 7 日晚，被告人周某某雇用 2 辆绿色“斯太尔”油罐车、1 辆白色“福田”牌微型卡车，携带齿轮泵、电缆线和塑料管线等工具，到位于某采油厂集输大队 4 号储油罐清砂时，乘机从该污油池内盗窃原油。当晚 8 时许，在盗窃过程中被该站值班人员发现，后某采油厂护卫队赶到现场将上述车辆扣押，其中 1 辆绿色“斯太尔”油罐车内装有原油 22.27 吨，价值 128141.58 元。

某区人民检察院指控被告人周某某的行为已构成盗窃罪。其是犯罪未遂、累犯，且系在缓刑考验期限内犯罪，应撤销缓刑。综上，应依照《刑法》第 264 条、第 23 条、第 65 条第 1 款、第 77 条第 1 款、第 69 条的规定处罚。

被告人周某某辩称，其为稀释油砂而到污油池取水，无盗窃原油的犯罪故意，其行为不构成盗窃罪，并称起诉书指控的原油数量过高。

某区人民法院认为，被告人周某某以非法占有为目的，秘密窃取公共财物，数额特别巨大，其行为已构成盗窃罪。

被告人周某某关于其为稀释油砂而从污油池取水，其无盗窃原油犯罪故意的辩解，经审理后认为，控辩双方提交及本院庭后调取的证据，足以证实 2008 年 9 月 7 日清理 4 号储油罐时，稀释油砂用水是经过该站同意，从该罐南侧相邻的

---

① 王旭：《累犯认定的两种争议情形》，载《检察日报》2011 年 5 月 13 日。

② 郑战杰：《刑罚执行完毕五年内先后过失犯罪故意犯罪则该故意犯罪构成累犯》，载东营市河口区人民法院网 2010 年 6 月 4 日。

1 号罐放水阀处提取的，故被告人周某某的上述辩解不能成立。被告人周某某关于起诉书指控原油数量过高的辩解，经审理后认为，本案的原油数量是经过对实物称重、化验后确定的，其结论客观、真实，应予采信，被告人周某某的上述辩解不能成立。

被告人周某某在盗窃犯罪过程中，由于意志以外的原因而未得逞，是犯罪未遂。其在原判有期徒刑以上刑罚执行完毕后，5 年内再犯应当判处有期徒刑以上刑罚之罪，是累犯，综合考虑以上情节，对其可减轻处罚。被告人周某某因犯交通肇事罪被宣告缓刑后，在缓刑考验期限内又犯新罪，应当撤销缓刑，将前罪和后罪所判处的刑罚依照《刑法》第 69 条之规定实行数罪并罚。

根据《刑法》第 264 条、第 52 条、第 23 条、第 65 条第 1 款、第 77 条第 1 款、第 69 条、第 64 条之规定，判决如下：撤销某区人民法院刑事判决书对被告人周某某犯交通肇事罪判处有期徒刑 2 年零 6 个月，缓刑 3 年的宣告；被告人周某某犯盗窃罪，判处有期徒刑 7 年，与前罪判处的有期徒刑 2 年零 6 个月合并，决定执行有期徒刑 9 年，并处罚金人民币 2 万元；扣押于山东省某公安局的作案工具齿轮泵 1 台、电缆线 1 宗、塑料管 1 宗予以没收。

一审宣判后，被告人周某某未上诉，一审判决已经发生法律效力。

【案例分析】

在案例 17 中，对于应否认定被告人为累犯的问题存在认识分歧。有人认为，应认定为累犯。依照《刑法》第 65 条之规定，在前罪刑罚执行完毕后的 5 年内再犯有期徒刑以上的故意犯罪的就应认定为累犯。钱某在 2005 年 6 月释放，又在 2010 年 6 月前再故意犯罪应认定其为累犯。有人则认为，对钱某不应认定为累犯。钱某从前次犯罪至实施新的故意犯罪时，已经过十年多，由于前次所犯罪行中过失致人重伤罪是过失犯罪，聚众斗殴罪判处的刑期是 5 年，从前后两次故意犯罪相隔时间看，可视为前罪刑罚执行完毕 5 年多，又实施了寻衅滋事犯罪。根据累犯的法定条件，一般累犯的后罪发生在前罪所判刑罚执行完毕或者赦免以后 5 年以内，该案已超过 5 年，不符合一般累犯的构成条件。因此，对钱某不应作累犯处理。而在案例 18 中，对于周某某是否构成累犯，也存在两种争议。一种观点认为，构成累犯的前、后故意犯罪应是相邻的两次犯罪，而周某某的前罪是交通肇事罪，故不构成累犯。另一种观点认为，周某某的交通肇事罪因是过失，在量刑时对其前次故意犯罪情况未予考虑，而该次故意犯罪案发时间在前一次故意犯罪刑罚执行完毕后 5 年之内，应当认定为累犯。

在以上两起案件中之所以存在累犯认定上的疑难，在于我国刑法规定一般累犯在主观上必须是前后罪都为故意犯罪，而两起案件的前罪中不仅有故意犯罪而且有过失犯罪，那么其“刑罚执行完毕”到底应不应当包含对主观罪过的评价？这也就是说，是否应区分其数罪之主观罪过来决定刑罚执行完毕之起点。我们认为，根据法条之释意，前罪所判刑罚既包括一罪也包括数罪的情形，并未区分数罪之罪过，因此，不论是一罪还是数罪都应当在全部刑罚执行完毕后起算累犯的起点。并且为什么将故意犯罪认为是前5年，后1年才为过失犯罪所判刑罚？这是没有任何道理的，并且如果是故意犯罪判处4年，过失犯罪判处3年，数罪并罚后判决为5年的，又该如何处理呢？并且，现实中还存在宣告刑和实际执行刑不同的情形，那么是以宣告刑为基准，还是实际刑为基准呢？我们认为，应当严格按照法条的规定，从刑罚执行完毕或者赦免之日起算，不论之前是如何的宣告刑。因为还存在一种情形就是在宣告前已经羁押了很久，虽然宣告刑为有期徒刑但是执行刑却在6个月的有期徒刑档期之下，这种情形又该如何处理？显然，依照法条之精神，应当明确以全部刑罚执行完毕之日起算，不区分数罪之罪过。

【案例19】

王某因交通肇事罪和盗窃罪于1999年4月22日（1998年8月23日先行羁押）被法院分别判处有期徒刑3年6个月和6年，合并执行9年。服刑期间2次被减刑共20个月零18天，2005年12月4日刑满释放。2009年11月9日因涉嫌故意伤害罪被刑事拘留、逮捕。

【案例分析】

检察机关对王某提起公诉时，就其是否构成累犯问题产生不同意见。观点一认为，王某构成累犯。累犯具有较重的人身危险性，其前罪有故意犯罪就够了，何况更有过失犯罪的叠加，这种人身危险性值得特殊预防，否则会放纵罪犯。而盗窃罪和故意伤害罪均为故意犯罪；盗窃罪已被判有期徒刑，故意伤害罪应当判有期徒刑；2005年12月4日至2009年11月9日不满5年。观点二认为，不构成累犯。理由是不能确定该案是否符合累犯的时间条件，即无法确定故意伤害罪是否在盗窃罪执行完毕5年内。因此，依照存疑有利于被告之原则不应认定其为累犯。

本案和案例17存在同样的疑难，即前罪中既有故意犯罪又有过失犯罪时应如何确定时间上限——刑罚执行完毕之起点。观点二认为，本案中很难认定盗窃罪何时执行，即在事实认定上存在疑点，按照存疑有利于被告人原则，不能对王某作出累犯从重处罚之不利处罚，所以王某不构成累犯。这样的解释显然是误解了存疑有利于被告原则之涵义。存疑有利于被告人原则，作为一条刑事司法原则，从其内涵来讲，是指在适用法律和认定案件事实存在模糊之处时，应当作出有利于被告人的解释。具体说，即在一个具体的刑事诉讼中，当出现对法律理解的不一致，或者案件事实的证明过程中出现不确定的因素时，应作出有利于被告人的解释或有利于被告人的事实认定。但是，本案中并非在事实认定上存在疑点，而是在对法律条文的理解上出现了错误。《刑法》第 65 条规定刑罚执行完毕并非仅指数罪中的故意犯罪刑罚执行完毕，而是数罪所判刑罚均执行完毕。主观罪过之故意是对犯罪而言的，而不是对刑罚而言的。累犯之所以将前后罪主观罪过都规定为故意，是因为故意犯罪比过失犯罪更能反映出行为人较大的主观恶性和人身危险性，其再犯可能性也就较大。正如有学者所说，由故意犯罪的主观性质决定，故意犯罪的实施者具有较大的人身危险性，过失犯罪的犯罪人虽然在一定条件下也可以再次实施犯罪，但是一般说来，过失犯罪的犯罪人本身具有的人身危险性是很小甚至是根本没有的。① 这也就是说，基于人身危险性之考虑，将累犯的主观条件设置为故意。如果前罪或者后罪中有一罪为故意犯罪即符合了累犯之主观要件，再满足累犯之其他要件的话就应认定其为累犯。因此，主观故意是用来限定犯罪而非刑罚的。对于数罪中既有故意犯罪又有过失犯罪的情形，其时间上限的起点仍是数罪刑罚全部执行完毕之时，并不存在事实上的疑点。存疑有利于被告人原则并不能作为不认定王某为累犯之理由。

三、一般累犯之主体要件的认定

【案例 20】②

被告人唐某出生于1990 年 11 月，2008 年 7 月唐某因抢劫罪被判处有期徒刑 6 个月。

某市人民法院经审理查明，2010 年 12 月 6 日、30 日凌晨，唐某伙同张某（未成年），在网吧内盗走电脑 CPU、内存条，并销赃耗用。分别在某市“梦飞网吧”“传神网吧”盗走上述网吧电脑内装配的 CPU 和内存条，经鉴定价格共计为人民币 4680 元，销赃耗用。2011 年 1 月 20 日因涉嫌盗窃被刑事拘留，同年 2 月 18 日被执行逮捕。

某市人民法院审理认为，唐某的行为已构成盗窃罪。虽然其曾因犯抢劫罪被判处有期徒刑 6 个月，刑满释放后 5 年内再犯罪，但因其前罪犯罪时未满 18 周岁，因此不属累犯。据此，判处唐某有期徒刑 8 个月，并处罚金人民币 1000 元。

【案例分析】

对于未成年人犯罪，我国刑法给予了较大的关注。考虑到未成年人的身心发展特点，未成年人犯罪在处罚时刑法规定对其应当从轻或者减轻处罚，在刑事政策上则坚持“教育为主、惩罚为辅”的原则和“教育、感化、挽救”的方针。

---

① 参见高铭暄主编：《刑法学原理（第三卷）》，中国人民大学出版社 1994 年版，第 282 页。

② 冯璐、徐佳、钟钊：《此人“二进宫”应否按累犯处罚?》，载《成都日报》2011 年 8 月 23 日。

而把未成年人作为累犯的适格主体，让未成年人承受从重处罚，不适用缓刑和假释等一系列累犯严厉的法律后果，显然是与上述精神相违背的。[①] 并且考虑到累犯制度的设立初衷和目的，主要是针对那些主观恶性深，人身危险性较大的犯罪人，通过较为严厉的累犯处罚以预防已经犯罪的人再次犯罪。但是未成年人的人身危险性显然不那么大，即使是未成年再犯人虽然和其他未成年犯罪人相比人身危险性要大，但是其身心具有很强的可塑性，让其承担如此严厉的累犯后果显然是违背累犯的设立初衷的。因此，很多学者呼吁将未成年犯罪人排除于累犯的主体之外。域外对于未成年人不构成累犯的立法例包括两种类型：其一，前罪发生时犯罪人未成年的，不构成累犯。例如，《俄罗斯联邦刑法典》第 18 条第 4 款规定："一个人在年满十八岁之前实施犯罪的前科，以及其前科依照本法典第八十六条规定的程序被撤销时，在认定累犯时不得计算在内。"[②] 其二，无论前后罪发生于何时，未成年人根本不构成累犯。例如，《埃及刑法典》规定，不满 15 周岁的人不构成累犯；《英国刑法典》规定，不满 22 周岁的人不构成累犯。[③] 从这两种立法例的规定可以看出，未成年人作为累犯排除的例外情形，只要其前罪发生时为未成年人即不构成累犯。可以说这是充分考虑到了对未成年人的保护而作出的规定。

2011 年 2 月 25 日通过的《刑法修正案（八）》第 6 条增加了不满 18 周岁的人犯罪不构成累犯的规定。可以说这是考虑到未成年人的生理和心理发展特殊性，而对青少年所作的特殊保护，一方面，保护了未成年人的合法权益；另一方面，也使得累犯制度得到了进一步的完善。但是对于本条的未成年人犯罪不按累犯处理到底该如何理解，在司法实践中仍存在疑难之处，如在本案中，行为人的前罪发生时未满 18 周岁，但是犯后罪时却已满 18 周岁。这是否符合《刑法修正案（八）》中未成年人犯罪不按累犯处罚的规定？对此，存在两种不同的理解：一种意见认为，应该是犯前后两罪都应未满 18 周岁，如果前罪未满 18 周岁，而后罪已满，应当成立累犯；另一种意见则认为，只要前罪未满 18 周岁，后罪即使已满，也不成立累犯。经反复讨论，法院判决时采纳了第二种意见，认为该案中唐某不构成累犯。法院表示，法条将过失犯罪和未成年人犯罪两种除外情形放在法条的最后，是对构成累犯的整体排除，而累犯是前后两罪的结合，因此，

---

① 糜耀喜、徐建宏：《有关累犯的几个问题研究》，载杨敦先等主编：《新刑法施行疑难问题研究与适用》，中国检察出版社 1999 年版，第 325 页。

② 参见黄道秀译：《俄罗斯联邦刑法典》，中国法制出版社 1996 年版，转引自赵秉志主编：《刑罚总论问题探索》，法律出版社 2003 年版，第 337 页。

③ 糜耀喜、徐建宏：《有关累犯的几个问题研究》，载杨敦先等主编：《新刑法施行疑难问题研究与适用》，中国检察出版社 1999 年版，第 326 页。

“不满十八周岁的人犯罪的除外”的规定应当是针对前后两罪，即只要唐某犯前罪时属于不满18周岁的未成年人就应当排除累犯的成立；其次，原《刑法》累犯“过失犯罪除外”的规定，在理论和实践中已形成通论，前后两罪中，只要有一罪是过失犯罪，就不成立累犯。而《刑法修正案（八)》累犯除外情形中“不满十八周岁”与“过失犯罪”是并列关系，因此，可以认为，只要前后罪之一符合“不满十八周岁”就可以排除累犯的成立。这也和保护未成年人的立法精神相一致。

那么这样的理解是否正确呢？此次《刑法修正案（八)》对于不满18周岁的人犯罪规定作了三项修改：其一，第6条对累犯制度的修改，规定不满18周岁的人犯罪不构成累犯。其二，第19条对前科报告制度的修改，规定犯罪的时候不满18周岁被判处5年有期徒刑以下刑罚的人，免除前科报告义务。其三，第11条对缓刑制度作了修改，其中，对于被判处拘役、3年以下有期徒刑的不满18周岁的人、怀孕的妇女和已满75周岁的人，同时符合犯罪情节较轻、有悔罪表现、没有再犯罪的危险、宣告缓刑对所居住社区没有重大不良影响的，应当宣告缓刑。上述这三项存在内在的逻辑关系，立体展现了对未成年罪犯的“教育、感化、挽救”的方针。上述规定是《刑法修正案（八)》修改一大亮点，是宽严相济刑事政策在立法上的落实，也是多年以来，社会各界有识之士不断呼吁，特别是几代少年司法工作者不断努力的结果。

因此，要正确解读《刑法修正案（八)》第6条的规定，首先必须明确不满18周岁的人犯罪不构成累犯直接的法律后果是：未成年罪犯即使再有犯罪行为也不再作为法定从重处罚的情节。这是考虑到未成年人身心发育尚未成熟，对犯罪的未成年人更好地体现以教育为主的方针，便于他们以后顺利地融入社会，成为服务社会的有用之材，是国家给予未成年人的一个特殊宽宥待遇。事实上，社会对此亦有反对声音，在《刑法修正案（八）（草案)》征求意见时，就有观点提出，现在未成年人心智发育成熟较早，犯罪率逐年增高，犯罪恶性程度也越来越大，对未成年人犯罪，刑法已规定从宽处理，这些未成年罪犯没有悔改并再次犯罪应该作为累犯，但该意见最终没有被立法机关采纳。对于该条，笔者认为，应当结合整个条文释义，即犯前罪时不满18周岁的人，包括两种情况：一是指已满14周岁不满16周岁的人，犯《刑法》第17条第2款规定的故意杀人、故意伤害致人重伤或者死亡、强奸、抢劫、贩卖毒品、放火、爆炸、投毒（投放毒害性、放射性、传染病病原体等物质）等八种犯罪行为的。这一年龄段的人除此之外，是不承担刑事责任的，也称相对刑事责任年龄。二是指已满16周岁不满18周岁的人犯《刑法》分则规定之罪的。如果犯前罪时不满18周岁，即使后罪已满18周岁，依法不构成累犯。如果行为人在年满18周岁前后实施数个行为，构成一罪或数罪，因判决时其已满18周岁，应以累犯论处。《刑法修正案（八）草案》征求意见时，还有一种观点认为，对于不满18周岁的人再犯《刑法》第17条第2款之罪的应规定以累犯论处。这种以罪名划分的意见意在将对社会危害性大的未成年罪犯纳入累犯的重点打击范围。笔者认为，这种观点有些偏颇，这样划分会扩大打击到已满14周岁不满16周岁的人，只是侧重对社会利益的保护，没有从未成年人这一人群整体考虑其身心发育尚不成熟、社会认知程度尚不健全的情况，也与我国少年司法贯彻“教育为主、惩罚为辅”原则相悖。立法机关也没有采纳该意见。《刑法修正案（八）》“不满十八周岁的人犯罪”不构成累犯的规定，有利于有悔改表现或决心的未成年罪犯轻装上阵，以恢复他们重新做人的信心，引导其顺利地回归社会。

目前，在司法实务中还有一个亟须解决的问题是，对被判处有期徒刑以上刑罚，刑罚执行完毕或者赦免以后，2011年4月30日之前再犯应当被判处有期徒刑以上刑罚之罪，且现在正在审理的未成年人是否构成累犯。最高人民法院2011年4月25日《关于〈中华人民共和国刑法修正案（八）〉时间效力问题的解释》第3条第1款对此已作出了规定，被判处有期徒刑以上刑罚，刑罚执行完毕或者赦免以后，在2011年4月30日以前再犯应当判处有期徒刑以上刑罚之罪的，是否构成累犯，适用修正前《刑法》第65条的规定；但是，前罪实施时不满18周岁的，是否构成累犯，适用修正后《刑法》第65条的规定。

四、一般累犯之罪质条件的认定

依照我国《刑法》第65条之规定，累犯前罪为“被判处有期徒刑以上刑罚”，后罪为“应当判处有期徒刑以上刑罚”。对于前罪“被判处有期徒刑以上刑罚”在认定上一般不存在问题，而对于后罪“应当判处有期徒刑以上刑罚”则在认定上存在疑难之处。

【案例21】①

被告人杨某，曾因犯寻衅滋事罪于2004年10月被某县人民法院判处有期徒刑8个月；又因涉嫌敲诈勒索2008年8月29日被某县公安局逮捕。2009年1月23日，某县人民法院判决认定，被告人杨某的行为已构成敲诈勒索罪，且在被判处有期徒刑以上刑罚执行完毕后5年内再犯应当判处有期徒刑以上刑罚之罪，系累犯，依法应从重处罚；鉴于被告人杨某能认罪悔罪，可酌情对其从轻处罚，判处其拘役5个月零10天。

① 赵均锋：《从一起判决谈累犯的适用》，载《河南法制报》2010年11月15日。

【案例22】①

法院查明：2007年1月4日20时许，被告人陈某春与胡某在某市花王宫舞厅发生口角，被花王宫舞厅保安侯某兵等人拉出舞厅，在舞厅门外被告人陈某春打了胡某一耳光，侯某兵等人与被告人陈某春发生抓扯，随后被告人陈某春在外面烧腊摊上拿菜刀返回将保安侯某兵砍伤。当晚21时许，被告人陈某春到公安机关投案自首。经法医鉴定：侯某兵左背部砍伤属轻伤。

另查明：(1) 被告人陈某春于2003年11月27日因强奸罪（未遂）被某市人民法院判处有期徒刑1年6个月，于2005年2月15日刑满释放。刑满释放后一直在某工厂上班。(2) 案发后，被告人陈某春到医院看望侯某兵，除医疗费外，还赔偿了侯某兵7000元损失。(3) 公安机关对被告人采取了取保候审强制措施。

检察机关审查后，以被告人陈某春构成故意伤害罪，并认定了自首和累犯情节向法院起诉。

法院判决未认定累犯情节，判决被告人陈某春构成故意伤害罪，判处管制1年。

【案例23】②

被告人张某，男，初中文化，曾于2002年8月被法院判处有期徒刑2年，并处罚金人民币3000元，于2004年4月5日刑满释放。2004年12月2日，被告人张某在某市城区停车场，乘无人之机，打开王某的货车车门，从车上驾驶室内窃得价值人民币1020元的波导手机1部。被告人张某离开停车场后，被巡逻的公安民警抓住，人赃俱获。被告人张某因涉嫌犯盗窃罪，于2004年12月3日被刑事拘留，同年12月9日被逮捕。检察院以被告人张某犯盗窃罪，且系累犯，向法院提起公诉。法院经审理后认为，被告人张某的行为已构成盗窃罪，在刑满释放后5年内重新犯罪，应酌情从重处罚，但不属累犯，对其判处有期徒刑6个月，并处罚金人民币1000元。

【案例24】③

被告人张某波，男，1985年1月14日出生，汉族，小学文化，农民。2005年12月9日因犯盗窃罪被某县人民法院判处有期徒刑1年，2006年12月14日因盗窃被某市公安局劳动教养1年3个月。2008年2月24日因涉嫌犯盗窃罪被

---

① 谢文剑、王生东《对累犯的认定及法律适用的思考》，载宜宾新闻网2009年10月30日。

② 陈益明：《累犯制度完善的一点思考——以被告人张某盗窃案为分析对象》，载金华法院网2010年6月2日。

③ 薛志强：《张志波盗窃一案能否适用累犯制度?》，载汤阳县法院网2009年8月19日。

某县公安局刑事拘留，同年3月4日被某县公安局逮捕。

某县人民检察院指控：被告人张某波犯盗窃罪，向某县人民法院提起公诉，请求依法判处。

经某县人民法院审理查明：2008年2月24日凌晨约2时，被告人张某波到某村张某林家，在其家的过道内盗窃黑色踏板式宝悦牌电动自行车1辆，改锥2把、废铁1块，经评估总价值2285元。当日早晨，张某波骑盗窃的电动自行车行至某县人民路十字路口时被某县公安局巡逻民警抓获，赃物已追退。

某县人民法院审理后认为，被告人张某波以非法占有为目的，盗窃公私财物，数额较大，核其行为已构成盗窃罪，公诉机关指控的罪名成立。被告人张某波在刑罚执行完毕后5年内又犯应判处有期徒刑以上刑罚之罪，系累犯。依据《刑法》第264条、第53条、第65条第1款及最高人民法院《关于审理盗窃案件具体应用法律若干问题的解释》第6条第3项之规定，按盗窃罪判处被告人张某波有期徒刑3年，并处罚金人民币2000元。

宣判后，被告人张某波未上诉，公诉机关未抗诉，现判决已生效。

【案例分析】

在案例21中，法院认定杨某成立累犯，但是却对其后罪敲诈勒索罪判处的是拘役5个月零10天，而累犯之罪质要件要求后罪应当判处有期徒刑以上刑罚，这显然出现了矛盾之处。案例22和案例23则出现了检察院提起公诉时，认为后罪应判有期徒刑，从而指控该被告人为累犯，但法院在审判过程中，却没有对后罪判处有期徒刑，致使检察机关所指控的累犯不成立，检察机关的起诉和法院的判决产生了冲突。案例24中，张某波虽然在判决中被认定为了累犯，但是从其犯罪数额上来看，应否对其判处有期徒刑以上刑罚有待商榷。这也就是说，如果要认定为累犯的话必须判处有期徒刑以上刑罚，而如果不能判处有期徒刑以上刑罚的话就不能认定为累犯，这就会出现累犯认定上的倒置问题，使得为了将其认定为累犯而只能对其判处有期徒刑以上刑罚。并且，实践中还会存在一种现象，就是对被告人本应判处管制或者拘役，但是司法机关却认定其为累犯而对其从重处罚，从重后却判处了有期徒刑以上刑罚。

根据《刑法》第65条的规定，“再犯应当判处有期徒刑以上刑罚之罪”是构成累犯的必要条件，而再犯之罪是否能判处有期徒刑以上刑罚，最终要以法院判决确定的刑罚来认定。此外，根据《人民检察院刑事诉讼规则》第250条的规定，在审查起诉时必须查明“有无法定的从重、从轻、减轻或者免除处罚的情节”，累犯作为法定的从重处罚情节，要求检察机关在审查起诉时必须要对是否构成累犯作出明确的认定。而事实上在法院没有确定判决结果前是否构成累犯还是未知数，检察机关要在构成累犯的一个未确定的必要条件未明确的情况下作出认定，这导致检察机关在是否认定累犯问题上处于两难境地。这就出现了案例

22 和案例 23 中的尴尬之处。同时，检察机关对后罪应否判决有期徒刑以上刑罚这一累犯罪质要件的指控是否成立，最终取决于法院的判决，这就导致检察机关对法院判决认定累犯的法律适用监督的无奈。

以上问题反映出司法机关在累犯罪质要件“后罪应当判处有期徒刑以上刑罚”的理解上存在偏差。笔者认为，这些问题的症结在于没有正确理解“应当判处有期徒刑以上刑罚”中的“应当”二字。

对于此问题，我国刑法一般理论解释是，后罪不是指法定刑为有期徒刑以上刑罚，而是根据犯罪事实与刑事法律，应当判处有期徒刑以上刑罚，这也就是说，当后罪的宣告刑是有期徒刑以上刑罚（包括无期徒刑、死刑和死缓），而其他条件都符合累犯条件时，则构成累犯；如果后罪的宣告刑是管制、拘役或单处附加刑时，即不是有期徒刑以上刑罚时，则构不成累犯。这样的解释在一般情况下也可行，但对于有些犯罪，如法定刑中具有有期徒刑、拘役及管制等刑种时，就会出现以上的尴尬问题：是否构成累犯不是根据刑法的规定，而是根据法院对犯罪人选择后罪刑种而定，如果选择刑种为有期徒刑以上，则构成累犯；如果选择拘役或管制等刑种，则不构成累犯，从而造成检察院起诉时认为被告人应属累犯，而法院认为不属累犯，或检察院不认定为累犯的，法院认为应认定为累犯。累犯不再是以量刑情节的身份出现，而是在量刑完成后才予以考虑，这完全否定了累犯的量刑情节属性。

对“后罪是应当判处有期徒刑以上刑罚的罪”的另一种理论解释是后罪的法定刑只要包含有期徒刑即可。对此，刑法理论普遍持反对态度，认为这样无限制地扩大了累犯的范围。因为在《刑法》分则有法定刑的条文规定中，几乎均包含了有期徒刑刑种。这样，后罪只要成立，累犯也就构成了。

对“后罪是应当判处有期徒刑以上刑罚的罪”的第三种解释是后罪的法定刑只能包含有期徒刑以上刑罚，而不包括拘役、管制等刑种。这样的理解对于累犯的认定有了明确的范围，不会出现检察院和法院认识不一的问题，但这样的解释似有缩小解释之嫌，对重新犯罪的惩罚范围过窄，跟累犯制度的精神并不相符。

对于上述几种解释，笔者赞同刑法通说所持的“宣告刑”说，即对于累犯后罪“应当被判处有期徒刑以上刑罚”的理解，不是以法定刑，而是以人民法院根据犯罪事实与法律，最后确定的宣告刑为基准。应先确定对后罪是否应当判处有期徒刑以上刑罚，再考虑累犯情节，如应判处有期徒刑以上刑罚，则累犯成立，再依法予以从重处罚；如无须对被告人判处有期徒刑以上刑罚，则不属累犯。但有人指出，这样的做法会造成检察机关与法院之间因认识不一而对累犯认定不一，损害司法权威，检察机关司法监督权缺失的问题。笔者认为，这并不是立法上的缺憾，而是司法实践中检察机关量刑建议权的缺位。对于同一案件检察机关和法院看法不同是正常的现象，因此，在累犯的认定上也势必存在不同的认识。可以说，在累犯的成立要件中，在前罪判处有期徒刑以上刑罚，以及前后罪均为有期徒刑以上刑罚，在时间要件的把握上，检察机关和法院一般并不存在分歧，而在后罪是否应判处有期徒刑以上刑罚的问题上，由于缺乏既定的判决，因此两机关势必存在分歧。按照《刑事诉讼法》的规定，检察机关在提起公诉阶段就应当就有关的量刑情节提出相关证据和量刑建议。同样的，对于后罪应当判处有期徒刑以上刑罚这一构成要件上，检察机关也应当提出自己的量刑建议权。虽然对于检察机关而言，其对累犯的认定仅仅是一种先行判断，被告人最终是否构成累犯，还得从法院对后罪的最终结果上来认定，后罪被判处有期徒刑以上刑罚了，就构成累犯，没有判处有期徒刑以上刑罚的，就不是累犯，只能按前科处理。检察机关要解决这一被动局面就必须充分行使其量刑建议权，对其后罪应当判处有期徒刑以上刑罚作出详细有力的说理，从而有效解决两机关在累犯认定上的分歧。法院对检察机关的量刑建议应进行法庭质证，并在判决书中对量刑建议的采纳情况进行专门论证，实现求刑权和量刑权的对接。判决后，检察机关依据量刑建议对照法院的量刑进行审查，检验量刑建议的准确性，制约和监督法院的自由裁量权。[①] 同时，检察机关要改变以往只是在起诉书中列明刑法对被告人从重、从轻处罚的条款的做法，而是要对具体的量刑情节进行详细阐述，提出相应的量刑建议，确定一个基本的刑种和刑期范围，从而实现对法院判决的切实监督，改变检察机关在累犯认定中的被动局面。

在这里要特别强调的一点是，累犯作为法定的量刑情节，后罪应当判处有期徒刑以上刑罚是其成立要件，而应当从重处罚是其成立累犯后的法律效果。这也就是说，只有在后罪满足应当判处有期徒刑以上刑罚等累犯构成要件，认定其为累犯后，我们才能对其从重处罚。这是正确的逻辑顺序，而不是犯罪人再犯之罪本应判处管制或者拘役，而从重处罚后其应当判处有期徒刑以上刑罚，从而认定其为累犯，这是错误的逻辑顺序，颠倒了累犯成立和累犯后果之间的先后关系。同样的，在案例21中，在将被告人认定为累犯之时却仅对其后罪判处了拘役刑，显然也是错置了累犯成立和累犯后果之间的逻辑顺序。

五、一般累犯之法域条件的认定

（一）前罪已经受过外国刑罚处罚，能否作为累犯成立的前提条件

所谓已经受过外国刑罚处罚，即域外犯罪已经受外国刑罚处罚，是指行为人在我国领域外犯罪，同时触犯我国刑法和外国刑法，并在外国已经受过刑罚处罚

① 刘晓燕：《从累犯认定看量刑规范与量刑建议》，载《中国检察官》2010年第8期。

的情况。在累犯中，前罪对后罪的刑事责任有着极大的影响。由于全球化的快速发展，各国交往日益频繁，这就会出现一犯罪人曾经在国外犯罪并受过外国刑罚处罚，又在本国犯罪而能否认定为累犯的问题。对于域外犯罪的问题，我国《刑法》仅在第10条规定："凡在中华人民共和国领域外犯罪，依照本法应当负刑事责任的，虽然经过外国审判，仍然可以依照本法追究，但是在外国已经受过刑罚处罚的，可以免除或者减轻处罚。"学界一致认为，这是对外国判决消极承认的表现，但是此规定仍未解决域外累犯的问题。

否定说认为，我国现行刑法所规定的"刑罚执行完毕"，是指在我国的有罪判决和刑罚执行。因而在外国受过刑罚的人，不等于曾受我国的有罪判决和刑罚执行，所以前罪如果在外国受过刑罚处罚并实际执行的，之后又在法定期限内在我国犯罪的，不能与后罪一起而构成累犯。基本理由是："外国法院之裁定对于本国并无判力，不足为累犯加重之基础。"因此，外国法院的审判，不认为是成立累犯的前提条件。有的学者因而还提出了此种情况的处理方式："凡是受刑人在国外实施犯罪行为，经外国法院审判并执行刑罚，其罪依照我国刑法应负刑事责任，进入我国境内又犯罪的，应该不承认外国法院审判效力，国外之前罪与国内之后罪并合审理。"① 这也是我国刑法理论界对此问题的通说。根据《刑法》第10条的规定，即是说我国对外国刑事判决采取"消极承认"态度。我国一般不承认外国裁判的效力，且一般只有在民事诉讼中对民事判决有承认国外判决的做法，因而在国外犯罪被判处刑罚并实际执行，而后又在国内犯罪并应判处有期徒刑以上刑罚，不构成我国刑法意义上的累犯。但这种规定是否科学呢？笔者认为，刑法的这一规定，对于某些特殊情况的出现，难以在法理上作出合理的解释。同样，笔者认为通说（学界称之为否定说）过于武断，因此不可取。国内也有学者批驳这一观点而提出了与通说相对的肯定说和折中说。

肯定说认为，如果对国外的刑事判决采取积极承认的做法，则无疑应宣告为累犯。我国采取的是消极承认，尽管如此，仍应认定为累犯。因为消极承认的前提是考虑到行为人在外国受到刑罚处罚的事实，而免除或者减轻刑罚；同样，当行为人于我国再犯新罪时，我国法院也应该考虑行为人在外国受到刑罚处罚的事实，如果符合我国刑法规定的累犯条件，就应以累犯论处。这与消极承认是完全统一的，而不是矛盾的。行为人受到外国司法机关审判并执行刑罚为有期徒刑以上之罪的，依照我国刑法应当追究刑事责任的，应承认其已受到刑罚执行，也可依我国刑法再次进行处理，该犯罪人如果在法定时间里在国内再犯应当判处有期徒刑以上刑罚之罪时，可以认定其为累犯。② 笔者认为，肯定说把国外的判决不

---

① 参见喻伟主编：《刑法学专题研究》，武汉大学出版社1992年版，第359页。

② 赵廷光主编：《中国刑法原理（总论卷）》，武汉大学出版社1992年版，第590页。

加选择地一律予以承认，有可能会破坏我国的司法独立并且会造成与我国刑法规定的管辖权基本原则相冲突。

折中说则认为，犯罪分子曾在国外故意犯罪的，一般不能作为我国刑法规定的构成累犯的条件而对其从重处罚。但如果在国外故意犯罪，经我国法院审理并判处刑罚的，仍可作为累犯的条件。持折中说的学者较多，有的对此还作了进一步深入的分析，认为对此问题要分两种情况，区别对待：（1）如果行为人在我国领域外实施的行为并未触犯我国刑律，即使受到外国审判并执行了刑罚，也不能作为我国刑法上累犯的构成要件。（2）如果行为人受到外国刑罚处罚之罪，依照我国刑法应当负刑事责任，可以承认其前罪受过刑罚处罚，也可以依照我国刑法再次进行处理。如果我国承认其前罪受过刑罚执行，当该犯罪分子在前罪刑罚执行完毕或赦免后法定期间内，在我国实施有期徒刑以上之故意犯罪时，就应认定其为累犯；如果我们不承认其前罪刑罚执行的效力，当然也就不能将其作为构成累犯的条件。[①] 犯罪人经过外国司法机关判决并执行刑罚后，无论何时回到我国，也无论犯什么样的罪，均谈不上构成累犯的问题。

相比肯定说过于笼统，否定说过于武断而言，笔者认为，折中说还是比较可取的，但是折中说又显得过于宽泛了，折中说认为，只要依照我国刑法应当追究刑事责任就可以作为构成累犯的前提条件，这明显超出了我国刑法规定的消极承认范畴。因为我国和外国的累犯构成要件在罪次和罪质上都不大相同，而且即使相同，对同一罪的处罚也是不尽统一的，这样就会造成认定的困难而给我国刑事审判实践带来许多不必要的麻烦。所以，笔者认为，应当对折中说作出一定的限制，不能凡是依照我国刑法应当追究刑事责任的都可以作为构成累犯的前提条件，而应该结合我国《刑法》第9条作出规定，使累犯在涉及外法域时有一个共同的标准，而不至于盲目。《刑法》第9条规定："对于中华人民共和国缔结或者参加的国际条约所规定的罪行，中华人民共和国在所承担条约义务的范围内行使刑事管辖权的，适用本法。"这也就是说，对那些国际犯罪的犯罪人在经过外国审判并实际执行刑罚的，而后又在我国触犯有期徒刑以上之罪的，可以构成我国刑法意义上的累犯。因为目前我国签订的有关国际犯罪的条约，其中规定的都是严重危害国际社会和人类安全的犯罪，如果对这些犯罪人在经过前次刑罚处罚后，在我国又再次在一定的时期内犯罪不以累犯论处，将达不到刑法特殊预防的目的，而且也是与我国累犯的设置初衷相违背的。所以笔者认为，可以用刑法修正案的方式规定对那些符合《刑法》第9条中所规定的国际犯罪的犯罪人，在经过国外判决并执行有期徒刑以上刑罚的，在一定时期内又在我国犯罪并应判

① 参见高铭暄主编：《刑法学原理（第三卷）》，中国人民大学出版社1994年版，第287页。

处有期徒刑以上刑罚的，可以构成累犯。

累犯在于对“怙恶不悛”的犯罪人进行严惩，而其如果在国外受过刑罚惩罚也能表明其社会危害性和人身危险性，应当承认其累犯性质。还要注意的一点是，在认定行为人实施的犯罪行为属于“前罪”后，在一般累犯的认定中还应当考虑其受到的刑罚处罚是否与我国刑法中规定的有期徒刑这一刑种的严厉性程度相当。因为各个国家的刑罚体系、刑罚结构不同，刑罚的整体严厉性程度可能差异很大，因此，在认定行为人在外国接受审判的犯罪行为属于“前罪”后，判断行为人是否成立一般累犯，还需要比较该外国和我国刑罚的整体严厉性程度，以判断行为人被判处的刑罚严厉性程度是否类似于我国刑法中规定的有期徒刑。①

（二）四法域之间的累犯问题

【案例 25】

陈某，男，系我国香港特别行政区居民。2005 年 3 月上旬，陈某为牟利而允诺替他人运输“摇头丸”，并于同年 3 月 12 日携带他人交付的“摇头丸”，从广东省广州市乘长途汽车至上海市。次日 21 时许，陈某到沪后，在上海的芷新长途汽车站附近等待接应人员时被抓获，并缴获其携带的含有 0.44% 甲基苯丙胺的“摇头丸”2.02 克。陈某先后于 1997 年和 2003 年因贩卖毒品而被我国香港特别行政区法院判刑。

【案例分析】

以前，在我国单一制国家结构下，全国实行统一的法律制度，因此，不存在一国不同区域的法律冲突和司法协作问题。但是随着“一国两制”政策的实施，香港特别行政区和澳门特别行政区的相继设立，这种法制方面的统一局面被打破。香港和澳门仍分别保留其原有的普通法系和大陆法系下的法律制度，再加上将来台湾与祖国大陆统一后保留的原有法律制度，在法制方面，我国存在“一国两制三法系四法域”的特殊局面。随着大陆与港澳台往来的频繁，跨四法域的犯罪引起了人们的关注。在我国所涉及的四个法域包括中国大陆、港澳台地区。因为各法域对于犯罪以及累犯成立要件的规定存在差异，如何解决四法域之间的法律适用和司法协作成为了一个重要的问题。在当前法律体系下，四个法域的刑法规范都承认累犯，但是四个法域对累犯的要求是有所不同的，累犯制度因其特殊性显得更为重要。

所谓四法域之间的累犯问题，是指前犯之罪在他法域内，经该法域法院判决

① 王飞跃：《累犯成立条件中的若干问题研究》，载《政治与法律》2011 年第 6 期。

后或刑罚执行完毕后，又在本法域犯罪，本法域法院是否得认定其为累犯的问题。[①] 如在本案中，陈某曾于 1997 年和 2003 年因贩卖毒品而被我国香港特别行政区法院判刑，在 2005 年又在中国大陆犯罪，大陆法院可否将其认定为累犯？这种一国内不同法域间的冲突是否和上面所提到的用我国和外国之间的累犯法域冲突一样折中适用来加以解决呢？笔者认为，香港、澳门和台湾都属于中国的一部分，所以不应该用解决国际间法律冲突的方法来解决区际法律冲突问题。要解决四法域如何适用累犯条款的问题，首先，涉及四法域之间是否相互承认彼此的刑事判决效力；其次，如果承认各法域刑事判决的效力，那么应如何适用累犯规定？

我国四法域之间，是否有必要互相承认彼此刑事判决的效力呢？对于这一问题存在两种不同的观点。肯定说认为，我国刑法只是不承认外国法院对违反我国刑法的犯罪行为人所作审判的效力，现在香港和澳门已经回归祖国，作为中华人民共和国不可分割的有机组成部分，特别行政区法院和大陆法院一样都是我国法院，因此，行为人已受过的特别行政区的刑罚处罚应当作为行为人又在大陆地区所犯之罪成立累犯的前罪条件。否定说则认为，虽然特别行政区法院是我国司法审判（广义上）的一部分，属于我国司法审判的范畴，但大陆地区刑法与港澳地区刑法之地位在一般情况下（狭义上）却是平等的《香港特别行政区基本法》和《澳门特别行政区基本法》都规定，全国人大常委会决定宣布战争状态或特别行政区内发生特别行政区政府不能控制的危及国家统一和安全的动乱而决定特别行政区进入紧急状态，中央人民政府可发布有关全国性法律在特别行政区实施，此时大陆刑法对特别行政区有效。互不在对方的管辖地域内生效的事实却是客观存在的，因此，在现行刑法未明文规定承认特别行政区法院所判之刑事判决效力的情况下，不宜将行为人在港澳地区所受之刑罚处罚，作为我国大陆成立累犯的前罪条件。[②]

对于这一问题，苏彩霞博士指出，四法域之间互相承认彼此刑事判决的效力是保护两岸四地人民的利益、开展刑事合作与协助的需要。四法域之间互相承认彼此的刑事判决，也是平等原则的要求。四法域的民众都是一个国家内部的公民，应受到法律的平等保护，而如果不承认彼此判决的效力，则违背了平等原则。比如，中国大陆公民因前罪被大陆法院判为有罪，刑罚执行完毕后，又在中国大陆犯罪，符合累犯条件的，就可认定为累犯，对后罪从重处罚；而另一大陆公民在澳门犯罪被澳门法院判为有罪，刑罚执行完毕回到大陆后又犯罪的，如果

---

① 苏彩霞著：《累犯制度比较研究》，中国人民公安大学出版社 2002 年版，第 171 页。

② 梁洪行：《论累犯构成中的法域条件》，载《烟台大学学报（哲学社会科学版）》2003 年第 3 期。

因为大陆法院并不承认澳门法院刑事判决的效力，就不构成累犯。前后两种类似的情况，却由于相互之间刑事判决效力的一律不承认，导致不同的法律后果，显然有违平等原则。[①] 其次，《香港特别行政区基本法》第 95 条规定，香港特别行政区可与全国其他地区的司法机关通过协商依法进行司法方面的联系和相互提供协助。这一规定较完整地涵盖了两地间建立司法互助关系的主体、途径、运作方式和内容等要素，也是两地间建立刑事司法互助关系之基本的法律依据。[②] 可见，与国际刑事合作相比，区际刑事合作具有更大的主动性和广泛性，这也反映出了四法域对彼此刑事判决效力的承认态度。同时，承认彼此刑事判决的效力，更有利于维护祖国的统一，有利于加强两岸四地间的司法合作。

既然四法域应承认彼此刑事判决的效力，[③] 那么就面临应如何相互承认彼此刑事判决的效力的问题。首先，四法域间的法律冲突并非国际间法律冲突，而是一个主权国家内不同法域之间的法律冲突，因此，在承认彼此刑事判决效力的问题上不能依照国际法上的做法，这样才能充分体现和维护我国的领土和主权完整。其次，虽然承认四法域之间的刑事判决效力，但是毕竟四法域的刑事司法存在很大的差异性，因此，这种承认并非无条件的承认，而是附条件的承认。这里的"附条件"，是指对于无罪的刑事判决，应一律予以承认；对有罪的刑事判决，应以被判为有罪的行为在本法域也被规定为犯罪为承认条件，虽被对方认定为有罪，但本法域没有规定为犯罪的，该刑事判决就应不予承认。[④] 前犯之罪被他法域法院判决并实际执行刑罚后，又在本法域犯罪的，本法域应依照何种法律认定其是否为累犯？有学者认为，在累犯的认定上，应采取从旧兼从轻的原则，即应以判决前罪法域的法律为准，如前犯走私毒品罪，已为台湾地区法院判决，后又犯走私毒品罪，为大陆法院审理，在认定罪犯是否构成累犯上，就不能依大陆刑法来认定，而应以判决前罪所依据的我国台湾地区"刑法"来认定。[⑤] 笔者

① 苏彩霞著：《累犯制度比较研究》，中国人民公安大学出版社 2002 年版，第 171 ~ 172 页。

② 赵秉志：《关于中国内地与香港建立刑事司法互助关系的研讨》，载《中国区际刑法专论》，法律出版社 2004 年版，第 59 ~ 60 页。

③ 需要注意的是，我国台湾地区对域外刑事判决采用的是"完全否定主义"，即我国台湾地区完全不承认域外刑事判决的效力，行为人被域外的司法机关定罪量刑则不被认为是具有前罪。但是，在长久看来，随着两岸四地交往的频繁，四法域间相互承认彼此刑事判决效力是大势所趋。

④ 参见苏彩霞著：《累犯制度比较研究》，中国人民公安大学出版社 2002 年版，第 172 页。

⑤ 黄朝华：《两岸累犯制度之比较——兼谈涉及两岸的累犯问题》，载《台湾法研究学刊》1992 年第 3 期。

认为，此种观点忽视了前后罪的判决和刑罚执行属于不同法域的事实，大陆和港澳台地区的刑法只能在各自的法域内适用，不可能在此法域犯罪却根据他法域的法律予以宣判。并且，累犯的认定基准是其后罪，前罪只是对其后罪产生了量刑上的效果，因此，认定累犯的法律应以审理后罪法院所属法域的刑法为准。

但是，在这里又存在另一个问题：各个法域在累犯构成的罪次和罪质上是不同的，并且对同一罪判处的刑罚轻重程度也不同，那么应如何认定累犯呢？笔者认为，应当在尊重各法域法律规定的基础上，由两岸四地通过协商加以确定。例如，对一些普遍性的犯罪，如毒品犯罪、危害公共安全犯罪和恐怖主义犯罪等，设定统一的定罪量刑标准，保持刑罚的一致性和累犯成立要件的统一性。此外，认定累犯时，区际司法合作相较于国际司法合作具有更大的灵活性和协作性，审理后罪的本法域法院可以要求判决前罪的他法域法院给予协助，如提供前罪的相关证据和判决书等，从而有效打击此类犯罪，降低再犯率。

六、特殊累犯认定上的疑难问题

《刑法修正案（八）》第7条将《刑法》第66条修改为：“危害国家安全犯罪、恐怖活动犯罪、黑社会性质的组织犯罪的犯罪分子，在刑罚执行完毕或者赦免以后，在任何时候再犯上述任一类罪的，都以累犯论处。”从《刑法修正案（八）》的规定来看，特殊累犯增加的并不是具体罪名，而是类罪。《刑法》修正后，特殊累犯从原来的一类犯罪扩大到三类犯罪，导致特殊累犯的认定也出现新的问题，如何合理框定特殊累犯的适用范围就需要审慎判定。

《刑法修正案（八）》颁布后，特殊累犯的范围扩大了，加大了对恐怖活动犯罪和黑社会性质的组织犯罪的打击力度。有学者将其形象地称为“特殊累犯裂变式增加”①。于是，在司法实践中出现了这样一个新问题，当行为人犯了危害国家安全罪受到刑罚处罚后，又犯危害国家安全罪的，应该按危害国家安全罪的累犯处理；当行为人实施了黑社会性质组织犯罪后，再实施黑社会性质的组织犯罪的，按照特殊累犯的规定，同样构成特殊累犯；当行为人实施了恐怖活动犯罪后，又实施恐怖活动犯罪的，根据特殊累犯的构成要件，同样是符合特殊累犯的。但是行为人犯了危害国家安全罪以后，又实施黑社会性质的组织犯罪或者恐怖活动犯罪的，这时是否构成特殊累犯呢？

对于这一问题存在两种不同的理解：一种理解是前后罪必须属于同一性质的类罪，也即因为犯危害国家安全罪的犯罪分子，在刑罚执行完毕或者赦免以后，在任何时候再犯危害国家安全罪的，构成累犯。如果行为人因为犯危害国家安全罪被判处刑罚，其刑罚执行完毕或者赦免后，犯的不是危害国家安全罪，即便实

---

① 王强军：《特殊累犯裂变式增加的思考》，载《中国刑事法杂志》2011年第9期。

施的是恐怖活动犯罪、黑社会性质的组织犯罪，也不成立特殊累犯。另一种理解是，“在任何时候再犯上述任一类罪的”并不要求前后罪属于同一性质的类罪，只要是因为实施危害国家安全犯罪、恐怖活动犯罪、黑社会性质的组织犯罪而被判处刑罚，其刑罚执行完毕或赦免以后再实施该三类罪中的任一犯罪的，也成立累犯。比如，因为实施危害国家安全犯罪被判处刑罚，在刑罚执行完毕或者赦免后的任何时候，其如果再实施危害国家安全的犯罪行为，当然成立累犯；而如果因为实施危害国家安全犯罪被判处刑罚，在刑罚执行完毕或者赦免后的任何时候，即便其实施的是恐怖活动犯罪、黑社会性质的组织犯罪，也成立累犯。

笔者认为，对于此种情形应当认定为特殊累犯。其一，从语义解释来看，“在任何时候再犯上述任一类罪”中的“任一类罪”，并不要求前后罪属于同一性质的类罪，如果要求前后罪属于同一性质的类罪，就应当表述为“同一类罪”，而不是“任一类罪”。[①] 其二，这里规定的是“在任何时候再犯上述任一类罪”，而没有限定必须犯与上述犯罪同类（同一）犯罪，这也就是说，只要前罪和后罪是这三种类罪中的任一种就成立特殊累犯，这也是与我国坚决打击恐怖活动犯罪和黑社会性质的组织犯罪的态度相一致的。并且，如果将这种情形认定为一般累犯的话，就与《刑法修正案（八）》的精神相违背了，体现不出对恐怖活动犯罪和黑社会性质的组织犯罪严厉打击的态度。因为特殊累犯与一般累犯在法律后果上并没有差别，都是从重处罚，并且不得适用缓刑和假释。之所以特殊，出了其不要求时间间隔为 5 年，主观上不要求罪过必须为故意犯罪外，还在于限定了特定的罪名。这些特定的罪名都能够体现出严重的社会危害性和较深的人身危险性和主观恶性，因此，《刑法》对其规定了比一般累犯更为严格的成立要求，从而体现出了特殊累犯之特殊性。其三，特殊累犯涉及的三类犯罪，其侵害的客体及社会危害性方面较其他类型的犯罪具有显著的特殊性，《刑法》之所以将这三类犯罪与其他类型的犯罪加以区别，是为了体现国家严厉惩治这些类型犯罪的刑事政策，因而特殊累犯的成立并不要求前后罪属于同一性质的类罪。其四，在一般累犯的成立要件中，并不要求前后罪属于同一罪名或者同一类罪。尽管特殊累犯不同于一般累犯，但关于一般累犯的这一原理应当同样适用于特殊累犯，也即不应从罪名的类型上加以限制，所以只要行为人前罪实施了这三种类罪中的任何一种，在后罪中又实施了这三种类罪中的任何一种，不要求前后为同种类罪或者同一罪名，都成立特殊累犯。

① 王飞跃：《累犯成立条件中的若干问题研究》，《政治与法律》2011 年第 6 期。

第二节　累犯适用的具体问题

一、判决宣告后发现为累犯应如何处理

是否为累犯对于犯罪人刑事责任的认定具有重要意义，累犯情节存在与否决定了行为人是否要承担累犯的严厉法律后果，累犯还影响着刑事强制措施等的适用。因此，在侦查、起诉和审判过程中，都要注意犯罪人是否为累犯的证据收集。但是，由于我国地域广阔，司法网络系统并不完善，加之司法工作人员工作上的纰漏，使得某一犯罪人在此地犯罪并执行刑罚而在彼地却不为人知晓，从而出现在判决宣告后才发现存在累犯情节的情况。对于这一情况在我国刑事司法中没有规定处理方式，可资借鉴的是《韩国刑法典》和我国台湾地区“刑法”对这一问题的规定。《韩国刑法典》第36条规定，判决宣告后发现为累犯的，可以将宣告的刑罚重算，重新确定刑期，但宣告的刑期执行完毕或者被免除的除外。[①] 我国台湾地区“刑法”第48条也规定，判决确定后，发觉为累犯者，依前条之规定更定其刑。但刑之执行完毕或者赦免后被发觉者，不在此限。可见，二者对于判决宣告后又发现为累犯的，则应当撤销原判决，重新确定其在累犯情节下所应承担的刑罚，但是对于刑罚已经执行完毕或被赦免的情形，则不再认定为累犯。

可以说这一问题实际上包含了三种情形：一是判决宣告但尚未生效前，发现犯罪人有累犯情节的。对此可以启动上诉程序来更定原判决。二是判决生效后，刑罚尚未执行完毕或未被赦免而被发现有累犯情节漏查的。对于这一情形，可以依据《刑事诉讼法》提起再审程序进行处理。所谓再审程序，是指当原生效判决在认定事实或者适用法律上确有错误时，由相应的人民法院院长和人民检察院提出，对案件按照审判监督程序进行重新审理的诉讼程序。如果经再审后，查证认定事实或适用法律确有错误的，可以改判。对于漏查累犯情节的属于认定事实有错误的情形，可通过启动再审程序，撤销原判决，重新确定在累犯情节下所应判处的刑罚。对于已经执行的刑期应当在新判决的刑罚中扣除。三是刑罚已经执行完毕或者已被赦免而发现有漏查的累犯情节。对于这一情形，虽然犯罪人没有受到累犯的从重处罚之效果，可能还适用了缓刑和假释，而累犯之设立目的在于通过从重处罚以解决刑罚不足而降低行为人之人身危险性的效果。如果刑罚已经执行完毕或者已被赦免，表明犯罪人已经认真遵守了监规，接受了教育改造，其

① ［韩］金永哲译：《韩国刑法典及单行刑法》，中国人民大学出版社1996年版，第6页。

人身危险性已经大大降低了，并且这也类似诉讼时效之效果，在刑罚执行期间未对其追诉应视为已经实现了累犯从重处罚之效果。因此，对于此种情形不应再认定其为累犯，重新作出判决让其补足刑罚。

二、认定为累犯后又发现漏罪时应如何适用累犯条款

【案例26】①

王某曾因犯盗窃罪于2002年4月9日被判处有期徒刑5年，剥夺政治权利1年，并处罚金人民币5000元，2005年6月10日释放。后因2008年8月盗窃人民币3600元，于2009年2月24日认定为累犯被从重判处有期徒刑1年零3个月。2009年10月司法机关发现，2008年9月12日王某入室盗窃人民币6850元，决定予以追诉。

【案例27】②

被告人刘某某，男，1978年10月17日出生，回族，小学文化，无业。因犯抢劫罪于2007年1月被判处有期徒刑2年；因犯合同诈骗罪于2010年11月被判处有期徒刑2年6个月，服刑期间本案案发。

公诉机关以被告人刘某某犯诈骗罪，向人民法院提起公诉。

人民法院经公开审理查明：

2009年8月10日，被告人刘某某使用名为“张某涛”的假身份证和假驾驶证在某食品店应聘驾驶员工作。同年8月14日，被害人雷某让被告人刘某某和店员宋某开车去超市送货，收得货款1380元。在回店途中，被告人刘某某以回去拿东西为由，携带1380元货款潜逃。

2009年12月10日，被告人刘某某使用名为“张某涛”的假身份证和假驾驶证在某干货批发店应聘驾驶员工作。同年12月11日，被害人耿某让被告人刘某某和一名店员开车往廖某处送货。第二天上午，被告人刘某某私自开车到廖某处，从廖某手中收取货款4200元后潜逃。

2009年12月20日，被告人刘某某和被害人张某相识后，称自己在某市认识卖车的熟人，能够帮助被害人张某购买或租到比较便宜的汽车。抵达某市后，被告人刘某某将被害人张某安排在某市清心浴池休息，以出去帮忙联系购车为由，骗取被害人张某4700元现金后潜逃。

人民法院认为：被告人刘某某以非法占有为目的，虚构事实、隐瞒真相，骗取他人现金共计人民币10280元，数额较大，其行为已构成诈骗罪。被告人刘某

---

① 李领臣：《是否构成累犯》，载安徽检察官网2010年6月12日。

② 王静：《认定为累犯后发现漏罪，应否再适用累犯条款?》，载安徽法院网。

某因犯抢劫罪于2007年被判处有期徒刑2年，在该刑罚执行完毕后5年内再犯应当判处有期徒刑以上刑罚之罪，系累犯，应予从重处罚。被告人刘某某于2010年因犯合同诈骗罪被判处有期徒刑2年6个月，在该刑罚执行完毕以前，发现被告人刘某某在判决宣告以前还有诈骗罪行没有判决，应予数罪并罚。依据《刑法》第266条、第65条第1款、第69条、第70条之规定，判决被告人刘某某犯诈骗罪，判处有期徒刑1年，并处罚金人民币5000元；原犯合同诈骗罪，判处有期徒刑2年6个月，并处罚金人民币5000元，决定执行有期徒刑3年3个月，并处罚金人民币1万元。

【案例分析】

在这两起案件中都存在一个同样的问题：在有期徒刑刑罚执行完毕后5年内再犯应当判处有期徒刑刑罚的数罪，已适用累犯条款对部分罪行进行判决后又发现漏罪，是否应对被告人所犯漏罪再次适用累犯条款予以从重处罚？

有一种观点认为，在对被告人进行判决时已经认定刘某某系累犯，并已予以从重处罚，如果在对漏罪判决时再次认定其为累犯，等于是重复从重处罚，加重了对被告人刘某某的刑事责任，不符合罪责刑相适应原则，因此，不应当再以累犯认定。

还有一种观点认为，对漏罪进行审判时，如果不再适用累犯条款对被告人刘某某予以从重处罚，实质上减轻了被告人的刑事责任，是对犯罪行为的放纵。

笔者认为，之所以存在漏罪并不是犯罪人的过错，因为查明犯罪事实是司法机关的职责，从期待可能性的角度来讲不应该也不可能要求犯罪人将自己的所有犯罪事实全盘托出，因此，在犯罪人已经因为累犯而从重处罚后，即表明已经对之前的行为评价过了。并且，按照数罪并罚的原理，对于出现漏罪的情形，应当是先并后减，而这样如果没有出现漏罪时，应该是后来两罪依《刑法》第69条之规定并罚再加重；而按照第二种观点的说法，则是宣告的加重之罪加漏罪的加重之罪分别宣告后先并后减，这样的话，有漏罪时所判刑罚显然要高于没有漏罪的情形，但是显然不应当由犯罪人来承担司法机关追究不力之过错，既然已经对前罪评价过了，就不应再行评价，加重其刑罚，而是应当按照《刑法》第70条数罪并罚之原理处理即可。

三、累犯与牵连犯、连续犯的竞合问题

在实践中，由于受累犯的时间跨度要件限制，存在累犯与牵连犯、连续犯的竞合，这就产生了如果二者发生竞合时，应当如何适用累犯条款的疑难问题。

（一）牵连犯如何适用累犯条款

所谓牵连犯，是指犯罪人为了达到某一个目的，但是其实施行为的方法或者

行为的结果，同时又触犯了其他罪名。换言之，即犯罪人为了达到某一个目的，实施了数个不同的行为，触犯了数个不同的罪名。根据我国现行刑法的规定，对牵连犯既可从一重处罚，也可数罪并罚。前者如《刑法》第257条规定，以暴力干涉他人婚姻自由，致使被害人死亡的，处2年以上7年以下有期徒刑；《刑法》第247条规定，司法工作人员对犯罪嫌疑人、被告人实行刑讯逼供或者使用暴力逼取证人证言，致人伤残、死亡的，按照故意伤害罪、故意杀人罪从重处罚。后者如《刑法》第157条第2款规定，以暴力、威胁方法抗拒缉私的，以走私罪和《刑法》第277条规定的阻碍国家机关工作人员依法执行职务罪，依照数罪并罚的规定处罚。《刑法》第198条中规定，投保人、被保险人故意造成财产损失的保险事故，骗取保险金的；投保人、受益人故意造成被保险人死亡、伤残或者疾病，骗取保险金的，同时构成其他犯罪的，依照数罪并罚的规定处罚。从上述《刑法》条文的规定可以看出，现行刑法已经改变了传统刑法理论牵连犯只能从一重处罚的原则。刑法规定，对社会危害性特别大、犯罪性质特别严重的牵连犯，也可以实行数罪并罚。

由于牵连犯是数行为触犯数罪名，当犯罪分子实施构成数罪的数行为，而数行为不是发生在同一时间时，犯罪分子犯有前罪，刑罚执行完毕或赦免后不满5年内，实施了后罪的方法行为或者原因行为，而后罪的目的行为或者结果行为却在刑罚执行完毕或赦免的5年后发生，这就出现了累犯与牵连犯的竞合问题。在这种累犯与牵连犯竞合的情况下应当如何处理，我国刑法理论界大多数学者认为，只要两种行为具有牵连关系，后罪与前罪构成牵连犯。后罪行为应视为发生在5年之内，如果此罪为被判处有期徒刑以上刑罚之罪，则同时构成累犯。[①] 笔者赞同这一观点。牵连犯属于裁判的一罪，实际上其仍是数罪，只是在一案中进行审理而已，但这并不影响其数罪之本质。所以，在对累犯与牵连犯竞合进行处罚时，应当同时体现牵连犯和累犯的处罚原则，即只要犯罪分子所实施的后罪中有一个行为是发生在其前罪所判刑罚执行完毕或赦免后的5年内，同时具备构成累犯的其他要件，即构成累犯，至于其实施的后罪中的其他行为是何时发生的则在所不问。

（二）连续犯如何适用累犯条款

连续犯，是指连续数个行为触犯同一罪名的犯罪，即行为人基于同一行为或概括的犯罪故意，连续实施数个相同的行为，触犯同种罪名的犯罪。根据我国现行刑法关于连续犯的处罚原则，一般遵循从一重处罚原则。例如，犯罪人基于同

---

① 参见莫洪宪：《累犯研究》，载王作富主编：《刑事实体法学》，群众出版社2000年版，第249页。

一或概括的犯罪故意实施抢劫行为，在一段时间内连续抢劫数个被害人，在这种情况下，我国刑法明确规定对其只定一个抢劫罪，从重处罚。连续犯存在以下两种情形：(1) 每一行为可以单独构罪；(2) 单个行为不构罪，但这些行为的部分或者总和构成犯罪，如盗窃罪的犯罪数额可以累积计算。对于前一种情形适用累犯条款时，比较容易处理。在这种情形下，应当将所有连续的犯罪行为当做一个行为整体来看待，只要有一个行为发生在累犯的法定期限内，且符合累犯的其他要件，那么就应适用累犯条款。但对于后一种情形的期限计算，学术上有分歧，主要有两种观点：一种观点是，应按照后罪犯罪行为开始的时间计算；另一种观点是，应从可构成犯罪时的那一次行为开始计算。笔者倾向于第一种观点，理由有以下两点：(1) 第一种观点的计算方法符合累犯制度的设立目的。累犯制度的设立是为了贯彻严厉打击主观恶性大、屡教不改的犯罪分子的刑事政策，是为了遏制已经犯罪且受到刑事处罚的人，在一定时间内再犯社会危害性较为严重的犯罪。后一犯罪的首次行为虽还不能单独构罪，但其行为的产生已经表明行为人的主观恶性程度较深，不思悔改，劳动改造没有在他身上起到明显效果。因此，从连续犯后一犯罪的首次行为计算累犯的期限，有利于贯彻累犯制度设立的宗旨。(2) 从连续犯后一犯罪的首次行为计算累犯的期限，便于司法工作者对累犯条款的理解与适用。某些连续犯，特别是寻衅滋事类的犯罪，有些事实、情节本身就难以把握，如果按照可构成犯罪的那一次行为开始计算的话，可能使司法工作者在处理实际问题时难以操作，也可能使不同的司法工作者对相似的案件作出截然不同的处理结果，这样会在无形中破坏法律的严肃性与权威性，破坏司法机关与司法人员在人民群众中的威信。

四、数罪累犯问题

所谓数罪累犯，实际上是数罪并罚和累犯竞合的情形，是指行为人在前罪刑罚执行完毕或者赦免后，在法定的累犯构成时间内再犯数罪，且此数罪中至少有一罪符合累犯条件，同时应当进行数罪并罚的情况。对于此种复杂的情况，究竟应如何适用累犯条款，法律并未作出规定，学界和理论界认识也不一致。

（一）数罪累犯的分类

依据不同标准，至少可以将数罪累犯分为以下几类：

1. 全部数罪累犯与部分数罪累犯

根据数罪累犯的构成，数罪累犯可以分为全部数罪累犯和部分数罪累犯。其中，全部数罪累犯，是指行为人在前罪刑罚执行完毕或赦免后一定时限内所犯数罪均构成累犯。例如，行为人因盗窃罪被判处3年有期徒刑，刑罚执行完毕后5年内又犯抢劫罪、绑架罪、走私罪。部分数罪累犯，是指行为人在前罪刑罚执行完毕或赦免后一定时限内所犯数罪部分构成累犯。例如，行为人因盗窃罪被判处

3 年有期徒刑，刑罚执行完毕后 5 年内又犯抢劫罪、绑架罪、交通肇事罪（系过失犯不构成累犯）的。

2. 同种数罪累犯与异种数罪累犯

根据数罪的性质，数罪累犯可以分为同种数罪累犯和异种数罪累犯。其中，同种数罪累犯，是指行为人在前罪刑罚执行完毕或赦免后一定时限内再犯同种数罪，且至少有一罪成立累犯。异种数罪累犯，是指行为人在前罪刑罚执行完毕或赦免后一定时限内再犯异种数罪，且至少有一罪成立累犯。

3. 一般数罪累犯和特殊数罪累犯

根据累犯的类型，数罪累犯可以分为一般数罪累犯和特殊数罪累犯。其中，一般数罪累犯，是指行为人在前罪（非危害国家安全犯罪、恐怖活动犯罪、黑社会性质的组织犯罪）刑罚执行完毕或赦免后一定时限内再犯数罪，或者在前罪（危害国家安全犯罪、恐怖活动犯罪、黑社会性质的组织犯罪）刑罚执行完毕或赦免后一定时限内再犯数罪（非危害国家安全犯罪、恐怖活动犯罪、黑社会性质的组织犯罪），且至少有一罪成立累犯。特殊数罪累犯，是指行为人在危害国家安全犯罪、恐怖活动犯罪、黑社会性质的组织犯罪刑罚执行完毕或赦免后再实施危害国家安全犯罪、恐怖活动犯罪、黑社会性质的组织犯罪，且至少有一罪成立累犯。

（二）数罪累犯的处罚模式

在数罪累犯的刑罚适用上，存在三种不同的处罚模式：

1. 先并罚后从重

有学者认为，累犯是以犯罪分子的身份为特征的从重处罚的法定情节。只要行为人在前罪刑罚执行完毕或赦免后所犯数罪中，有一罪符合累犯的法定条件，对累犯所犯的数个后罪，都应从重处罚。[①] 这种从重处罚的方法，就是先对该累犯所犯的数个后罪分别处以正常的刑罚，然后按照《刑法》第 69 条的规定进行数罪并罚，再根据累犯情节从重处罚。

2. 先从重后并罚

有学者认为，累犯虽然是一种身份特征，但它是以一定的行为特征为前提的，也即只有在符合累犯条件的特定犯罪行为的情况下，行为人才是累犯，应从重处罚，并非只要其中一罪符合累犯条件，其他数罪都成立累犯。因此，在数罪累犯中，只对符合累犯条件的犯罪从重处罚，对不符合累犯条件的犯罪仍处以正常刑罚，然后按照数罪并罚原则，决定执行的刑罚。[②]

---

① 阮方民：《浅谈数罪累犯的从重处罚》，载《法律科学》1987 年第 4 期。

② 赵秉志主编：《全国刑法硕士论文荟萃（1981 届 ~ 1988 届）》，中国人民公安大学出版社 1989 年版，第 519 页。

3. 折中处罚模式

应根据数罪累犯的不同情况，采取不同的处罚原则，不能全部“先累犯从重处罚后数罪并罚”，也不能全部“先数罪并罚后累犯从重处罚”，而应具体情况具体分析。①

（三）对三种处罚模式的评判

1. “先并罚后从重”模式的评判

该处罚模式最大的缺陷在于，将一些不符合累犯条件的犯罪也根据累犯之规定从重处罚，不适当地加重了对行为人的处罚。这也是大多数学者批判该模式的最为直接和有力的理由。实际上，该处罚模式的提出与对累犯概念、累犯规定和累犯从重处罚的依据的误解相关。从累犯语义角度理解，“累犯”容易被误解为一种身份符号，如盗窃犯、杀人犯等；累犯从重处罚的主要依据是行为人的人身危险性，因而造成某些学者错误地认为，累犯是行为人的一种身份特征，也即只要后罪中某一罪符合累犯条件，行为人便取得累犯身份，相应对后数罪实行并罚从重。这种观点对累犯的认识存在一定偏差，虽然累犯在立法上存在“行为中心论”和“行为人中心论”两种模式，但是累犯的基础，甚至刑罚的基础，仍然是犯罪行为，而非犯罪行为人，正所谓“无行为，则无犯罪和刑罚”。以此来理解累犯之规定，不难发现，累犯是针对前罪刑罚不足和后罪需要弥补的客观情况设置的一项具有特殊预防功能的从重处罚的刑罚制度。

2. “先从重后并罚”模式的评判

该处罚模式为多数学者所主张，具有其合理性。其一，它正确区分了犯罪行为和犯罪行为人，累犯虽在一定程度上表征了行为人的身份，但这种身份的表征是以犯罪行为为前提和基础的，因而累犯从重处罚是对累犯之罪的从重处罚，并非对累犯之人的从重处罚。其二，它正确理解了累犯的法律性质，累犯作为一种法定量刑情节，只能影响和决定符合累犯条件的后罪的量刑，如果对非累犯之罪也从重处罚，那么将使刑法规定的累犯条件与累犯处罚相割裂。其三，它正确把握了累犯与数罪并罚的逻辑关系，数罪并罚制度本身具有相对独立的从重处罚功能，即“限制加重”原则。这种刑罚适用原则是就已经存在独立宣告刑的各个独立犯罪适用的，从逻辑顺序上讲，是各自独立的数罪先行存在彼此无关的宣告刑，然后才依数罪并罚制度将各个宣告刑加以限制加重，决定最终实际执行的刑罚。因此，如果采取“先从重后并罚”的处罚模式，则从重处罚的上下限无从确定，缺乏合理性。

尽管这种处罚模式比较合理，但是也存在一定缺陷，即忽略了刑法关于累犯

① 王立华：《数罪累犯问题初探》，载《人民检察》2002 年第 2 期。

和数罪并罚的某些特殊规定，如盗窃累犯、同种数罪等问题。因此，对数罪累犯应具体问题具体分析，而不能统一采取“先从重后并罚”的处罚模式。

3. 折中处罚模式的评判

这是一种变通的处罚模式。其一，该处罚模式克服了“先并罚后从重”模式的最大缺陷，先将数罪累犯区分为全部数罪累犯和部分数罪累犯，然后主张对全部数罪累犯采取“先并罚后从重”的处罚模式。之所以作这样的区分，核心理由是“先从重后并罚”较“先并罚后从重”会不适当地加重对行为人的处罚。实际上，对于全部数罪累犯，究竟是“先从重后并罚”的刑罚更重，还是“先并罚后从重”的刑罚更重，无法判定。因此，这种理由实属牵强。况且，这样处罚同样存在错误认识刑法评价对象的问题。其二，对于部分数罪累犯采取“先从重后并罚”的处罚模式，其核心理由也是为了避免不符合累犯条件的犯罪按照累犯从重处罚。

从总体上看，该处罚模式更倾向于“先并罚后从重”模式，认为“先并罚后从重”在刑罚上更有利于行为人，但如果一律采取“先并罚后从重”模式又会导致非累犯之罪也一并从重处罚，于是主张将非累犯之罪剥离出来采取“先从重后并罚”模式。应该说，整个处罚模式的选择思路简单、依据单薄，不足以很好地解决数罪累犯的刑罚问题。

（四）数罪累犯的刑罚适用

数罪累犯因同时涉及数罪并罚和累犯从重处罚问题，情况比较复杂，笔者认为，应当按照以下方法处理：

1. 认定符合累犯条件的特定犯罪行为

只有就某一符合累犯条件的特定犯罪行为而言，行为人才是累犯，该特定行为人才具备累犯情节，其效力并不及于行为人实施的其他犯罪。[①]

2. 先从重后并罚

这是数罪累犯刑罚适用的基本原则。在没有法律特别规定的情况下，应始终坚持“一罪一责一罚”的思路，对符合累犯要件的犯罪予以从重处罚，确定各罪的宣告刑，然后再根据数罪并罚原则确定最终的执行刑罚。至于数罪并罚中的发现漏罪、又犯新罪以及累犯认定等规则仍然适用，因为数罪累犯旨在解决数罪并罚与累犯适用的先后顺序问题，不影响其他阶段的法律认定和判断。特殊数罪累犯的刑罚适用也应采取“先从重后并罚”的模式，其特殊性在于累犯成立条件上的特殊，而非累犯与数罪并罚的适用顺序上的特殊。

---

① 苏彩霞著：《累犯制度比较研究》，中国人民公安大学出版社2002年版，第179页。

3. 先累积后并罚

这也是一种非常特别的刑罚规则，仅适用于同种数罪累犯的情形。因为法律对判决宣告前的同种数罪并罚持否定态度，所以实践中在处理判决宣告前的同种数罪时往往采取累积的方式认定为一罪。例如，犯三次诈骗罪的（非连续犯），不是将三罪并罚而是将三罪诈骗数额累加，如果犯三次抢劫罪的，不是三罪并罚而是依法构成抢劫罪的结果加重犯。而如果采取这种方式来处理同种数罪累犯，便会发现将那些不符合累犯条件的同种数罪通过累积方式也一并从重处罚，显然有违公正之要求。因此，对于同种数罪累犯，如果属于全部同种数罪累犯的，则对该数罪分别定罪、分别从重处罚，最后数罪并罚；如果属于部分同种数罪累犯的，则对符合累犯条件的犯罪分别定罪、分别从重处罚，对不符合累犯条件的同种犯罪采取累积方式，最后数罪并罚。

【案例 28】①

化某于2002年6月因犯盗窃罪被法院判处有期徒刑10个月，刑满后被释放。2005年3月至9月，化某又连续多次盗割通信电缆，价值13万余元。2006年12月26日，法院对化某盗割通信电缆的行为以盗窃罪累犯从重判处有期徒刑13年。2007年1月，因同案犯投案供出了化某还曾于2005年11月收购他人盗割的价值5500元的通信电缆的犯罪事实，后公安机关将正在服刑的化某从监狱押解回犯罪地，并以涉嫌收购赃物罪将化某移送检察机关审查起诉。

【案例分析】

本案涉及数罪累犯如何处罚的问题。要判断化某的收购赃物罪是否应以累犯从重处罚，就要弄清楚对数罪累犯是先从重后并罚还是先并罚后从重的问题。依据数罪并罚原则，应当先分别从重然后并罚。《刑法》第69条第1款中规定，“判决宣告以前一人犯数罪的，除判处死刑和无期徒刑的以外，应当在总和刑期以下、数刑中最高刑期以上，酌情决定执行的刑期”。很显然，对于数罪，《刑法》第69条规定的是“分别定罪量刑”，也就是根据所犯各罪的法定情节在该罪法定刑幅度内分别考虑决定量刑轻重或者免除刑罚处罚。由此，对于数罪累犯进行处罚，应当分别认定从重情节，然后再并罚。

分析本案，化某的收购赃物罪相对于其前罪（盗窃罪）来说，属于后数罪中的漏罪。《刑法》第70条规定：“判决宣告以后，刑罚执行完毕以前，发现被判刑的犯罪分子在判决宣告以前还有其他罪没有判决的，应当对新发现的罪作出判决，把前后两个判决所判处的刑罚，依照本法第六十九条的规定，决定执行的刑罚。已经执行的刑期，应当计算在新判决决定的刑期以内。”由此，我们得

① 姚彩蔚：《对化某的收购赃物罪是否应以累犯从重处罚》，载许昌网。

出，对于后数罪中一罪以累犯从重处罚过，并不影响后数罪中其他罪累犯的认定，只要后数罪中其他罪符合构成累犯的必要条件。在本案中，化某收购赃物的行为发生在前罪刑罚执行完毕后5年以内，并且属于应当被判处有期徒刑以上刑罚之罪，符合构成累犯的必要条件，所以，对化某的收购赃物行为应当以累犯从重处罚，然后再根据《刑法》第70条、第69条第1款之规定并罚。这既符合《刑法》关于数罪并罚的原则，也符合对累犯从严惩处的量刑原则。

五、累犯和从宽情节的竞合

【案例29】①

1982年出生的杨某飞曾因犯盗窃罪，于2009年6月24日被某县人民法院判处有期徒刑1年，2010年1月7日刑满释放。但是，出狱后他并没有痛定思痛、改过自新，而是寻找机会酝酿着继续干老本行。2010年3月1日凌晨2时许，他在某县工会一楼的桌球室内盗走"红塔山"等品牌香烟及绿茶、红茶等饮料共价值人民币823元。初次得手的杨某飞心中窃喜，3月8日凌晨1时许，他再次窜到某县电信局旁的日用百货店内盗走"玉溪"、"真龙"、"红塔山"等价值人民币2754元的品牌香烟，后将盗得的部分香烟出卖，获赃款人民币600元。案发后，他于2010年4月7日到公安机关投案。同年7月2日，某县人民检察院向某县人民法院提起公诉，指控被告人杨某飞犯盗窃罪。某县人民法院依法公开开庭审理了本案。法院经审理后认为，被告人杨某飞以非法占有为目的，采用秘密手段盗窃他人财物，价值人民币3577元，数额较大，其行为已构成盗窃罪，应依法惩处。被告人杨某飞在刑满释放后未满5年再犯应当判处有期徒刑以上刑罚之罪，是累犯，应当从重处罚；但被告人杨某飞犯罪后主动投案，并如实供述自己的罪行，是自首，可以从轻处罚。故判处被告人杨某飞有期徒刑1年，并处罚金人民币4000元，并依法追缴被告人杨某飞所获赃款人民币600元，上缴国库。

【案例分析】

在本案中，出现了两个法定量刑情节，即累犯和自首，应该如何进行量刑呢？

自首，是指犯罪以后自动投案，如实供述自己的罪行的行为，或者被采取强制措施的犯罪嫌疑人、被告人和正在服刑的罪犯，如实供述司法机关还未掌握的本人的其他罪行的行为。自首分一般自首和特别自首两种。一般自首，是指犯罪分子犯罪以后自动投案，如实供述自己罪行的行为。它的成立条件是：（1）自

① 农建旺：《累犯盗窃自首如何量刑?》，载广西法院网。

动投案，即犯罪分子于犯罪之后，被动归案之前，自行投于有关机关或个人，承认自己实施了犯罪，并自愿置于所投机关或个人的控制之下，等候交代犯罪事实的行为。(2) 如实供述自己的罪行，包括：①投案人所供述的必须是犯罪事实。②必须是主要的犯罪事实，而非全部事实细节。③必须是自己实施或支配他人实施并应由自己承担刑事责任的罪行。特殊自首亦称准自首，是指被采取强制措施的犯罪嫌疑人、被告人和正在服刑的罪犯，如实供述司法机关还未掌握的本人其他罪行的行为。它的成立条件是：(1) 主体只能是被采取强制措施的犯罪嫌疑人、被告人和正在服刑的罪犯。(2) 必须如实供述司法机关还未掌握的本人其他罪行。所谓司法机关还未掌握的本人其他罪行，根据最高人民法院司法解释的规定，是指与司法机关已掌握的或者判决确定的罪行属不同种罪行。如果是同种罪行，则不构成特殊自首，但可以酌情从轻处罚。对于自首的犯罪分子，可以从轻或者减轻处罚。其中，犯罪较轻的，可以免除处罚。[①]

在本案中，被告人杨某飞犯罪后主动投案，并如实供述自己的罪行，是一般自首，可以从轻处罚。但同时，被告人杨某飞在刑满释放后未满5年再犯应当判处有期徒刑以上刑罚之罪，是累犯，前后所犯的两罪均为盗窃罪，属一般累犯，应当从重处罚，不适用缓刑。这就出现了累犯与自首情节的竞合。可以说，在很多案件中都会涉及数个不同的量刑情节，也就是量刑情节竞合的情形。有学者将量刑情节的竞合分为同向竞合和逆向竞合。[②] 所谓同向竞合，是指一个案件存在的数个量刑情节均为从宽情节或者从严情节。而逆向竞合，则是指在一个案件存在的数个量刑情节中既有从宽情节又有从严情节。本案就属于逆向竞合。对于量刑情节的竞合问题，我国刑法并未作出规定。在司法实践中，主要有以下几种处理方法：(1) 择一法，即对于数种量刑情节，只考虑其中的某个情节，而忽略其他情节的做法。这种做法显然是错误的，使得一些情节无法得到适用，损害了被告人的权益，并不可取。(2) 相加法，即对同向的情节进行累加，两个从轻情节升格为减轻情节，两个减轻情节升格为免除情节。由于刑法没有加重情节，对于两个从重情节的情形就加重其法定刑。这种简单相加的做法显然也是不科学的，是对法定刑的人为变更。(3) 抵消法，即将逆向情节进行抵消不再适用。例如，一案件中存在自首、立功和累犯情节，那么自首就和累犯情节相抵消，对其仅适用立功之规定。但是，这一做法也并无法律依据。因为量刑情节如果能够相互抵消，必须是性质相反并且量上也是相当的。但是，从宽情节包含从轻、减

① 需要注意的是，此案判决时仍适用《刑法修正案（八）》之前的《刑法》关于自首的规定。

② 参见冯卫国、王志远著：《刑法总则定罪量刑情节通释》，人民法院出版社2006年版，第33页。

轻和免除三种情节，而从严情节只有从重情节一种，很难说从宽情节中的哪一种在性质上和从重情节相反，在量上相当。因此，在实践操作中并不可行。（4）刑罚修正法。刑罚修正法在于解决以上做法之弊端。首先根据犯罪事实与犯罪性质确定一个基本刑，然后利用情节对量刑进行裁判上的平衡。在只有一个量刑情节的情况下，只要进行一次修正即可；在具有两个以上逆向情节的情况下，则需要进行两次以上的修正。一般情况下，先考虑从重情节，根据从重情节对基本刑进行趋重修正。然后再考虑从轻情节，根据从轻情节对经过第一次修正所确定的刑罚进行趋轻修正。[①] 可以说，刑罚修正法相对于前三种方法较为科学。

笔者认为，存在量刑情节的竞合是一种正常现象，“一刀切”的做法显然是错误的。因此，在处理量刑情节竞合问题时，首先，应当坚持全面、具体的原则，对量刑情节进行全面的考虑，并且具体分析每一情节在案件中的地位，尤其要正确判断是适用从轻、减轻还是免除情节。此外，还要注意的是禁止重复评价原则，所谓禁止重复评价，是指定罪情节在量刑时不能作为从宽或从重情节再重复适用。这也就是说，在量刑时只能考虑构成要件以外的与行为的社会危害性和人身危险性相关的事实。其次，还要遵从法定情节优于酌定情节，应当型情节优于可以型情节的原则。

对于本案出现的从严情节和从宽情节这一逆向竞合的情况，在处理上较同向竞合更为复杂。目前，学界和司法界多赞同采用刑罚修正法。具体而言，如果累犯情节与从轻情节竞合时，应当先确定在不存在任何量刑情节时应当判处的法定刑，然后考虑累犯情节，确定从重后的刑罚，再考虑从轻情节，将从重后的刑罚下调，从而最终确定宣告刑。如果是累犯情节与减轻情节竞合，由于减轻情节可以在法定刑以下进行量刑，因此，应当首先适用减轻情节，确定减轻后的刑罚，然后再适用累犯条款，在减轻后的刑罚基础上再适当提升刑罚，得出应当判处的刑罚。而对于累犯和免除刑罚竞合的情况，则应当先考虑免除处罚，然后再考虑累犯情节，最后一般不再适用免除处罚的规定。

因此，本案的判决是正确合理的。

六、累犯可否适用缓刑

《刑法》第 74 条规定：“对于累犯和犯罪集团的首要分子，不适用缓刑。”该规定实际上是从另一个角度强调了累犯从重处罚的性质，因为缓刑的适用是以罪犯有悔罪表现，不致再实施危害社会的行为为条件的，而累犯是经过了刑事处罚后仍不思悔改，再次实施危害社会的行为。累犯是对缓刑适用条件的否定，彰显了行为人较大的人身危险性，因此，规定对累犯不适用缓刑。《刑法》第 356

① 陈兴良著：《本体刑法学》，商务印书馆 2001 年版，第 772 页。

条规定："因走私、贩卖、运输、制造、非法持有毒品罪被判过刑，又犯本节规定之罪的，从重处罚。"2000年4月4日，《全国法院审理毒品犯罪案件工作座谈会纪要》中明确规定，"对依法同时构成再犯和累犯的被告人，今后一律适用刑法第三百五十六条规定的再犯条款从重处罚，不再援引刑法关于累犯的条款"。按照纪要规定，对同时构成毒品再犯和累犯的犯罪人，不再引用关于累犯的条款，这也就是说，对此类犯罪人已不能按照累犯处理。累犯不能适用缓刑，那么对于这部分人是否可以适用缓刑呢？

可以说，纪要中规定毒品再犯和一般累犯竞合时应当适用《刑法》第356条，这对此类犯罪人从重处罚之法律效果没有影响。因为无论是毒品再犯还是一般累犯按照法律之规定都应当从重处罚，法官不论引用《刑法》第65条还是第356条都不影响具体的量刑。但《刑法》明确规定累犯不适用缓刑，而纪要中又规定毒品再犯和一般累犯竞合时，不再引用有关累犯的条款。因此，有学者认为，对于这种实质上符合累犯构成要件，但在纪要中又规定不再引用累犯条款的毒品再犯，仍然可以适用缓刑。纪要的这一内容与《刑法》的立法精神是相悖的。笔者认为，虽然构成毒品再犯的犯罪分子应当适用《刑法》第356条之规定，但是累犯之法律后果也应归属于毒品再犯。因为，《刑法》第356条也规定了从重处罚的后果，而从重处罚的后果不仅是在刑罚上从重，还包括不得适用缓刑和假释。《刑法》第356条中并没有取消总则关于累犯不得适用缓刑和假释之规定。纪要中也只是规定不再援引累犯之规定，而并无法得出对毒品累犯可以适用缓刑和假释之结论。并且，纪要之出台在于解决依《刑法》第356条从重处罚后，又依《刑法》第65条从重处罚之问题，是"一事不二罚"原则的体现，并非否定了累犯之法律后果。此外，法条竞合除了"特殊法优于一般法"原则外，还有"重法优于轻法"之规定，所以对于毒品再犯也应当遵循累犯之从重处罚之效果。

七、累犯可否适用假释

《刑法》第81条第2款规定："对累犯以及因故意杀人、强奸、抢劫、绑架、放火、爆炸、投放危险物质或者有组织的暴力性犯罪被判处十年以上有期徒刑、无期徒刑的犯罪分子，不得假释。"累犯不得假释是我国1997年《刑法》增设的处遇措施。立法之所以规定对累犯不适用假释，主要是考虑到这些罪犯罪行严重，攻击性强，主观恶性深，人身危险性大，难以改造。如果适用假释，就很难保证其不致再危害社会。学者对这一规定提出了质疑。首先，它不符合我国的假释理论。假释是一种在刑罚执行部分后，根据犯罪人在狱中的改造和悔罪表现，判断其是否"假释后不致再危害社会"，而决定是否对受刑人适用的刑罚制度。对犯罪人是否适用假释，起决定性作用的应是犯罪人在刑罚执行部分后的教育改造和悔改表现，而并非其犯罪时的主观恶性和人身危险性；纵然犯罪人是累犯，也并不必然表明其不符合假释的适用条件。其次，它违背了我国累犯制度和假释制度的设立目的，不利于促进累犯者的教育改造和改过自新。累犯制度的设立，并非仅为了给予累犯者较重的惩罚，更重要的是促进累犯者的教育改造和矫正改善。我国《刑法》规定累犯不得假释，必然打击累犯者教育改造的积极性，其结果自然也违背了累犯制度和假释制度促进改造、鼓励自新的目的。最后，规定累犯不得假释，这不适当地增加了监狱的负担，不利于监狱提高其教育改造的质量。1997 年《刑法》针对我国重新犯罪的态势适当扩大了累犯的范围，累犯人数增加，相应地被判处重刑、长刑的犯人也增多。而规定累犯不得假释，就意味着，即使是符合假释其他条件的累犯者，也不能附条件地提前释放，监狱内的人口自然就随之攀升，导致了监狱负担的不适当增加，其结果自然是影响到对累犯者的教育改造质量。[①] 对此，笔者认为，在目前《刑法修正案（八）》已经明确规定对于累犯不得适用假释，因此，在司法实践中必须遵照执行，从而体现出对累犯的从严惩罚。

八、累犯可否适用死缓

《刑法》第 65 条规定，累犯应当从重处罚，这是相对于没有从重处罚情节时应承担的刑事责任而言的，它必须根据其所实施的犯罪行为的性质、情节、社会危害性程度，确定其刑罚，不是一律判处法定最高刑。此外，《刑法》第 74 条规定，累犯不得适用缓刑。显然，这里的缓刑不包括死刑缓期执行，因此，不能一概否认累犯不得适用死缓。虽然刑法规定了对于应当判处死刑的犯罪分子，如果不是必须立即执行的，可以判处死缓，但是对于应当判处死刑的犯罪分子，同时又系累犯的话，如果没有其他法定从轻、减轻情节，按照对累犯应当从重处罚的规定，则意味着对犯罪分子一般只能适用死刑立即执行。有学者对累犯因犯故意杀人罪适用死刑立即执行的影响进行了实证分析，经对 493 例故意杀人罪案例统计分析，有 38 例系累犯（将再犯、有前科也统计在累犯之内），判处死刑立即执行 31 例，占 81.6%；而在 455 例非累犯中，判处死刑立即执行 196 例，占 43.1% 。31 起累犯被判处死刑立即执行的案件，仅有 4 起造成死亡人数超过 1 人，其他 27 起案件都只造成了 1 人死亡。如果不存在其他从重情节，甚至在累犯有自首等法定从轻情节之下，一律判处死刑立即执行是否妥当，是否有违

① 崔彦平：《论累犯制度及其刑事政策之完善》，载《理论探索》2005 年法学专辑。

"少杀、慎杀"原则，是否与宽严相济刑事政策相悖，的确值得进一步研究。[①]

针对上述情形，笔者认为，在具有累犯情节的死刑案件中，首先应对被告人所犯之罪确定法定刑，再在法定刑幅度内对被告人从重处罚。例如，在法定刑为"十年以上有期徒刑、无期徒刑或者死刑"的案件中，首先确定被告人所犯之罪应适用的法定刑，若应判处无期徒刑，不能仅因累犯情节，而升格量刑判处被告人死刑；若被告人所犯之罪应判处死刑缓期二年执行，亦不能仅因累犯情节而加重判处被告人死刑立即执行。因此，在具有累犯情节的死刑案件中，并非一律适用死刑立即执行，而应当具体分析其犯罪性质和犯罪情节，如果存在适用死缓的条件，就不能因为只存在累犯情节而适用死刑立即执行。累犯的从重处罚并非升格刑种，必须纠正这样的错误认识，只有如此，才符合"少杀、慎杀"的死刑政策，从而更好地实现"严格控制死刑"的目标。

九、累犯是否必须逮捕

逮捕，是指公安机关、人民检察院和人民法院，为了防止犯罪嫌疑人或者被告人实施妨碍刑事诉讼的行为，逃避侦查、起诉、审判或者发生社会危险性，而依法暂时剥夺其人身自由的一种强制措施。逮捕是《刑事诉讼法》规定的最为严厉的强制措施，它对保障刑事诉讼的顺利进行具有重要的意义，在刑事诉讼中的运用也非常广泛。但在实践中，由于对认定累犯以及累犯与决定逮捕之间存在某些认识上的偏差，出现了累犯必捕的观点。我们认为，累犯必捕这种做法值得商榷。

首先，法律并未作出"累犯必捕"的规定。2012年修改的《刑事诉讼法》第79条第1款规定："对有证据证明有犯罪事实，可能判处徒刑以上刑罚的犯罪嫌疑人、被告人，采取取保候审尚不足以防止发生下列社会危险性的，应当予以逮捕：（一）可能实施新的犯罪的；（二）有危害国家安全、公共安全或者社会秩序的现实危险的；（三）可能毁灭、伪造证据，干扰证人作证或者串供的；（四）可能对被害人、举报人、控告人实施打击报复的；（五）企图自杀或者逃跑的。"这也就是说，逮捕应当同时具备以下三个条件：（1）有证据证明有犯罪事实；（2）可能判处徒刑以上刑罚；（3）采取取保候审尚不足以防止发生社会危险性的。可见，《刑事诉讼法》中并没有作出累犯必须逮捕的规定。虽然累犯的要件与逮捕的第二个条件——可能判处徒刑以上刑罚相一致，并且因为其具有较大的社会危害性和人身危险性，一直都是刑法所重点打击的对象，但是这并不

① 参见尹明灿、李晓明：《故意杀人罪实证研究——以493例故意杀人罪案例为视角》，载《中国刑事法杂志》2009年第6期。转引自滑俊杰、许建苏：《累犯处罚方式的立法完善》，载《人民检察》2011年第2期。

意味着累犯就必须要被逮捕，而不能采取其他刑事强制措施。

其次，累犯作为一种刑罚裁量制度，由于累犯具有相对更大的社会危害性和人身危险性，所以法律规定对累犯应当从重处罚，并对其不得适用缓刑和假释，以此来补足前罪的刑罚不足，从而达到控制重新犯罪的目的。而逮捕作为《刑事诉讼法》所规定的一种强制措施，其功能和目的是为了保障刑事诉讼的顺利进行，法律对逮捕的条件也作了明确规定。所以，累犯和逮捕之间并没有必然的联系。累犯是否需要逮捕关键要看是否符合逮捕的条件，而不能因其被认定为累犯就批准或决定逮捕。并且，累犯是否成立是在判决阶段才能得以确定的，在后罪尚未被人民法院判决确定之前，司法机关对累犯的认定还仅仅是一种可能。若仅以自身认定的累犯为依据，就批准或者直接决定逮捕犯罪嫌疑人，实际上有“有罪推定”的嫌疑。

逮捕作为《刑事诉讼法》中所规定的最为严厉的刑事强制措施，在批捕阶段认定累犯的问题上必须极其慎重。对于再次犯罪的犯罪嫌疑人，不能因为其是再次犯罪就对其采取逮捕措施，更不能因为将其认定为累犯就必须采取逮捕措施。累犯是在实体法上进行认定，而是否逮捕则是从程序法的角度进行把握。因此，司法机关必须严格审查其是否符合逮捕条件，如果符合逮捕条件的，那么就应当逮捕，而对于符合其他刑事强制措施适用条件的犯罪嫌疑人，则应当适用其他刑事强制措施，而不应持“累犯必捕”的观点。

十、无释放证明导致认定累犯不一的问题

从刑法的规定看，一般累犯的时间条件要求后罪的时间上限为刑罚执行完毕或赦免之日，时间下限则为刑罚执行完毕或赦免后 5 年的最后一日。而不同的刑罚其刑罚执行完毕的时间点是不同的，因此，在实践中，司法机关都是将刑满释放证明书等法律文书上的时间点作为累犯时间的开始时间，以此来确定刑罚执行完毕之日。2012 年修改的《刑事诉讼法》第 253 条第 5 款规定：“判处有期徒刑、拘役的罪犯，执行期满，应当由执行机关发给释放证明书。”从该规定可以看出，前罪的刑罚执行完毕的时间为释放证明书上记载的释放时间的前一天。释放证明对于确定累犯的时间上限给予了明确的时间，大大便利了累犯的认定。但是，司法实践中存在这样的问题，有的公诉机关在提起公诉时，对有些因故意犯罪被判处有期徒刑，出狱后又故意犯应当判处有期徒刑以上刑罚之罪的被告人，未向人民法院提供被告人刑满释放证明，导致法官对该类被告人是否构成累犯认定不一。表现为：同一人民法院有的法官认定是累犯，有的法官则不认定是累犯，只认定有前科。

存在上述问题的原因主要有三点：一是有的侦查人员、公诉人员对释放证明的证据意识淡薄，他们只注重犯罪嫌疑人、被告人所犯罪行的证据，忽视了其犯

前罪服刑的刑满释放证明。二是被告人服刑的监狱对刑满人员只给其本人发释放证明，致使侦查人员对刑满释放后再犯罪的被告人，需要向该被告人原服刑的监狱调取释放证明，有的侦查人员怕麻烦而不愿调取该证明。三是法官对法律规定的理解和认识不一。《刑法》对一般累犯的规定是，被判处有期徒刑以上刑罚的犯罪分子，刑罚执行完毕或者赦免以后，在5年以内再犯应当判处有期徒刑以上刑罚之罪的，是累犯，应当从重处罚，但是过失犯罪和不满18周岁的人犯罪的除外。对此，有的法官认为，必须要有刑满释放证明才能确认被告人犯前罪的刑罚执行完毕的时间，进而确定其是否在刑罚执行完毕后5年以内再犯应当判处有期徒刑以上刑罚之罪，否则被告人虽然是出狱后再犯罪，但其是刑满释放出狱后5年以内再犯罪，还是被假释出狱后再犯罪，或者系监外执行期间再犯罪难以认定。因此，对没有释放证明的不能认定为累犯。有的法官则认为，没有释放证明可用被告人犯前罪的判决书进行推算认定，如自前罪被羁押之日起至再犯罪时未超过5年的，应当认定构成累犯，若前罪所判刑期较长可减半（考虑减刑因素）计算刑满时间，自计算的刑满时间至再犯罪时，未超过5年的，应认定构成累犯，超过5年的，可不予认定。还有的法官认为，以被告人犯前罪的判决书和被告人自认的刑满释放时间来确定其再犯罪是否构成累犯。

笔者认为，公诉机关未提供被告人的刑满释放证明导致人民法院对被告人是否构成累犯认定不一，不能使被告人同类情况同样处罚，对那些应当以累犯论处的而没有以累犯论处，致使刑法关于对累犯从重处罚的规定不能落实，有损法律权威，有失司法公平公正，也不利于对罪犯进行改造。那种按被告人前罪判决书进行推算的方法虽有可取之处，但不科学，如果被告人未减二分之一的刑期，或者经申诉改判，或者在服刑期间又故意犯罪被判处有期徒刑，就难以推算了。为此建议：一是法律应明确规定监狱在向刑满释放人员发释放证明的同时，应向服刑人员居住地的公安机关寄送该罪犯刑满释放的证明。二是公安机关和公诉机关在移送起诉意见书、提起公诉时，应当提供犯罪嫌疑人、被告人犯前罪的刑满释放证明，对不提供该证明的应当依法追究承办人的责任。三是在经过努力仍无法提供释放证明的情况下，人民法院应以被告人前罪判决书为依据进行查明，综合案情判断，对明显构成累犯的，应认定为累犯。例如，自被告人犯前罪被羁押之日起（其间有取保候审的应除去取保候审时间）至再犯罪时，或者按原判刑期计算（如果被告人有异议应由其提供自己获得减刑、假释或者监外执行等方面的证据）刑满之日起至再犯罪时，未超过5年的，应认定为累犯，依法从重处罚。

十一、冒用他人姓名逃避累犯处罚的是否应当从重处罚

【案例30】①

2004年4月16日，朱某波因犯故意伤害罪被原东莞市人民法院判处有期徒刑9个月，2004年9月23日刑满释放。2008年8月26日16时许，朱某波窜到东莞市大朗镇求富路，乘途经该处的被害人李某不备之机，抢走其手中的钱包（钱包价值2元，内有人民币79.7元，银行卡一张，手机一部，价值540元）。得手后，朱某波迅即逃跑，在逃跑过程中被治安队员抓获，抢夺的财物被缴回返给李某。2008年12月，原东莞市人民法院作出〔2008〕东法刑初字第5814号刑事判决，认定"朱某源"以非法占有为目的，乘人不备，公然夺取他人财物，数额较大，已构成抢夺罪。鉴于其因意志以外的原因抢夺未能得逞，依法可以比照既遂犯从轻处罚；认罪态度较好，可酌情从轻处罚。法院遂以抢夺罪，判处"朱某源"有期徒刑7个月，并处罚金人民币1000元。后发现其曾因故意伤害罪被原东莞市人民法院判处有期徒刑9个月，有累犯情节。原来，朱某波被抓获后，为了隐瞒其有累犯情节，便冒用了同村老乡"朱某源"的名字。原东莞市人民法院被撤销，本案属于东莞市第二人民法院管辖范围。东莞市第二人民法院认为，朱某波以非法占有为目的，乘人不备，公然夺取他人财物，数额较大，已构成抢夺罪。鉴于其属犯罪未遂，依法可以比照既遂犯从轻处罚。但朱某波曾因犯故意伤害罪被判处有期徒刑，在刑罚执行完毕后5年内再犯应当判处有期徒刑以上刑罚之罪，属累犯，且其为了隐瞒其有累犯情节，冒用"朱某源"的身份，导致原审未认定其是累犯，而以"朱某源"的身份作出判决，再审应予纠正，并依法对其从重处罚。法院判决撤销原东莞市人民法院〔2008〕东法刑初字第5814号刑事判决；以抢夺罪判处朱某波有期徒刑1年6个月，并处罚金人民币2000元。

【案例分析】

根据《刑法》第65条第1款的规定，被判处有期徒刑以上刑罚的犯罪分子，刑罚执行完毕或者赦免以后，在5年以内再犯应当判处有期徒刑以上刑罚之罪的，是累犯，应当从重处罚。被告人朱某波第一次犯故意伤害罪后，在刑罚执行完毕后5年内又犯了抢夺罪，属于累犯，依法应当从重处罚。朱某波犯抢夺罪后，原东莞市人民法院因其认罪态度较好，加上犯罪未遂，故对其从轻判处有期徒刑7个月。但他实际上是故意冒用老乡的名字隐瞒其累犯情节，令老乡无辜受累，浪费了大量的司法资源，不能再认定为认罪态度较好。因此，再审时，东莞

---

①　参见刘鸿波：《累犯被抓怕重判　冒用老乡名》，载东莞阳光网2009年7月22日。

市第二人民法院认定其为累犯，对其从重处罚，将原来刑期7个月改为1年6个月。公安机关在侦查该案时曾按照法律规定的程序，发函给其户籍所在地的公安机关查询、核实被告人的身份，并附有被告人的照片。但当地公安机关回函证实该人是朱某源。在这种情况下，人民法院是很难发现被告人虚报他人身份的，从而导致在累犯的认定上出现了错误。

从上述案件可以看出，对于犯罪嫌疑人、被告人不讲真实姓名，无法查清真实身份的刑事案件，可能使曾犯有前科的情况无法得到查处，而这使刑法上关于对累犯应从重处罚的这一规定处于两难的境地。如果司法机关能在侦查阶段或者法庭审理过程中查明犯罪嫌疑人或被告人的真实身份，自然就能查明其是否为累犯从而决定是否对其从重处罚，但如果被告人真实姓名、住址不明，真实身份难以查清，则难以确定被告人是否具有累犯这一从重情节。实际上，大多数刑事案件都是由被告人自报身份的，加之侦查人员的证据意识淡薄，致使侦查机关难以查明其真实身份的情况确实经常发生。对于那些实际上符合累犯要件的犯罪人得不到应有之惩罚的问题，2012年修改的《刑事诉讼法》第158条第2款规定："犯罪嫌疑人不讲真实姓名、住址，身份不明的，应当对其身份进行调查，侦查羁押期限自查清其身份之日起计算，但是不得停止对其犯罪行为的侦查取证。对于犯罪事实清楚，证据确实、充分，确实无法查明其身份的，也可以按其自报的姓名起诉、审判。"上述诉讼规则为如何处理真实身份不明，但已查明的犯罪事实清楚，证据确实、充分的犯罪嫌疑人、被告人提供了程序法上的法律依据，但仍没有解决累犯司法认定上的难题。并且，很多人之所以隐瞒其真实姓名、住址就是为了逃避累犯之从重处罚，这就可能轻纵了犯罪分子。但如果对隐瞒真实姓名、住址的犯罪人一律采取认定为累犯的做法，也是于法无据的。所以我们建议在刑法中增设关于对不如实交代其真实身份的被告人从重处罚的法定原则，并且规定对于这一类犯罪嫌疑人及被告人不予认定具有自首情节；在案件判决生效后投入监狱进行改造时，非有重大立功表现不得减刑和假释，从而完善刑法关于对累犯从重处罚的规定，使所有的累犯均能得到其应有的惩罚。另外，侦查机关要提高侦查效率与质量，确保查明犯罪嫌疑人的真实身份。在查明犯罪嫌疑人身份的侦查中，除了对侦查人员思想意识、业务素质方面提出更高的要求外，更重要的是对侦查机关的刑事侦查技术、情报资料和秘密力量这三大刑事侦查支柱及不同地域的侦查机关的密切协作提出了更高要求。①

① 赖早兴、董丽君：《被告人真实身份不明与对累犯"应当从重处罚"》，载《福建公安高等专科学校学报》2000年第4期。

十二、盗窃罪累犯认定中的疑难问题

【案例31】[1]

1991年12月，被告人陈某先因犯盗窃罪被古蔺县人民法院判处有期徒刑6年，1996年9月刑满释放。2001年1月又因犯盗窃罪被古蔺县人民法院判处有期徒刑3年，2003年9月刑满释放。2008年2月5日凌晨3时许，被告人陈某先与他人到古蔺县双沙镇小堡村4社村民余某湖家盗得腊肉、香烟等后，由被告人陈某先与他人分赃。案发后，在被告人陈某先家中搜得部分被盗腊肉、香烟等，价值人民币1335元。公安机关已将所查获的腊肉、香烟等发还了余某湖。

【案例32】[2]

被告人尹某红，男，1979年出生，2000年12月因犯盗窃罪被判处有期徒刑1年，2001年7月刑满释放。2002年7月至2003年4月间，被告人尹某红单独或伙同他人盗窃作案14起，盗窃物品价值3万余元。

一审法院以被告人尹某红犯盗窃罪，判处有期徒刑11年，并处罚金5000元。被告人尹某红以原判刑罚超过法定最高刑，原审适用法律错误为由提出上诉。

【案例33】[3]

原审被告人董某博，男，1978年4月18日出生，汉族，中专文化，农民，2006年12月因犯盗窃罪被判处有期徒刑1年6个月，2008年3月18日刑满释放。

2008年7月15日1时许，原审被告人董某博溜门进入某区城子大街58号院5号李某家中，窃得现金人民币700元及诺基亚牌6300型移动电话一部（价值人民币700元）、女式挎包一个（价值人民币90元）等物。被害人李某于2008年7月15日报案，原审被告人董某博于2008年8月4日在某区河滩好伦哥餐厅被公安机关抓获归案。

一审法院审理期间，原审被告人董某博的亲属退赔赃款人民币1490元。

某区人民法院经审理认为，董某博以非法占有为目的，秘密窃取他人财物，数额较大，其行为已构成盗窃罪，应依法惩处。被告人董某博曾因犯盗窃罪被判

---

① 扶建华：《被告人多次犯盗窃罪是否构成累犯？——对累犯、加重情节的理解》，载中国法院网2008年12月12日。

② 王秀斌，王进力：《对盗窃罪累犯应当如何处罚——兼评法释（1998）4号司法解释第六条第（三）项之缺陷》，载中国法院网2006年5月15日。

③ 袁静：《盗窃并有累犯情节如何适用〈刑法〉和司法解释》，载《中国检察官》2010年第2期。

处有期徒刑。刑满释放后不满5年内又犯应当判处有期徒刑以上刑罚之罪，系累犯，应认定其具有盗窃罪的其他严重情节。被告人董某博认罪态度较好，并在其亲属的帮助下退赔赃款，对其可酌情从轻处罚。依照《刑法》第264条、第65条第1款、第64条、最高人民法院《关于审理盗窃案件具体应用法律若干问题的解释》第6条第3项第4目的规定，判决如下：一、被告人董某博犯盗窃罪，判处有期徒刑3年，罚金人民币3000元。二、被告人董某博退赔的赃款人民币1490元，发还被害人李某。

某区人民检察院以一审判决适用法律不当、量刑偏重为由提出抗诉，具体理由有两点：第一，依据《刑法》第65条第1款之规定，累犯应当从重处罚，而最高人民法院《关于审理盗窃案件具体应用法律若干问题的解释》第6条第3项第4目却将累犯作为“其他严重情节”予以加重处罚，有悖《刑法》的基本规定，鉴于《刑法》的效力高于司法解释，故法院引用该司法解释对被告人处以刑罚属适用法律不当。第二，被告人董某博盗窃价值人民币1490元，且有退赃退赔情节，认罪态度较好，该判决对被告人董某博判处有期徒刑3年，罚金人民币3000元，属量刑偏重。

二审法院最终裁定驳回抗诉，维持了原判。

【案例分析】

这三起案件都反映出了一个共同问题，就是如何处理《刑法》第264条盗窃罪之规定与最高人民法院《关于审理盗窃案件具体应用法律若干问题的解释》第6条第3项之间的关系，即对于盗窃罪累犯到底应适用《刑法》之规定还是司法解释之规定。

《刑法》第264条规定：“盗窃公私财物，数额较大的，或者多次盗窃、入户盗窃、携带凶器盗窃、扒窃的，处三年以下有期徒刑、拘役或者管制，并处或者单处罚金；数额巨大或者有其他严重情节的，处三年以上十年以下有期徒刑，并处罚金；数额特别巨大或者有其他特别严重情节的，处十年以上有期徒刑或者无期徒刑，并处罚金或者没收财产。”而针对盗窃罪累犯，1998年3月10日最高人民法院《关于审理盗窃案件具体应用法律若干问题的解释》第6条第3项规定，盗窃数额达到“数额较大”或者“数额巨大”的起点，并具有累犯情形的，可以分别认定为“其他严重情节”或者“其他特别严重情节”。对于这两个规定的理解存在两种不同意见。

一种意见认为，这两个规定相互冲突，对于盗窃罪累犯应当适用《刑法》第65条之规定。理由如下：首先，依据《刑法》第65条之规定，累犯应当从重处罚，而上述司法解释却将累犯作为“其他严重情节”予以规定，实质上是对于盗窃数额较大或数额巨大同时具备累犯情形的，升格了其法定刑，即出现“累犯加重处罚”的结果。上述司法解释加重处罚的规定与《刑法》第65条累犯从重处罚的规定相互矛盾，是对刑法总则性规定的突破，于法无据，应予以废止。其次，超出了司法解释权的范畴。最高人民法院的上述司法解释将累犯的处罚原则由“应当从重处罚”异化为“可以加重处罚”，实际上属于一种在司法上创制特殊累犯的立法活动。[①] 司法解释是最高人民法院对审判工作中具体应用法律问题和最高人民检察院对检察工作中具体应用法律问题所作的具有法律效力的解释，是对法律法规中规定较为原则、概括、模糊的情形进行具体的、明确的、量化的解释，便于司法机关操作。而司法解释已经超出了被解释的对象，便不再是一种解释，而应该是一种新的规定，新的规定是一种立法，而立法是另外一种权力，是具有立法权的机关依照法定程序进行的一种活动，而不是司法解释权的一部分。[②] 最后，该司法解释的规定违背了罪责刑相一致原则。刑罚的轻重应当与犯罪分子所犯罪行和所应承担的刑事责任相适应，因此，应当严格按照《刑法》第264条之量刑档次来确定相应的刑罚，而不能加重其刑事责任。

而另一种观点则认为，二者并不冲突，可以同时适用。第一，司法解释是对《刑法》关于盗窃罪“其他严重情节”和“其他特别严重情节”的具体化、明晰化，既属于最高人民法院的合法权力，又是司法实践中适用《刑法》有关条款的依据，这与《刑法》总则“累犯应当从重处罚”的规定并不矛盾。[③] 第二，司法解释中规定的盗窃累犯是“可以情节”，而非“应当情节”，因此，法官在认定累犯时仍需依照《刑法》第65条之规定，是否对其认定为累犯，法官具有自由裁量权。并非盗窃累犯就要加重处罚，这在司法实践中也是极为常见的做法。第三，《刑法》明文规定在盗窃罪的量刑情节中，数额也不是量刑的唯一标准。《刑法》第264条的规定是“数额巨大或者有其他严重情节的”、“数额特别巨大或者有其他特别严重情节的”。因此，在量刑时，也应该将法律明文规定的“数额巨大”或者“其他严重情节”、“数额特别巨大”或者“其他特别严重情节”结合起来进行综合考虑，选择法定刑幅度。从这个角度来看，司法解释将盗窃数额较大的累犯作为“其他严重情节”和将盗窃数额巨大的累犯作为“其他特别严重情节”的规定，并非意味着规定了“累犯加重处罚”。而所谓的盗窃罪累犯加重处罚只是刑法学者在对数额犯的理解不准确的前提下，得出的不准确的结论。[④]

---

① 于志刚主编：《刑罚制度适用中的疑难问题研究》，吉林人民出版社2001年版，第180页。

② 胡乾辉、明新春：《盗窃犯罪累犯不宜加重处罚》，载《人民检察》2006年第7期。

③ 陈珍建、赵云焱、唐斗：《盗窃累犯适用司法解释加重处罚导致量刑失衡时的抗诉考量》，载《中国检察官》2011年第16期。

④ 周详、齐文远：《刑事司法解释中的“累犯加重犯”之研究》，载《法学家》2008年第5期。

笔者认为，从累犯的法律后果来看，构成累犯的应当从重处罚。这里的“从重处罚”是在法定刑幅度内从重，而不是突破法定刑幅度加重处罚。而最高人民法院所出台的这一规定却改变了累犯从重处罚之后果。具体而言，具有“数额较大”或者“数额巨大”情形的盗窃犯，其法定刑幅度本来为“三年以下有期徒刑、拘役或者管制，并处或者单处罚金”和“三年以上十年以下有期徒刑，并处罚金”。但是，具有累犯情节的犯罪人，则属于“其他严重情节”或者“其他特别严重情节”，所适用量刑的幅度就升格为了“处三年以上十年以下有期徒刑，并处罚金”或者“处十年以上有期徒刑或者无期徒刑，并处罚金或者没收财产”。现行《刑法》对加重处罚原则在总则中并没有明文规定，对盗窃犯罪累犯加重处罚从理论上没有依据，且与《刑法》总则的规定相抵触，上述司法解释将累犯列入盗窃犯罪加重处罚的情节之中是不合适的，应该作相应的更正处理，以维护司法解释的权威性和严谨性，保证《刑法》的正确实施。检察机关也要充分行使其量刑建议权，坚持统一累犯“从重处罚”的原则，在司法实践中维护法律的统一性。

十三、毒品累犯与一般累犯之竞合问题

毒品累犯制度源于1990年12月28日全国人民代表大会常务委员会《关于禁毒的决定》第11条第2款“因走私、贩卖、运输、制造、非法持有毒品被判过刑，又犯本决定规定之罪的，从重处罚”的规定。1997年《刑法》施行后，该决定被废止，相关内容已纳入《刑法》中。《刑法》第356条规定，因走私、贩卖、运输、制造、非法持有毒品罪被判过刑，又犯《刑法》第347条至第355条所规定之罪的，从重处罚。学理上将这种情形称为毒品累犯（再犯）。从规定看来，毒品累犯的适用范围比累犯更为广泛，并在特殊情形下包含了累犯。因此，随之产生了一个法律适用问题，即对毒品犯罪再犯依照《刑法》第356条从重处罚后，同时又构成累犯的，是否还应依照累犯制度从重处罚。具体言之，正是由于后罪再犯从重处罚后，才达到有期徒刑以上之刑罚，为构成一般累犯创造了条件，对犯罪人按照一般累犯制度再次从重处罚。一个情节，两次从重，显然不符合法理，违背了罪刑相适应原则。由于刑罚制度设置上的混乱，1997年《刑法》施行之初，在司法实践中，就第356条的理解与适用产生了很大的歧义。2000年4月4日最高人民法院出台的《全国法院审理毒品犯罪案件工作座谈会纪要》对此定止纷争，规定“对依法同时构成再犯和累犯的被告人，今后一律适用刑法第三百五十六条规定的再犯条款从重处罚，不再援引刑法关于累犯的条款”。毒品犯罪再犯不再适用累犯制度，但同时又产生一个新的问题，根据累犯制度的规定，累犯不得适用缓刑、不得假释，意味着毒品犯罪再犯同时也不能适用累犯派生出的这两项限制制度。在实践中，还有一种复杂情形是，倘若行

为人此前先后犯有数次罪行，而其中至少一次涉及走私、贩卖、运输、制造、非法持有毒品罪，且数次罪行均已受到刑罚处罚，则应当如何协调先前数次罪行与此后的毒品再犯与一般累犯的关系？例如，唐某曾因贩卖毒品罪于 2003 年 1 月被判处有期徒刑 1 年，2003 年 12 月刑满释放后，又于 2005 年 11 月犯故意伤害罪被判处有期徒刑 6 个月，2006 年 5 月刑满释放，2009 年 9 月，唐某再度实施贩卖毒品犯罪时被当场抓获。关于本案应如何认定量刑情节，实践中产生了三种不同意见：第一种意见认为，唐某分别构成毒品再犯与一般累犯，均应当作为法定从重情节予以评价，即同时适用毒品再犯与一般累犯条款。第二种意见认为，虽然唐某分别构成毒品再犯与一般累犯，但前者是分则规定的特殊法条，后者是总则规定的普通法条，根据特殊法条优先适用的原则，仅认定为毒品再犯。第三种意见认为，唐某首次实施的贩卖毒品罪，已经作为一般累犯，在其因故意伤害罪被判处刑罚之时作了评价，故对于唐某再度实施的贩卖毒品罪来说，只能与故意伤害罪构成一般累犯，而不能在两次贩卖毒品罪之间予以重复评价。①

关于这一问题，最高人民法院 2000 年 4 月 4 日出台的《全国法院审理毒品犯罪案件工作座谈会纪要》规定，“对依法同时构成再犯和累犯的被告人一律适用刑法第三百五十六条规定的再犯从重处罚。不再援引刑法关于累犯的条款”。从表面上看，与《刑法》第 356 条相比，《刑法》第 65 条系一般规定，而第 356 条则系特殊规定，二者是一般法条与特殊法条竞合关系，最高人民法院的这一规定采取了“特殊法优于一般法”的适用原则，遵循了法条竞合的一般适用原则。但是，有学者指出，这一规定会出现对毒品犯罪的累犯适用缓刑和假释的现象。由于累犯的社会危害性很大，所以《刑法》第 74 条、第 81 条第 2 款规定，对累犯不适用缓刑和假释。毒品犯罪是严重刑事犯罪，其累犯的社会危害性更大，因此，对毒品犯罪的累犯更不应该适用缓刑和假释。然而按照《刑法》第 356 条之规定，对毒品再犯在适用缓刑和假释上却没有限制。这意味着对符合累犯条件的毒品犯罪嫌疑人可以适用缓刑、假释，而其他犯罪的累犯则不得适用缓刑与假释，这显然有失公允。② 笔者认为，虽然构成毒品再犯的犯罪分子应当适用《刑法》第 356 条之规定，但是累犯之法律后果也应归属于毒品再犯。因为，《刑法》第 356 条也规定了从重处罚的后果，而从重处罚的后果不仅是在刑罚上从重，还包括不得适用缓刑和假释。《刑法》第 356 条中并没有取消总则关于累犯不得适用缓刑和假释之规定。纪要中也只是规定“不再援引刑法关于累犯的条款”，而并无法得出对毒品累犯可以适用缓刑和假释之结论。并且，纪要之出台在于解决依《刑法》第 356 条从重处罚后，又依第 65 条从重处罚之问题，是

① 李炜、华肖：《论毒品再犯与一般累犯之适用关系》，载《法学》2011 年第 9 期。

② 张明楷著：《刑法学》（第二版），法律出版社 2003 年版，第 876 页。

"一事不二罚"原则的体现，并非否定了累犯之法律后果。此外，法条竞合除了"特殊法优于一般法"原则外，还有"重法优于轻法"之规定，所以对于毒品再犯也应当遵循累犯从重处罚之效果。

综上所述，对同时构成毒品再犯和一般累犯的被告人应当以毒品再犯的规定从重处罚。对于不符合毒品再犯规定的，仍应适用《刑法》第65条一般累犯之规定进行从重处罚。对于不符合一般累犯之规定，只符合毒品再犯的规定的，适用《刑法》第356条之规定。并且，不论是构成毒品再犯还是一般累犯，其法律后果都包括不得适用缓刑和假释。

参考文献

一、综合文献

1. ［德］黑格尔著，范扬、张企泰译：《法哲学原理》，商务印书馆 1961 年版。

2. 睡虎地秦墓竹简整理小组编：《睡虎地秦墓竹简》，文物出版社 1978 年版。

3. ［唐］长孙无忌等撰：《唐律疏议》，中华书局 1983 年版。

4. 西方法律思想史编写组编：《西方法律思想史资料选编》，北京大学出版社 1983 年版。

5. 粟劲著：《秦律通论》，山东人民出版社 1985 年版。

6. 吴家麟主编：《法律逻辑学》，群众出版社 1998 年版。

二、刑法学文献

1. 许鹏飞著：《比较刑法纲要》，商务印书馆 1936 年版。

2. 林纪东著：《刑事政策学》，台湾“国立”编译馆 1963 年版，第 135 页。

3. 蔡墩铭著：《唐律与近世刑事立法之比较研究》，台湾商务印书馆 1968 年版。

4. 蔡枢衡著：《中国刑法史》，广西人民出版社 1983 年版。

5. ［南］维多耶·米拉丁诺维奇著：《刑法中的累犯制度》，贝尔格莱德 1983 年版。

6. 甘雨沛、何鹏编：《外国刑法学（上册）》，北京大学出版社 1984 年版。

7. 高铭暄著：《刑法学》，法律出版社 1985 年版。

8. 高铭暄主编：《新中国刑法学研究综述（1949—1985）》，河南人民出版社 1986 年版。

9. 高仰止著：《刑法总则之理论与实用》，台湾五南图书出版公司 1986 年版。

10. [意] 恩里科·菲利著，郭建安译：《实证派犯罪学》，中国政法大学出版社 1987 年版。

11. 王作富主编：《中国刑法适用》，中国人民公安大学出版社 1987 年版。

12. [日] 大谷实著：《刑事政策讲义》，弘文堂 1987 年版。

13. 邱兴隆、许章润著：《刑罚学》，群众出版社 1988 年版。

14. 周振想著：《刑罚适用论》，法律出版社 1990 年版。

15. [意] 恩里科·菲利著，郭建安译：《犯罪社会学》，中国人民公安大学出版社 1990 年版。

16. [美] 理查德·霍金斯、杰弗里·P. 阿尔珀特著，孙晓雳、林遐译：《美国监狱制度——刑罚与正义》，中国人民公安大学出版社 1991 年版。

17. 何秉松主编：《法人犯罪与刑事责任》，中国法制出版社 1991 年版。

18. 高格著：《比较刑法学》，长春出版社 1991 年版。

19. 李均仁主编：《中国重新犯罪研究》，法律出版社 1992 年版。

20. 陈显容、李正典著：《犯罪与社会对策——当代犯罪社会学》，群众出版社 1992 年版。

21. 马克昌主编：《中国刑事政策学》，武汉大学出版社 1992 年版。

22. 喻伟主编：《刑法学专题研究》，武汉大学出版社 1992 年版。

23. 马克昌主编：《刑法学全书》，上海科学技术文献出版社 1993 年版。

24. 高铭暄主编：《刑法学原理（第三卷）》，中国人民大学出版社 1994 年版。

25. 樊凤林主编：《刑罚通论》，中国政法大学出版社 1994 年版。

26. [日] 西原春夫著：《刑罚总论（下卷）》（改订准备版），成文堂 1995 年版。

27. 宁汉林、魏客家著：《中国刑法简史》，中国检察出版社 1997 年版。

28. 侯国云、白岫云著：《新刑法疑难问题解析与适用》，中国检察出版社 1998 年版。

29. 李淳、王尚新主编：《中国刑法修订的背景与适用》，法律出版社 1998 年版。

30. 高铭暄、赵秉志编：《新中国刑法立法文献资料总览（上）》，中国人民公安大学出版社 1998 年版。

31. 陈兴良著：《刑法的价值构造》，中国人民大学出版社 1998 年版。

32. 邱兴隆著：《刑罚理性导论——刑罚的正当性原论》，中国政法大学出版社 1998 年版。

33. 蔡墩铭著：《刑法总则争议问题研究》，台湾五南图书出版公司 1998 年版。

34. 张明楷译：《日本刑法典》，法律出版社 1998 年版。

35. 邱兴隆著：《刑罚理性评论——刑罚的正当性反思》，中国政法大学出版社 1999 年版。

36. 陈兴良著：《刑法适用总论》，法律出版社 1999 年版。

37. 杨敦先等主编：《新刑法施行疑难问题研究与适用》，中国检察出版社 1999 年版。

38. 马克昌主编：《犯罪通论》，武汉大学出版社 1999 年版。

39. 马克昌主编：《刑罚通论》，武汉大学出版社 1999 年版。

40. 王作富主编：《刑事实体法学》，群众出版社 2000 年版。

41. [法] 米歇尔·福柯著，刘北成、杨远婴译：《规训与惩罚》，三联书店 1999 年版。

42. 赵秉志总编：《澳门刑法典澳门刑事诉讼法典》，中国人民大学出版社 1999 年版。

43. 苏俊雄著：《刑法总论Ⅲ》，台湾大地印刷股份有限公司 2000 年版。

44. [日] 大谷实著，黎宏译：《刑事政策学》，法律出版社 2000 年版。

45. 俄罗斯联邦总检察院编，黄道秀译：《俄罗斯联邦刑法典释义（上册）》，中国政法大学出版社 2000 年版。

46. 向泽选、高克强主编：《刑法理念与刑事司法》，中国检察出版社 2000 年版。

47. 高铭暄、马克昌主编：《刑法学》，北京大学出版社、高等教育出版社 2000 年版。

48. 陈兴良著：《刑法哲学》（修订 2 版），中国政法大学出版社 2000 年版。

49. 陈浩然著：《理论刑法学》，上海人民出版社 2000 年版。

50. 何秉松主编：《刑法教科书》，中国法制出版社 2000 年版。

51. 张远煌著：《犯罪学原理》，法律出版社 2001 年版。

52. 高绍先著：《中国刑法史精要》，法律出版社 2001 年版。

53. 陈兴良著：《本体刑法学》，商务印书馆 2001 年版。

54. 于志刚主编：《刑罚制度适用中的疑难问题研究》，吉林人民出版社 2001 年版。

55. 张穹主编：《“严打”政策的理论与实务》，中国检察出版社 2002 年版。

56. 马克昌著：《比较刑法原理——外国刑法学总论》，武汉大学出版社 2002 年版。

57. 苏彩霞著：《累犯制度比较研究》，中国人民公安大学出版社 2002 年版。

58. 赵秉志主编：《刑罚总论问题探索》，法律出版社 2003 年版。

59. [日] 大塚仁著，冯军译：《刑法概说（总论）》，中国人民大学出版社

2003 年版。

60. 张明楷著:《刑法分则的解释原理》，中国人民大学出版社 2004 年版。

61. 张文、刘艳红、甘怡群著:《人格刑法导论》，法律出版社 2005 年版。

62. 王牧主编:《新犯罪学》，高等教育出版社 2005 年版。

63. 梁根林著:《刑事政策：立场与范畴》，法律出版社 2005 年版。

64. 陈兴良、周光权著：《刑法学的现代展开》，中国人民大学出版社 2006 年版。

65. 冯卫国、王志远著：《刑法总则定罪量刑情节通释》，人民法院出版社 2006 年版。

66. 张明楷著:《外国刑法纲要》（第二版），清华大学出版社 2007 年版。

67. 张明楷著:《刑法学》（第三版），法律出版社 2007 年版。

68. 卢建平主编:《刑事政策学》，中国人民大学出版社 2007 年版。

69. 高铭暄、赵秉志著:《中国刑法立法之演进》，法律出版社 2007 年版。

70. 马克昌主编:《近代西方刑法学说史》，中国人民公安大学出版社 2008 年版。

71. 赵秉志主编:《刑法学总论研究述评（1978—2008》，北京师范大学出版社 2009 年版。

72. 季理华著：《累犯制度研究——刑事政策视野中的累犯制度一体化构建》，中国人民公安大学出版社 2010 年版。